Eduard Huber

Die Sueben und ihre Erben

Meiner lieben Ehefrau Judit gewidmet,
für hilfreiche Gedanken und
verständnisvolle Begleitung dieses Buches.

*Mein Dank für lektorierende Korrekturen
gilt einer Person, die nicht genannt werden möchte,
die der Autor deshalb Anonymus tauft.*

Eduard Huber

Die Sueben und ihre Erben

Alemannen, Elsässer, Portugiesen Schwaben und Schweizer

Von den Anfängen bis zur Gegenwart

Druffel & Vowinckel-Verlag
Gilching

ISBN 978-3-8061-1282-5

Talhofstraße 32
82205 Gilching

Fotos: Archiv des Verfassers und des Verlages

Schutzumschlag & Satz: www.druckfahne-medien.de

Gedruckt in der Europäischen Union

Für Informationen: www.druffel-vowinckel.eu

Inhaltsverzeichnis

Vorwort 5

Teil I Gang durch die Geschichte

Aus dem Dunkel der Vorgeschichte 11
Die Elbgermanen 15
Die Stämme 21
Spurensuche 28
Namenkunde 32
Der erste Auftritt in der Weltgeschichte:
Caesar und Ariovist 37
Die Landnahme 43
Konstantin und die Alamannen 52
Unter den Merowingern 56
Die Christianisierung 59
Die Zeit der Karolinger 67
Das Herzogtum Schwaben 74
Das späte Mittelalter 82
Der Aufstieg des Hauses Württemberg 88
Schwaben in der frühen Neuzeit 97
Die Donauschwaben 105
Die Napoleonische Flurbereinigung 110
Die neuen Verhältnisse 115
Ein Volk von Tüftlern und Technikern? 120
Württemberg und Baden unter preußischer Herrschaft 127
Schwäbisch-alemannische Wiedervereinigung 134

Teil II Kultur, Sprache und Nationalcharakter

Alamannisches Leben in der Frühzeit 140
Das schwäbische Zeitalter 146
Die Schwaben und das Nibelungenlied 154
Das Schwäbisch-Alemannische 161
Die Binnengliederung des Schwäbischen 168
Im Dschungel des schwäbischen Vokalismus 172
Portugiesisch und Schwäbisch 177
Besonderheiten des schwäbischen Wortschatzes 181
Von der schwäbischen Literatur 187
Kunst in Schwaben 197
Schwäbischer Humor 210
Zum schwäbischen Nationalcharakter 217
Disiecta membra Sueviae, d. i.
Die zerstreuten Glieder Schwabens 224
Vom oberschwäbischen Weltbild 238

Anhang

Zeittafel 242
Ahnengalerie 247
Literaturhinweise 250
Abbildungsnachweis 254

Vorwort

Die Deutschen treten erst im 10. Jahrhundert n. Chr. in die Geschichte ein, die Schwaben jedoch kennt man seit dem 1. Jahrhundert v. Chr.; sie sind also rund tausend Jahre älter. Wie alle größeren Völker bestehen sie aus mehreren Stämmen, die sich zeitweilig friedlich vereint und dann wieder zerstritten haben. So ist ein verwirrend buntes Bild ihrer Geschichte entstanden, das von vielen, zum Teil sogar von ihnen selbst nicht mehr recht verstanden wird.

Mit den Schwaben ist das halt so eine Sache: Sie wissen selber nicht genau, wer sie sind. Die einen sagen „Schwaben" und meinen Württemberger, die anderen, nämlich die im bayrischen Regierungsbezirk Schwaben, glauben tatsächlich, sie wären die einzigen. Die Alemannen, die nach mittelalterlichem Sprachgebrauch selbstverständlich auch Schwaben genannt wurden, lehnen es seit rund zweihundert Jahren ab, als solche bezeichnet zu werden. Die Schweizer haben sich schon um 1500 endgültig vom Schwabentum verabschiedet und die Elsässer haben manchmal ein eigenes Herzogtum gehabt, manchmal zum Herzogtum Schwaben gehört und sind schließlich Frankreich zugefallen. Die Portugiesen wissen immerhin noch, dass der Ursprung Portugals ein Reich der Sueben gewesen ist, und ihre Lautgebung ist so typisch schwäbisch, dass man es gar nicht überhören kann.

Aber das ist noch lange nicht alles. Wenn ein Schwabe gesteht: „Mir hond an Haufe Schwåbe im Haus", meint er damit jene flinken schwarzen Tierchen, die offiziell Küchenschaben (Blatta orientalis) heißen, von den Norddeutschen aber mit dem schauerlichen Namen „Kakerlaken" bezeichnet werden. Kurzum, „Schwaben" kann alles Mögliche heißen, und dass sie dumm sind, ist allgemein anerkannt. Nur wie ein so dummes Volk eine solche Unzahl von Genies hervorgebracht hat, ist eines der großen Rätsel der Weltgeschichte.

Man muss deshalb sehr weit in die Geschichte zurückgehen, um der Lösung dieses Rätsels nahezukommen, zumindest bis zur Römerzeit, wo die Schwaben spektakulär in die Weltgeschichte eingestiegen sind und gleich ihre erste Niederlage eingesteckt haben. Es sollte nicht die letzte bleiben. – Aber nun erst einmal schön der Reihe nach.

Fast ein halbes Jahrtausend lang, nämlich vom 1. Jahrhundert vor bis zum 4. Jahrhundert nach Christus, sind die Sueben das bekannteste und bedeutendste aller germanischen Völker gewesen, lange vor den Goten und Franken, die erst ab dem 4. und 5. Jahrhundert Weltgeschichte gemacht haben. Will man sich ein Bild von der einstigen Bedeutung der Sueben machen, lese man nur einmal, was Caesar über sie geschrieben hat: „Der Stamm der Sueben ist der weitaus größte und kriegerischste unter allen Germanen. Er soll aus 100 Gauen bestehen, deren jeder jährlich jeweils ein Heer von 1000 Mann aufstellt, um außerhalb ihres Gebietes in den Krieg zu ziehen. Der Rest, der in der Heimat bleibt, sorgt für die Ernährung der Gemeinschaft. Im nächsten Jahr stehen diese wieder ihrerseits unter Waffen, und die andern bleiben zu Hause. So sind sie in der Landwirtschaft und in Theorie und Praxis der Kriegführung in dauernder Übung." (De bello Gallico, IV, 1 (3 – 6)[1]

Wahrscheinlich hat der große Caesar hier ein wenig übertrieben, um seinen Sieg im Sundgau anno 58 v. Chr. desto großartiger erscheinen zu lassen, aber als Schwabe wird man sich trotzdem geschmeichelt fühlen, solche Vorfahren zu haben. Zwar wurde der Wandertrieb der Sueben durch die damalig Niederlage für eine Weile gebremst, aber im 3. Jahrhundert waren doch gerade sie es, die den oberrheinisch-rätischen Limes überwanden und letztendlich das Weströmische Reich zum Einsturz brachten.

Merkwürdig und nicht leicht zu erklären ist, dass sie gegen Ende des 3. Jahrhunderts ihren Namen gewechselt haben. 289 n. Chr. taucht in einer römischen Quelle, einer auf Kaiser Maximian gehaltenen Rede, zum ersten Mal der Name Alamanni auf und wird anschließend im 4. Jahrhundert immer gebräuchlicher. Als

1 Gaius Julius Caesar: De bello Gallico. Der Gallische Krieg, übersetzt und herausgegeben von Marieluise Deißmann, Stuttgart 1980, S. 175

Alamanni gelten dann nicht nur jene Stämme, welche das römische Dekumatland zwischen Limes und Rhein eingenommen haben, sondern alle Germanen zwischen Main und Bodensee. Das ist wohl der Grund, weshalb bei den Franzosen Deutschland bis heute „l'Allemagne" heißt.

Im Mittelalter aber, seit der Zeit der Ottonen, trägt dasselbe Gebiet wiederum den Namen Schwaben und ist eines der fünf großen Herzogtümer des Reiches, und der Name *Alamannen* verschwindet für viele Jahrhunderte aus der Geschichtsschreibung. Nun gelten alle zwischen Rhein und Lech als Schwaben; lediglich die Elsässer bilden eine Ausnahme, da sie schon in der Merowingerzeit ein eigenes Herzogtum besitzen. Im hohen Mittelalter sind sie jedoch wieder dem Herzogtum Schwaben angegliedert.

Der Name Alemannen (jetzt mit e geschrieben) wird erst von den Humanisten im 16. Jahrhundert wieder ausgegraben und dann durch die „Alemannischen Gedichte" von Johann Peter Hebel (1803) ins allgemeine Bewusstsein gehoben. Dass sich die Alemannen seitdem nicht mehr als Schwaben begreifen, hat vor allem einen sprachgeschichtlichen Grund: die neuhochdeutsche Diphthongierung, die sich vom 12. bis zum 16. Jahrhundert allmählich von Südosten, d. h. von Kärnten und der Steiermark her, nach Nordwesten ausbreitete und fast ganz Süd- und Mitteldeutschland erfasste, aber halt nicht über den Schwarzwald kam. Darum heißt es im äußersten Südwesten (ähnlich wie im Mittelhochdeutschen) immer noch *mi Wîb, mi Hûs* und *hüt,* im Schwäbischen dagegen *mãe Weib, mãe Haus* und *heit* (heute). Solche Unterschiede fallen natürlich auf und jeder weiß von Kind an, ob er nun Schwäbisch oder Alemannisch spricht. Besonders ausgeprägt ist diese Abgrenzung in der Schweiz, wo der Name *Schwåbe* inzwischen auf alle Deutschen ausgedehnt wird, die ein wenig geringschätzig als „chaibe Schwåbe" bezeichnet werden.

Anmerkung: Das Dächlein (î, û) bedeutet Länge, die Tilde (ã, õ) Nasal, das å ein aus langem a entstandenes offenes o.)

Abgesehen von dieser Zweiteilung des schwäbisch-alemannischen Volkes stellt sich die Frage, ob es denn jemals wirklich **ein**

Volk gewesen sei oder nicht doch eher ein mixtum compositum, d. h. aus verschiedenen Teilen zusammengesetzt. Darüber streiten sich nun die Gelehrten seit langem, ohne dass je eine Einigung erzielt worden wäre. „Es ist freilich mit Sicherheit anzunehmen, dass die Alamannen, wie die anderen Großstämme der Völkerwanderungszeit, auf keiner von Anfang an gegebenen ethnischen Einheit beruhten. Wir haben auch sonst viele Zeugnisse dafür, dass zu dem einmal in Bewegung geratenen Kern – bei den Alamannen handelt es sich doch wohl um Sueben aus dem Elbraum, ohne dass man sich speziell auf die Semnonen festlegen könnte – dann kleinere oder größere Gruppen aus anderen Stämmen hinzutraten. Sie brauchten nicht einmal germanischer Herkunft zu sein, wie die Assimilierung von Teilen der Alanen durch die Vandalen in Nordafrika zeigt. Am Beispiel der Juthungen können wir über eine längere Zeit hinweg verfolgen, wie ein ursprünglich selbständiger Verband sich immer enger an den alamannischen Gesamtstamm anschloss.“[2]

Als suebische Stämme im weiteren Sinn gelten Langobarden, Semnonen, Hermunduren, Markomannen und Quaden.[3] Da aber die Langobarden bekanntlich ein eigenes Reich in Oberitalien gegründet haben und die Markomannen die Vorfahren der Baiern sind (im Mittelalter immer mit i), bleiben als suebisch im engeren Sinn nur Semnonen, Hermunduren und Quaden übrig.

Sprachgeschichtlich bilden alle genannten Stämme insofern eine Einheit, als sie (nach einer Bezeichnung des Tacitus) Herminonen sind, deren Sprache sich deutlich von jener der übrigen westgermanischen Stämme unterscheidet, die als Istväonen (Franken und Hessen) und Ingväonen (Sachsen, Chauken und Friesen) bekannt sind. Mit anderen Worten: Schwäbisch, Bairisch und Langobardisch (das ausgestorben ist) gehören zur selben Sprachfami-

---

2 Karl Friedrich Stoheker: Die Alamannen und das spätrömische Reich, in: Zur Geschichte der Alamannen, Darmstadt 1975, S. 22

3 Rafael von Uslar: Archäologische Fundgruppen und germanische Stammesgebiete vornehmlich aus der Zeit um Christi Geburt, Historisches Jahrbuch 17, 1952, S. 1 – 36, zit. in: Zur germanische Stammeskunde, hsg. von Ernst Schwarz, Darmstadt 1972, S. 146 – 201

lie, haben sich aber im Laufe der Geschichte doch so weit auseinanderentwickelt, dass sie leicht zu unterscheiden sind. Ob man sie als verschiedene Sprachen oder nur als Dialekte betrachtet, ist eine Frage der Definition. Tatsache ist, dass sowohl das Schwäbisch-Alemannische als auch das Bairisch-Österreichische in zahlreiche Dialekte zerfallen sind, sodass man sie eher als Sprachen betrachten muss.

Die gleiche Schwierigkeit tritt bei der Frage auf, ob Schwaben und Baiern eigene Völker oder doch nur deutsche Stämme darstellen. Auch das ist eine Definitionsfrage. Mit Bestimmtheit sagen lässt sich nur, dass die westgermanischen Stämme oder Völker nur dadurch zu einem Volk zusammengewachsen sind, dass sie im Fränkischen Reich vereinigt waren. Ohne ihre gewaltsame Einigung durch die Franken in der Zeit zwischen 500 und 800 n. Chr. hätten sie sich wohl zu eigenständigen Völkern und Reichen entwickelt, wie sich die Nordgermanen als die Nationen der Dänen, Schweden und Norweger etabliert haben.

Will man sich mit Schwaben und Alemannen eingehender befassen, ist es sinnvoll, sie als **ein** Volk zu betrachten, das aus verschiedenen Stämmen zusammengesetzt ist und im Mittelalter im Herzogtum Schwaben eine staatliche Organisationsform gefunden hat, das andrerseits durch die Vielzahl seiner Mundarten wie auch durch unterschiedliche Charaktereigenschaften beweist, dass ihm die Homogenität eines Stammes bis heute fehlt. Es ist eben doch ein Volk – und keineswegs das kleinste oder unbedeutendste in Europa!

Außerdem ist es insofern deutsch, als es das Schicksal der Deutschen insgesamt teilt, auf verschiedene Staaten zerstreut zu sein. So wie die Deutschen auf Deutschland, Österreich, die Schweiz, Frankreich, Luxemburg, Belgien, Dänemark und Polen verteilt sind, so das schwäbisch-alemannische Volk auf das Bundesland Baden-Württemberg, den Freistaat Bayern, Österreich (weil Vorarlberg alemannisch ist), Liechtenstein, die Schweiz und Frankreich (da das Elsass seit dem 17. Jahrhundert unter französischer Herrschaft steht). Dazu kommt, dass ein Teil der Sueben im 5.

Jahrhundert auf die Iberische Halbinsel ausgewandert ist und dort ein eigenes Reich gegründet hat, das heute Portugal heißt.

Insofern sind die Schwaben halt doch typisch deutsch: trotz enger Verwandtschaft allzeit uneins, im Mittelalter „hie Welf, hie Wiblinger!“ , dann Württemberger, Badener und bayrische Schwaben, katholisch und evangelisch, reichsstädtisch und landesherrlich, eigenbrötlerisch, intelligent und doch seit alter Zeit als „die dummen Schwaben“ verschrien, kurzum: ein schwieriges Volk. Deshalb stellt es eine Herausforderung dar, ihrer ungemein komplexen Geschichte auch nur halbwegs gerecht zu werden.

Teil I

Gang durch die Geschichte

Aus dem Dunkel der Vorgeschichte

Es ist immer problematisch, Verbindungen zwischen der Vorgeschichte und der Geschichte herzustellen; denn vor der Zeit, aus der wir schriftliche Dokumente besitzen, kennen wir nur archäologische Funde. Diese lassen sich zwar zu Kulturkreisen ordnen, aber wir kennen die Völker nicht, welche die Träger der steinzeitlichen Kulturen waren, da uns zwangsläufig ihre Sprachen verborgen sind. Trotzdem wäre es allzu kurzsichtig, würde man die Kontinuitäten übersehen. Wenn in einem bestimmten Gebiet, dessen neolithische oder bronzezeitliche Kultur wir kennen, zu Beginn der schriftlichen Überlieferung bestimmte Stämme oder Völker auftreten, wäre es doch unsinnig anzunehmen, das eine hätte mit dem andern nichts zu tun.

Den Zusammenhang zwischen archäologischen Fundgruppen und germanischen Stammesgebieten hat sehr schön und einleuchtend Rafael von Uslar in einer Studie von 1952 herausgearbeitet.[4] Er schreibt: „Für unser Ziel, archäologische Fundgruppen und Stammesgebiete in Beziehung zu setzen und dabei – wie wir gesehen haben notwendigerweise – auch die Sprachgeschichte heranzuziehen, kommen wir am besten weiter, wenn wir für die Zeit, in der erstmalig die antiken Schriftquellen eingehende Nachrichten über die germanischen Stämme bringen, die Bodenfunde und ihre Gruppenbildung untersuchen.“[5]

Das Ergebnis ist, dass sich in der älteren Kaiserzeit mehrere Fundprovinzen deutlich unterscheiden lassen, nämlich

1. ein west- und mitteldeutsches Gebiet,
2. ein nordseeküstennahes Gebiet und

---

4 Rafael von Uslar, a.a.O., S. 452.

5 daselbst S. 159.

3. ein Gebiet beiderseits der Elbe, das etwa bis zur Oder reicht und sich scharf von den beiden anderen Gebieten absetzt. Schließlich gibt es
4. eine selbständige Gruppe östlich der Elbgruppe, die sich mit Goten, Burgundern, Rugiern und Wandalen in Beziehung setzen lässt.

Von der dritten Gruppe heißt es: „Die allgemein übliche Zuschreibung an den Kultverband der Hermionen beziehungsweise an die suebischen Stämme der Langobarden, Semnonen, Hermunduren, Markomannen und Quaden ist jedenfalls einleuchtend.“[6]

Das alles bezieht sich auf die Verhältnisse um die Zeitenwende, die wir recht gut kennen, aber „es bleibt die Aufgabe, die archäologischen germanischen Fundgruppen der Zeit um Christi Geburt in die vorgeschichtliche Zeit, die nicht mehr durch das Licht der antiken Schriftquellen erhellt ist, bis zum Ursprung der Germanen zurückzuführen.“[7] Dabei sind die Archäologen auf die nordische Bronzezeit gestoßen, wo allgemein der Ursprung der Germanen gesucht wird. (Die Bronzezeit dauert in Europa von 1700 bis 800 v. Chr.) Auch die Sprachwissenschaft nimmt an, dass sich die einzelnen indogermanischen Sprachen am Übergang von der jüngeren Steinzeit zur frühen Metallzeit herausgebildet haben. Damit wären die Germanen schon in der älteren Bronzezeit, etwa Mitte des 2. Jahrtausends v. Chr. zum ersten Mal fassbar. Aber die Germanen als Gesamtheit müssen uns hier nicht weiter beschäftigen, da es vor allem um die Sueben geht.

Deren Vorgeschichte lässt sich immerhin bis in die Eisenzeit (ab 800 v. Chr.) zurückführen, und zwar bis zur norddeutschen Jastorfkultur (etwa 600 bis 300 v. Chr.).

Von Uslar meint dazu: „Man wird daher der Annahme, dass sich die Elbsueben bis an den Beginn der Jastorf-Stufe zurückverfolgen lassen, beipflichten können.“[8] Diese Kultur ist räumlich eng auf das Gebiet an der mittleren Elbe begrenzt. Südlich davon,

6 daselbst S. 167.
7 daselbst S. 174.
8 daselbst S. 198.

bis nach Böhmen hinein, finden sich andere Formen; d. h. dass sich elbsuebische Stämme erst später dorthin ausgebreitet haben. Als falsch hat sich inzwischen auch die von älteren Autoren vertretene Meinung herausgestellt, die Gruppe komme aus Skandinavien und von der Jütischen Halbinsel. Diese Vorstellung beruhte auf der vor allem im 19. Jahrhundert verbreiteten Meinung, alle Germanen kämen aus dem „hohen Norden".

So wird man heutzutage als wissenschaftliche Erkenntnis gelten lassen, dass die Sueben die angestammte Bevölkerung des mittleren Elbegebiets, also dort autochthon sind. Man darf eben die Verhältnisse der Völkerwanderungszeit nicht auf die vorausgehenden Epochen übertragen, denn hier zeigt sich eine deutliche „Konstanz der Siedlungsräume". Die Sueben waren seit vorgeschichtlicher Zeit ihren Wohnsitzen treu geblieben, Alteingesessene sozusagen.

Es ist grundsätzlich immer ein Problem, wie sich der archäologische Befund mit einem bestimmten Volk und seiner Sprache in Einklang bringen lässt, aber gerade die Vorgeschichte der Germanen ist intensiver erforscht als die der Kelten und der Slawen. „Für die Jastorf-Kultur wird jetzt ziemlich einhellig eine Entwicklung aus der vorangehenden späten nordischen Bronzezeit angenommen, zum Teil sogar in Weiterbenutzung gleicher Gräberfelder; sie ist also nicht durch Zustrom von außen, aus dem Norden bewirkt worden, wie es vor allem E. Schwantes vertreten hatte."[9]

Wenn nun auch die Sueben erst im 1. vorchristlichen Jahrhundert namentlich bekannt werden, heißt das also nicht, dass sie nicht schon früher existiert hätten; aber sie sind halt nur archäologisch greifbar. „An Hand von konkreten Sachverhalten, wie es einst gewesen war, ließe sich wohl am besten erproben, inwieweit Begriffe wie zum Beispiel Sprachen und Dialekte, archäologische Fundgruppen, Stamm, Volk und Staat und dergleichen, deren sich Sprachgeschichte, Geschichte und Vorgeschichte bedienen, gewissermaßen ‚synchronisiert' werden können. Zweifellos bestehen etwa zwischen archäologischen Fundgruppen, Stämmen und

9 daselbst S. 186.

Sprachgebieten nicht immer unmittelbare, sondern eher mittelbare Beziehungen. Die Formenkreise der Bodenfunde bleiben trotz aller auf sie wirkenden stilistischen Einflüsse auf einer anderen, tieferen, aber stärker beharrenden Ebene als die politischen Figurationen ihrer kurzlebigen ‚Staatenbildungen', ihren vielfach unbeständigen Stämmen, deren Zusammenschlüssen und Teilungen in der germanischen Frühgeschichte."[10]

Auf die Vielzahl der Stämme und „Staatenbildungen", die seit der frühen Römerzeit bekannt sind, werden wir später eingehen müssen. Bleiben wir vorläufig in der Heimat der Elbgermanen oder Sueben im Elbe-Saale-Gebiet und blicken wir in die Vorgeschichte zurück, erkennen wir unschwer, dass wir uns hier in einem seit dem Neolithikum hochentwickelten Kulturgebiet befinden. Dort ist die berühmte „Himmelsscheibe von Nebra" gefunden worden aus der Zeit um 600 v. Chr., die als die älteste Darstellung des Sternenhimmels weltweit gilt. In derselben Gegend bei Naumburg ist man auf das Sonnenobservatorium von Goseck gestoßen, das auf etwa 5000 v. Chr. datiert wird und somit rund zweitausend Jahre älter ist als das berühmtere Stonehenge. Dieses ist freilich viel spektakulärer, da es aus Großsteinen (Megalithen) errichtet ist, wogegen das Monument von Goseck aus Eichenbohlen erbaut war. Das ändert nichts daran, dass dieses das mit Abstand älteste Observatorium zur Bestimmung der Sommersonnenwende darstellt, das je entdeckt worden ist.

Nun wäre es natürlich vermessen, wollte man diese kulturellen Errungenschaften des Neolithikums mit den Sueben in Beziehung setzen, also vielleicht behaupten, deren Vorfahren wären die Schöpfer dieser erstaunlichen Werke. Festhalten kann man lediglich, dass die Sueben zuerst in demselben geographischen Bereich in Erscheinung treten, der schon vor rund siebentausend Jahren eines der kulturellen Zentren Europas gewesen ist.

10 Publius Cornelius Tacitus: Germania (De origine et situ Germanorum liber) Lateinisch/ Deutsch Stuttgart 1972.

Die Elbgermanen

Die alten Germanen waren schreibfaul; sie führten lieber das Schwert oder die Streitaxt als die Feder. Man muss ihnen allerdings zugutehalten, dass sie mit der Feder auch nicht viel hätten anfangen können, da sie ja weder Pergament noch Papier kannten, worauf sie hätten schreiben können. So ritzten sie eben ihre Runen (die wohl von einem etruskischen Alphabet abstammen) in Buchenstäbe – daher der Name Buchstabe! – oder in Steine, und das war mühsam. Wir wüssten also wenig von unseren Vorfahren, wenn nicht griechische und vor allem römische Schriftsteller davon berichtet hätten, zum Beispiel Caesar in seinem Rechenschaftsbericht „De bello Gallico" und Tacitus in seiner „Germania".

Nun gibt es freilich Leute, die Tacitus nicht vertrauen, indem sie einwenden, er selbst sei nie in Germanien gewesen, aber man unterschätze das Wissen der Römer nicht! Sie beherrschten nicht nur ein riesiges Reich, sondern beschafften sich auch Informationen von allem, was in seinem Umkreis vor sich ging. Sie waren ja schon zweimal böse überrascht worden, 387 v. Chr. durch die Kelten unter Brennus, die sogar Rom erobert hatten, und 113 bis 101 v. Chr. durch den Ansturm der Kimbern und Teutonen, die nur durch das militärische Genie Marius besiegt werden konnten. Schließlich folgte 9 n. Chr. auch noch die für die Römer verheerende Varusschlacht, in der sie drei Legionen vollständig verloren, was Kaiser Augustus so erschütterte, dass er in den restlichen Jahren seines Lebens den Jahrestag der Schlacht als Trauertag beging: Da zog er sich völlig zurück und verweigerte Speis' und Trank. Kurzum, die Römer hatten allen Grund, sich über die Germanen zu informieren, und was sie wussten, hat Tacitus in seiner „Germania", die 98 n. Chr. erschienen ist, vorzüglich zusammengefasst.[11]

Sechs Kapitel dieses Werks sind den Sueben und den mit ihnen verwandten Stämmen gewidmet. Kapitel 38 beginnt folgenderma-

---

11 Adolf Bach: Geschichte der deutschen Sprache, 6. Aufl. Heidelberg 1956, S. 59 f.

ßen: „Jetzt habe ich noch von den Sueben zu berichten. Sie sind nicht, wie die Chatten oder Tenkterer, ein einheitlicher Stamm; sie bewohnen nämlich den größeren Teil Germaniens und gliedern sich wiederum in besondere Stämme mit eigenen Namen, wenn sie auch insgesamt als Sueben bezeichnet werden. Ein Kennzeichen des Stammes ist es, das Haar seitwärts zu streichen und in einem Knoten hochzubinden. So unterscheiden sich die Sueben von den übrigen Germanen, so bei ihnen selbst die Freien von den Sklaven."

Was er hier beschreibt, ist der bekannte suebische Haarknoten, der sowohl durch Grabfunde wie auch durch die Darstellung auf einem Bronzekessel aus dem 2. Jahrhundert bestätigt ist. Viel bedeutsamer ist jedoch der Hinweis, dass die Sueben kein einheitlicher Stamm sind, sondern aus vielen Teilstämmen mit eigenen Namen zusammengesetzt. Tacitus nennt: Semnonen, Langobarden, Hermunduren, Markomannen, Quaden, Naristen, Marsigner und Burer. Zu den letzten beiden macht er im 43. Kapitel eine aufschlussreiche Bemerkung: „An die Markomannen und Quaden schließen sich weiter rückwärts die Marsigner, Kotiner, Oser und Burer an. Von ihnen geben sich die Marsigner und Burer durch Sprache und Lebensweise als Sueben zu erkennen. Bei den Kotinern beweist die gallische, bei den Osern die pannonische Mundart, dass sie keine Germanen sind,..."

Was die verschiedenen suebischen Stämme verbindet, ist also die Sprache, nur würde man sie heutzutage nicht mehr als Suebisch, sondern als Elbgermanisch bezeichnen.

In der Germanistik unterscheidet man (nach F. Maurer):

1. Die Nordgermanen in Nordjütland und Süd-Skandinavien, die später auch Island besiedelten.
2. Die Ostgermanen, deren Vertreter (Goten, Vandalen, Burgunden usw.) zunächst östl. der Elbe bis über die Weichsel hinaus saßen, von wo sie über Südeuropa, ja bis nach Kleinasien und Nordafrika verstreut wurden ...
3. Die Elb-Germanen von der mittleren Elbe bis nach Böhmen

hin: Langobarden, Semnonen, Hermunduren, Markomannen, Quaden und Alemannen.
4. Die Nordsee-Germanen („Ingwaeonen") an der Nordseeküste: Sachsen, Chauken, Friesen.
5. Die Weser-Rhein-Germanen: Hessen, Franken.[12]

Die Gruppe der Elbgermanen, die uns hier am meisten interessiert, ist auch archäologisch klar von den anderen unterschieden. „In den letzten drei Jahrzehnten wurde wichtiges archäologisches Material publiziert, das die Herkunft der Alamannen aus dem suebisch-elbgermanischen Raum belegt."[13] Im einzelnen handelt es sich dabei um Bestandteile der Tracht, vor allem Scheibenfibeln in Tierform (Eber, Hirsch, Hindin), die sich nur westlich der Elbe von der Altmark bis Böhmen finden lassen, die Keramik aus demselben Gebiet und die Bestattungsriten. Zwar gibt es auch Brandbestattung, aber die Körperbestattung erfolgt immer in Nord-Süd-Richtung und die Krieger sind ohne schwere Waffen bestattet, d. h. ohne Schild, Schwert und Lanze.

‚Aha, die sparsamen Schwaben!', wird da jetzt mancher denken. ‚Sie wollten ihre wertvollen Waffen nicht einfach in Gräbern verrotten lassen.' Aber damit würde nur ein Vorurteil befestigt. Was in Wahrheit dahinter steckt, erkennt man erst, wenn man genauer hinschaut: „Die Alamannen hielten bis zum Beginn des 5. Jh. an der Tradition fest, angesehenen Verstorbenen einen Köcher mit drei Bronzepfeilen (und ihren Bogen) mitzugeben; jüngster Beleg ist ein Grab aus Leutkirch im Allgäu."[14] - Die suebischen Stämme (hier voreilig Alamannen genannt) waren zumindest bei der Bestattung sehr konservativ und hielten an Sitten aus der Bronzezeit fest, obwohl sie sonst längst in der Eisenzeit angekommen waren. Wahrscheinlich ist der Konservativismus ein Charakterzug, den die Schwaben und Alemannen von ihren suebischen Vorfahren geerbt haben.

---

12 Helga Schach-Dörges: Zusammengespülte und vermengte Menschen, in: Die Alamannen, hsg. v. Archäologischen Landesmuseum Baden-Württemberg, 4. Aufl. 2001, S. 79 – 102, Zit. S. 79 .

13 dasselbst S. 91.

14 daselbst S. 85.

Insgesamt ergibt der archäologische Befund aus dem ersten nachchristlichen Jahrhundert folgendes: „Nach jetzigem Kenntnisstand waren bis gegen Ende des 4. Jh. an der alamannischen Ethnogenese Germanen mehrerer elbgermanischer Stämme von der Priegnitz und Altmark im Norden bis Westböhmen beteiligt. Alle gehörten zum sehr einheitlich geprägten suebischen Kulturkreis.“[15] Ihr Gebiet umfasste also beinahe das ganze Elbe-Saale-Gebiet und erstreckte sich über die böhmischen Randgebirge hinweg bis ins Innere Böhmens. Und obwohl von vielen Stämmen bewohnt, war es ein einheitlicher Kulturkreis! Das bedeutet nichts anderes, als dass die Sueben bereits in jener frühen Zeit, vor ihrer Abwanderung nach Südwestdeutschland im 3. und 4. Jahrhundert, eine beachtliche sprachliche und kulturelle Verwandtschaft aufwiesen, auch wenn viele Historiker meinen, sie seien erst im 4. und 5. Jahrhundert zu einem Volk zusammengewachsen. Eine Kulturnation aber waren sie schon vorher!

Aber kehren wir noch einmal zu Tacitus, also ins 1. Jahrhundert zurück, wo wir zum ersten Mal ein genaueres Bild von unseren Vorfahren vor Augen gestellt bekommen. Im 39. Kapitel der „Germania“ wird berichtet: „Als die ältesten und vornehmsten Sueben betrachten sich die Semnonen. Den Glauben an ihr hohes Alter bestätigt ein religiöser Brauch. Zu bestimmter Zeit treffen sich sämtliche Stämme desselben Geblüts, durch Abgesandte vertreten, in einem Haine, der durch die von den Vätern geschauten Vorzeichen und durch uralte Scheu geheiligt ist. Dort leiten sie mit öffentlichem Menschenopfer die schauderhafte Feier ihres rohen Brauches ein. Dem Hain wird auch sonst Verehrung bezeigt: niemand betritt ihn, er sei denn gefesselt, um seine Unterwürfigkeit und die Macht der Gottheit zu bekunden. Fällt jemand hin, so darf er sich nicht aufheben lassen oder selbst aufstehen; auf dem Erdboden wälzt er sich hinaus. Insgesamt gründet sich der Kultbrauch auf dem Glauben, dass von dort der Stamm sich herleite, dort die allbeherrschende Gottheit wohne, der alles andere

---

15 Jörg Heiligmann: Mit anderen Augen gesehen, in: Die Alamannen, S. 54 – 58, Zit. S. 57.

unterworfen, gehorsam sei. Der Wohlstand der Semnonen erhöht ihr Ansehen; sie bewohnen hundert Gaue, und die Größe ihrer Gemeinschaft veranlasst sie, sich für den Hauptstamm der Sueben zu halten."

Demnach müssen die Semnonen nicht nur als „Hauptstamm der Sueben" gelten, sondern auch als die Hüter ihres wichtigsten Heiligtums, des sogenannten Fesselhains. Bedenkt man recht, wie sie sich darin verhalten haben, muss man auf eine tiefe Religiosität dieses Stammes schließen. Auch dies ist eine Eigenschaft, die sich im katholischen Oberschwaben und im Allgäu, aber auch bei frommen Pietisten im Unterland bis heute erhalten hat. Dass damals noch Menschenopfer dargebracht wurden, stößt zwar den zivilisierten Römer ab, doch waren solche Opfer bei fast allen Völkern der Antike, sogar bei den Griechen, Ausdruck tiefster Frömmigkeit, ein Akt der Unterwerfung unter „die allbeherrschende Gottheit".

Leider wissen wir heute nicht mehr, wo sich jener heilige Hain, das geistliche Zentrum der Sueben, befunden hat, denn im Gegensatz zu den Griechen, die in der Altis, dem heiligen Hain zu Olympia, Tempel und ein Stadion erbaut haben, hat den Germanen ein Hain mit alten Bäumen genügt. (Will man sich einen Eindruck von einer solchen Stätte verschaffen, muss man wohl die Ivenacker Eichen in Mecklenburg besuchen, die neuerdings zum Weltnaturerbe zählen.)

Von anderen suebischen Stämmen, die Tacitus im Zusammenhang mit den Langobarden erwähnt, berichtet er von einem anderen Kult: „Im einzelnen haben sie nichts Bemerkenswertes, insgesamt aber verehren sie Nerthus, das heißt die Mutter Erde, und glauben, die Göttin nehme teil am Treiben der Menschen, sie fahre bei den Stämmen umher. Es gibt auf einer Insel des Weltmeeres einen heiligen Hain, und dort steht ein geweihter Wagen, mit Tüchern bedeckt; einzig der Priester darf ihn berühren. Er bemerkt das Eintreffen der Göttin im Allerheiligsten; er geleitet sie in tiefer Ehrfurcht, wenn sie auf ihrem mit Kühen bespannten Wagen dahinfährt. Dann folgen frohe Tage; festlich geschmückt sind alle Orte, denen die Göttin die Huld ihrer Ankunft und Rast gewährt. Man zieht nicht in den Krieg, man greift nicht zu den Waffen; verschlossen ist alles Eisen. Dann kennt, dann liebt man nur Ruhe und Frieden, bis die Göttin, des Umgangs mit Menschen müde, vom gleichen Priester ihrem Heiligtum zurückgegeben wird“ (Kap. 40). Hier ist von einem Kultwagen die Rede, und dass es solche gegeben hat, ist durch archäologische Funde erwiesen: den Kultwagen von Trundholm (auf Seeland) und den von Hälsingborg (in Schonen).

Der kulturelle Unterschied zwischen den Germanen und ihnen selbst war also den Römern bewusst und vor allem Tacitus arbeitet ihn deutlich heraus. Da aber die Römer die Tapferkeit und Kampfkraft der Germanen schon oft kennen gelernt hatten, waren sie so pragmatisch, germanische Söldner in ihr Heer aufzunehmen und auszubilden, sodass in den folgenden Auseinandersetzungen nicht selten Germanen gegen Germanen kämpften. Seit der frühen Kaiserzeit waren auch ganze Stämme mit den Römern verbündet, die östlich von Mittel- und Niederrhein siedelten: Amsivarier, Brukterer, Chamaven, Chattuarier und Tenkterer. „Um 50 n. Chr. finden sich germanische Siedlungsgebiete auch westlich des Rheins. Ursache hierfür waren nicht germanische Eroberungen, sondern eine wohlüberlegte römische Umsiedlungspolitik.“[16]

So saßen westlich des Mittelrheins Sugambrer und Ubier. Aber alle diese Stämme waren Franken! Die elbgermanischen Stämme dagegen hatten bis ins 3. Jahrhundert hinein, in dem sie nach Südwesten vordrangen, mit Ausnahme der erwähnten Hermunduren, keinen engeren Kontakt mit den Römern, sodass ihnen die römische Zivilisation und Lebensart weitgehend fremd blieb. Solange sie an der Elbe siedelten, hielten sie Abstand vom Römischen Reich, was man nicht unbedingt als Nachteil werten muss. So hatten sie viel länger als die Franken Zeit, ihre germanischen Sitten und Gebräuche zu pflegen, und darin dürfte auch der tiefere Grund liegen, weshalb sie sich erst ziemlich spät (im Laufe des 7. Jahrhunderts) allmählich zum Christentum bekehren ließen.

---

16 Dieter Quast: Vom Einzelgrab zum Friedhof. Beginn der Reihengräbersitte im 5. Jahrhundert, in: Die Alamannen S. 171 – 190, Zit. S. 183.

Die Stämme

Caesar kennt im wesentlichen nur Sueben und Markomannen. Zwar nennt er daneben auch einige kleinere Stämme, doch spielen sie kaum eine Rolle. Von den Sueben aber behauptet er nach der Schlacht im Sundgau: „Die Zahl der Feinde hatte 430.000 betragen“ (IV, 1, 3). Damit meint er aber nicht die Zahl der Kämpfer, sondern das ganze Volk, einschließlich der Frauen und Kinder. Nun sind solche Zahlen antiker Autoren mit Vorsicht zu genießen, aber dass die Sueben ein für damalige Verhältnisse großes Volk gewesen sind, wird auch von anderen Autoren bestätigt.

In den ersten Jahrhunderten n. Chr. erstreckte sich ihr Stammesgebiet (wie wir schon wissen) von der südlichen Ostseeküste über das gesamte Elbegebiet bis nach Böhmen und an die mittlere Donau um Wien. Dass bei dieser gewaltigen Ausdehnung aus dem ursprünglich einen Volk mehrere Stämme hervorgegangen sind, ist leicht verständlich. Tacitus hat sie im 38. bis 43. Kapitel seiner „Germania“ aufgezählt: Außer den bereits erwähnten großen Stämmen nennt er auch noch: Reudigner, Avionen, Anglier, Variner, Eudosen, Suardonen und Nuitonen, von denen wir sonst kaum etwas wissen. Dabei ist zu berücksichtigen, dass er die Verhältnisse am Ende des 1. Jahrhunderts n. Chr. schildert, während sich Caesar auf die Mitte des 1. vorchristlichen Jahrhunderts bezieht. Dazwischen liegen also rund 150 Jahre, in denen sich die Sueben offenbar vermehrt und in verschiedene Teilvölker aufgeteilt haben. Dabei fällt auf, dass Tacitus von den Semnonen dasselbe behauptet, was schon Caesar von den Sueben insgesamt berichtet hat, nämlich dass sie hundert Gaue bewohnen. Das deutet darauf hin, dass es sich um dasselbe Volk handelt oder, mit anderen Worten, dass die Selbsteinschätzung der Semnonen, sie seien die ältesten Sueben, durchaus der historischen Wirklichkeit entsprechen kann; nur gibt es um 100 n. Chr. eben mehrere Suebenstämme mit verschiedenen Namen und der älteste davon hat sich den Namen Semnonen zugelegt. Die neuerdings propagierte

Meinung, die Sueben seien ein Mythos, ist deshalb unhaltbar. Sie sind sowohl historisch als auch archäologisch klar definierbar: Es sind die Elbgermanen.

Einige der Völker, die Tacitus erwähnt, sind später eigene Wege gegangen. Das betrifft vor allem die **Langobarden**, die nach der Gründung eines ersten Reichs in Pannonien zusammen mit den Gepiden 568 n. Chr. Ober- und Mittelitalien erobert und dort ihr zweites Reich mit der Hauptstadt Pavia gegründet haben. (Im Dom der Stadt wird bis heute ihre Königskrone aufbewahrt, die „Eiserne Krone" der Lombardei.) Dieses Reich hat immerhin bis 773/ 74 Bestand gehabt, wo es von Karl d. Gr. erobert worden ist.

Das zweite dieser Völker sind die **Markomannen.** Sie „hatten sich südlich vom mittleren Main vermutlich bis zur Donau festgesetzt. Beide Stämme, besonders die Sueben, haben den Römern noch lange zu schaffen gemacht. Sie mussten die von ihnen vertriebenen Ubier am linken Rheinufer ansiedeln und Einfälle nach Gallien abwehren. Sie bedrängten Drusus i. J. 11 v. Chr. im Verein mit Cheruskern und Sugambrern. Noch i. J. 9 v. Chr. unternahm Drusus einen Zug gegen sie. Damals drohte den Sweben und den mit ihnen verbündeten Markomannen der Untergang der Freiheit. Sie entschlossen sich, den Markomannen zu folgen und ihr Schwergewicht nach Osten zu verlegen. Da die Markomannen vorangegangen waren und sich Böhmens bemächtigt hatten, haben sie sich nach Mähren gewandt."[17]

Hier ist nebenbei auch von jenen Sueben die Rede, auf die wir noch zurückkommen müssen. Bleiben wie zunächst bei den Markomannen. Es gelang ihnen unter ihrem Anführer Marbod sehr schnell, in Böhmen ein eigenes Reich aufzubauen. Der Geograph Strabon (63 v. Chr. – 23 n. Chr.) weist darauf hin, „dass Marbod nach Böhmen, wo er seine Herrschaft aufgerichtet habe, außer seinen Stammesgenossen, den Markomannen, auch viele andere umgesiedelt habe." Marbods Erfolg bestand darin, dass er „germanische Kräfte, die sich aus der unbequemen Nachbarschaft der

---

17 Herbert Nesselhauf: Die Besiedlung der Oberrheinlande in römischer Zeit, in: Zur germanischen Stammeskunde S. 123 – 145, Zit. S. 139.

Römer entfernen wollten, an sich zog und in Böhmen versammelte."[18]

Die Macht Marbods schien den Römern so gefährlich, dass Tiberius 4 n. Chr. einen Feldzug gegen ihn vorbereitete, den er jedoch nicht durchführen konnte, weil seine Truppen in Dalmatien und an der mittleren Donau gebraucht wurden, wo Aufstände ausgebrochen waren. – Die Markomannen siedelten also weiterhin in Böhmen, bis sie hauptsächlich im 6. Jahrhundert ins Voralpenland vorstießen, wo wir sie seitdem als Baiern kennen. (Im Mittelalter nie mit y!)

Lassen wir nun die elbgermanischen Völker der Langobarden und Markomannen außer Betracht, bleiben immer noch etliche kleinere Völker, die zu den Sueben im engeren Sinn zu rechnen sind wie die Hermunduren, Quaden und Juthungen (die bei Cäsar noch nicht erwähnt werden). Von Naristen, Marsignern und Burern weiß man nicht viel, sodass sie uns nicht weiter beschäftigen sollen.

Die **Hermunduren** hatten ihre Stammsitze vom oberen Main über das Saalegebiet bis zur Elbe hin. Von Domitius Ahenobarbus, einem römischen Statthalter in Rätien, wurden sie 8 bis 2 v. Chr. in einem Teil des bisherigen Markomannenlandes an der Donau nördlich der Lechmündung angesiedelt und bildeten dort einen römischen Klientelstaat. Tacitus schreibt, sie seien „den Römern treu ergeben. Daher sind sie die einzigen Germanen, die nicht nur am Donauufer, sondern auch im Inneren des Landes und in der prächtigen Kolonie der Provinz Rätien Handel treiben dürfen. Sie kommen allerorten und ohne Beaufsichtigung über die Grenze" (Kap. 41).

Die **Quaden** siedelten im 1. Jahrhundert v. Chr. zwischen dem unteren Main und dem Rhein. Man bringt sie deshalb mit den von den Römern Suebi Nicretes (Neckarsueben) genannten Germanen in Beziehung. „Ab dem 2. Jh. n. Chr. ist die Civitas Ulpia Sueborum Nicrensium (Gebietskörperschaft der Neckarsueben)

---

18 Ernst Schwarz: Die Herkunft der Juthungen, in: Zur germanischen Stammeskunde, S. 217 – 228, Zit. S. 226.

mehrfach inschriftlich belegt. Bevor die Römer das Gebiet des heutigen Südwestdeutschlands besetzten, ließen sich um 30/ 40 n. Chr. Germanen aus dem elbgermanischen Kulturkreis mit Billigung Roms in der Gegend von Ladenburg (Rhein-Neckar-Kreis) nieder."[19] Ernst Schwarz meint dazu: „Die Sweben des Ariovist werden gewiss mit Recht mit den Quaden zusammengebracht, bei denen in späterer Zeit der Name Sweben wieder zur Geltung kommt."[20]

Das würde heißen, dass derselbe Stamm, der zeitweilig Quaden genannt wird, später unter Sueben erscheint, was wohl so nicht stimmt. Wenn in demselben Gebiet, wo im 1. Jahrhundert v. Chr. Quaden siedeln, um 30/ 40 n. Chr. andere Elbgermanen ankommen, die nun Suebi Nicretes genannt werden, so kann das auch bedeuten, dass die Quaden in der Zwischenzeit abgewandert sind. Jedenfalls erscheinen sie im 3. und 4. Jahrhundert nördlich der mittleren Donau zwischen Wien und dem Donauknie und gehören zu jener Gruppe von Donaugermanen, die um 455 die Söhne Attilas besiegt haben; da werden nämlich Gepiden und Sueben genannt. – Nun heißen die Quaden also doch wieder Sueben! Sie scheinen also tatsächlich ihren Namen gewechselt zu haben, was nicht einmalig ist: Die Markomannen nennen sich ab dem 6. Jahrhundert auch plötzlich Baiern.

Zu allem Überfluss tauchen im 3. Jahrhundert auch noch **Juthungen** auf, die man vorher nicht gekannt hat. Auf einem 1992 bei Augsburg gefundenen römischen Altarstein wird von einem Sieg im Jahr 260 „ob barbaris gentis Semnonum sive Iouthungorum" berichtet (über die Barbaren vom Stamm der Semnonen oder Juthungen). Ein Forscher meint dazu, im 3. Jahrhundert stünden die Juthungen „ in einer wie auch immer gearteten Beziehung zu den Semnonen, die seitdem aus der Geschichte verschwunden sind."[21] Eine solche Auskunft befriedigt nicht recht; man wüsste

19 Nina Willburger/ Klaus Georg Kokkotidis: Sueben und Alamannen im Spiegel der Quellen und Bodenfunde, in: Die Schwaben – zwischen Mythos & Marke, Landesmuseum Württemberg, Stuttgart 2016, S. 156 – 167, Zit. S. 157.
20 Ernst Schwarz a. a. O. S. 225.
21 Dieter Geuenich: Ein junges Volk macht Geschichte. Herkunft und »Land-

schon gerne, wie geartet. Mir scheint, dass sich um 260 ein Römer, der seinen Tacitus kannte, noch an den Namen *Semnonen* erinnerte, obgleich sich diese selbst zu jener Zeit Juthungen nannten, d. h. Nachkommen (der Semnonen). – Dazu Näheres im nächsten Kapitel.

Sie stehen damals an vorderster Front gegen die Römer. „Kaiser Aurelian (270/ 75), der *restitutor orbis,* musste das erste seiner wenigen Regierungsjahre fast ganz darauf verwenden, aus der Defensive heraus den Grenzabschnitt an der oberen Donau und Italien selbst zu sichern. Die wechselvollen Kämpfe mit den in die Poebene eingebrochenen Juthungen und ihren alamannischen Verbündeten zogen sich bis nach Umbrien hin, ehe der Kaiser nach Siegen am Metaurus und bei Ticinum (Pavia) den Gegner über die Alpen bis zur Donau zurückwerfen konnte.“[22] Dieser Vorstoß der Juthungen war übrigens der Anlass für den Bau der Aurelianischen Mauer von Rom, die bis heute einigermaßen erhalten ist.

Der Historiker Ammianus Marcellinus, der um 380/ 90 schreibt, nennt die Juthungen „gens Alamannica“ oder „Alamannorum pars“. Nun erscheint dasselbe Volk, das hundertzwanzig Jahre zuvor noch als semnonisch galt, als alamannisch! Das wirft ein Licht auf die vieldiskutierte Frage, wie die Alamannen mit den Sueben zusammenhängen. Seit dem Ende des 3. Jahrhunderts werden dieselben Stämme, die bisher als semnonisch oder suebisch betrachtet wurden, von den Römern (und später von den Franken) als Alamannen bezeichnet.

Die Juthungen sind übrigens anno 430 von Aetius geschlagen worden. Sie „scheinen nach dieser Niederlage endgültig in den Alamannen aufgegangen zu sein; auch werden sie fortan nirgends mehr erwähnt.“[23]

Der Name **Alamannen** taucht in den Quellen zum ersten Mal 289 n. Chr. auf. Der im Jahr 285 von Diokletian zum Mitregenten erhobene Maximian musste zunächst einen Aufstand der

nahme« der Alamannen, in: Die Alamannen S. 73 – 78, Zit. S. 75.

22 Karl Friedrich Stroheker a. a. O. S. 24.

23 Dieter Geuenich a. a. O. S. 75.

gallischen Bagauden niederschlagen und sich dann dem „germanischen Problem“ zuwenden, „denn er musste sich gegen die in Gallien eingedrungenen Alamannen und andere Stämme wenden. Um die Gefahr dauernder Einfälle in das Reichsgebiet zu mindern, entschlossen sich die beiden Kaiser nach dem Beispiel des Probus gegenüber den Alamannen zu weiträumigen Gegenaktionen. 287 überschritt Maximian den Rhein bei Mainz und zog unter schweren Verwüstungen quer durch das Alamannenland bis nach Günzburg an der Donau. 288 drang Diokletian, während Maximian seine Aufmerksamkeit auf die Erhebung des Carausius in Britannien richten musste, von Rätien aus bis zu den Donauquellen vor und hat vermutlich dieses Gebiet noch einmal der römischen Herrschaft unterworfen.“[24]

Trotzdem bekamen die Römer die Lage nie mehr in den Griff. Bereits 298 gab es schon wieder einen alamannischen Vorstoß, diesmal bis nach Langres, den der Caesar Konstantius nur mit großer Mühe aufhalten konnte. Und solche Auseinandersetzungen zogen sich bis weit ins 4. Jahrhundert hinein. In dieser Zeit setzt sich der Name *Alamannen* immer mehr durch. „331 ist für den damaligen Caesar Konstantin II. zum erstenmal der vorher nie verwendete Siegertitel Alamannicus bezeugt ... , seit 310/11 wurden von der Münzstätte Trier in verschiedenen Serien Goldnominale mit dem Bild Konstantins und dann seiner Söhne geprägt, die mit der symbolischen Darstellung des niedergeworfenen Volkes auf der Rückseite die Legende *Alamannia* (bzw. *Francia) – Gaudium Romanorum* tragen, um der römischen Siegesfreude Ausdruck zu geben.“[25]

Auch der Sieg der Römer bei Straßburg (357) über germanische Völkerschaften wird als Sieg über die Alamannen gefeiert.

Da Völker nicht einfach aus dem Nichts auftauchen, können mit Alamannen keine anderen gemeint sein als jene, die vorher Sueben geheißen haben. Und wenn jener Name auch erst 289 n. Chr. erstmals auftaucht, ist doch davon auszugehen, dass er schon für

---

24 Karl Friedrich Stroheker a. a. O. S. 26 f.
25 daselbst S. 28.

die Stämme gegolten hat, die 260/ 61 den Limes durchbrochen und das Dekumatland erobert haben. Wahrscheinlich war *Alamanni* nichts anderes als die Bezeichnung für jene Koalition, die sich zum Angriff auf den römischen Limes zusammengeschlossen hatte. Ein neues Volk war es nicht, auch wenn die verschiedenen Gruppen erst danach in dem eroberten Gebiet enger zusammenwuchsen.

Der beste Beweis dafür ist die Tatsache, dass der Name *Suebi/ Schwaben* über alle Zeiten erhalten geblieben ist. „Während Sueben und Alamannen in den Schriftquellen bis zum Ende des 5. Jh. stets als eigenständige Stämme genannt werden – die Donausueben 477 das letzte Mal explizit – werden mit Beginn des 6. Jh. die Begriffe Alamanni und Suebi für dasselbe Volk gebraucht."[26]

Des Rätsels Lösung ist also: Im Osten hat sich im 4. und 5. Jahrhundert der Name *Suebi* erhalten, während im Westen, im Dekumatland, der Name *Alamanni* gebraucht wird. Ab dem 6. Jahrhundert aber sind sie Synonyme, und im Mittelalter gibt es dann nur noch ein Herzogtum Schwaben.

---

26 Dieter Quast a. a. O. S. 183.

Spurensuche

Es dürfte nicht mehr viele Leute interessieren, zu welchem germanischen Stamm ihre Vorfahren vor zweitausend Jahren gehört haben, und in Anbetracht der zahllosen Vermischungen zwischen den Stämmen wird es wohl auch keine „reinerbigen“ Semnonen oder Juthungen oder Quaden usw. geben. Aber man sollte auch die Verhältnisse seit dem Beginn der Industrialisierung im 19. Jahrhundert nicht in die Vergangenheit zurückprojizieren. Nach dem Ende der spätantiken Wanderungen wurden die meisten Menschen völlig sesshaft und viele kamen aus dem engen Umkreis ihrer Dörfer und Städte niemals hinaus, heirateten meist auch in der Nachbarschaft und kannten die weite Welt nur vom Hörensagen. Nur so ist es auch verständlich, wie sich so viele Ortsmundarten entwickeln konnten. Das ging nicht selten so weit, dass man Leute aus einem nur wenige Meilen entfernten Nachbarort gleich an ihrer Sprache erkannte.

Nun gibt es neuerdings wieder Menschen, die Familienforschung betreiben, sei es aufgrund leichterer Recherche übers Internet, sei es aus echter Neugier. Wenn da nun jemand feststellt, dass seine Vorfahren väterlicher- oder mütterlicherseits alle aus derselben Gegend stammen – aus dem Breisgau oder dem Oberen Gäu, aus dem Ries oder aus dem Unterallgäu – so kann er auch weiter in die Vergangenheit zurückgehen und fragen, welcher Stamm dort einst ansässig war, auch wenn sich das Bewusstsein davon seit tausend Jahren verloren hat. Aber da wird es schwierig, weil sich die wanderfreudigen Altvorderen der ersten Jahrhunderte nach Christus so schwer lokalisieren lassen. Doch genau das reizt auch den Forschergeist des Freizeitkriminalisten und ermuntert ihn zu detektivischer Kleinarbeit.

Am einfachsten beginnt man die Spurensuche mit Ortsnamen. Wenn da eine Gemeinde zwischen Bietigheim und Vaihingen an der Enz Sachsenheim heißt, so sind dort wohl Sachsen angesiedelt worden, und heißt ein Dorf im Allgäu Friesenhofen, werden einst Friesen dorthin verpflanzt worden sein. Es gibt auch eine Anzahl von Orten namens Türkheim, die alle nichts mit Türken zu tun haben, sondern mit Thüringern. Aus Thürinc-heim ist infolge schwäbischer Schlamperei halt Türkheim geworden. Und wenn man herausfindet, dass (Bad) Waldsee ursprünglich Walchsee geheißen hat, weiß man, dass da Welsche, also vielleicht Franzosen herübergekommen sein dürften. Aber außer den Ortsnamen findet man in diesen Gemeinden nichts mehr von Sächsisch, Friesisch, Thüringisch oder Französisch. Durch die schwäbische Umgebung sind sie alle längst swevisiert worden. Man muss ja bedenken, wie lange sie schon da sind: seit dem 8. und 9. Jahrhundert, d. h. seit Karl d. Gr. planmäßig kleinere Volksgruppen umgesiedelt hat.

Das alles führt aber nicht in die Völkerwanderungszeit und zu jenen *gentes* (Völkern) zurück, von denen die römischen Quellen berichten. Man braucht also wohl eine besonders feine Spürnase, wenn man da noch Spuren finden will. Aber man kann es ja spaßhalber versuchen!

Beginnen wir mit den **Juthungen.** Die Sprachforschung führt ihren Namen auf **Euthunga* zurück. Die Entwicklung von eu verläuft in zwei Bahnen: Bei a, e, o in der Folgesilbe wird daraus eo und später io – es gibt Eigennamen wie Eodo und Eodbert - , bei i, j oder u in der Folgesilbe wird iu. Aus **Euthunga* wird folgerichtig *Iuthungen.*[27] Man darf also kein j sprechen, sondern ein i und deshalb einen fallenden Diphthong íu. Aus mhd. iu aber wird im Nhd. oi, das man aber mit eu schreibt: *liute* zu *Leute, hiute* zu *heute.* Aus *Iuthunga* wird also *Euthinge,* denn im Oberdeutschen erscheint die Ableitung *-ungen* immer als *–ingen.*

Wenn man nun auf einer Karte von Südwestdeutschland nach Eutingen sucht, wird man zweimal fündig. Da gibt es eines bei Horb und ein anderes zwischen Pforzheim und Mühlacker, beide im Vorland des nördlichen Schwarzwaldes. Es liegt also zumindest der Verdacht nahe, dass sich dort einst Juthungen niedergelassen haben.

27 nach Ernst Schwarz: Die Herkunft der Juthungen, S. 223.

Nicht immer kann man auf Ortsnamen zurückgreifen; man muss auch Hinweisen in historischen Quellen folgen. Cassius Dio berichtet, **Hermunduren** seien zwischen 8 und 2 v. Chr. an der Donau nördlich Augsburg angesiedelt worden und hätten den Status eine römischen Klientelstaates erhalten. Wenn hier Augsburg genannt wird, das bekanntlich nicht an der Donau liegt, so kommt das daher, dass es die bedeutendste römische Stadt in weitem Umkreis war: Augusta Vindelicorum. Folgt man von hier dem Lech und überschreitet bei Donauwörth die Donau, gelangt man ins Ries. Dort hat sich also zumindest ein Teil der Hermunduren niedergelassen.

Als nun nach dem Zusammenbruch der römischen Herrschaft über das Voralpenland das Gebiet zwischen Iller und Lech frei wurde, dürften sich die Hermunduren in dieses Gebiet hinein, das sie bisher als Händler bereisten, ausgebreitet haben. Mit anderen Worten: Die bayrischen Schwaben sind also zumindest teilweise Nachkommen der Hermunduren, ein anderer Teil stammt aus dem Neckargebiet, wie wir aus Quellen wissen.

Springen wir von hier in den Westen des schwäbisch-alamannischen Stammesgebiets an den Rhein, finden wir auch hier eindeutige römische Hinweise auf elbgermanische Stämme. Nach Tacitus haben die **Wangionen** ihre Wohnsitze um Worms genommen, die **Nemeter** um Speyer, die **Triboker** um Straßburg. Die ersten sind im 5. Jahrhundert von den Burgundern überlagert oder verdrängt worden, sodass sich über ihren Verbleib nichts sagen lässt, aber die Nachkommen der andern müssten immer noch im Land sein. So stammen also die Elsässer wenigstens zum Teil von den Tribokern ab, auch wenn oder gerade weil diese romanisiert worden sind.

Das Elsässerditsch kann also nicht von den Tribokern stammen. Es geht auf die Sprache jener Alamannen zurück, die im 5. und 6. Jahrhundert ins Elsass eingewandert sind. Und man geht kaum fehl in der Annahme, dass darunter auch jene Neckarsueben waren, die von Chlodwig vertrieben worden sind.

Ein schwieriger Fall bleiben die **Haruden.** Sie stammen ursprünglich aus Norwegen, wo der Hardangerfjord noch an sie erinnert. Danach siedelten sie im Osten von Jütland und kamen schon im 1. Jahrhundert v. Chr. mit den Sueben in Kontakt. Sie sollen mit 24.000 Leuten zu Ariovist gestoßen sein und ihre Männer haben in der Schlacht im Sundgau zusammen mit ihm gegen Caesar gekämpft. Doch dann verliert sich ihre Spur wieder.

Aber ihr Vieh lässt sich noch finden! Ein Landwirtschaftsexperte schreibt: „Die Alemannen haben ihre nordische Heimat in Norwegen. Sie waren – wie alle Germanen – Reinzuchtfanatiker und brachten von dort oben ihr eigenes Fleckvieh, das heute noch in Norwegen gezüchtete Telemarkrind, mit. Das Simmentaler Rind, ein Kreuzungsprodukt mit überwiegend alemannischem Blut, stammt von diesem ab. Ebenso brachten die Alemannen eine scheckige Ziege, den Tennenbronner Schlag, mit, die heute noch in Norwegen angetroffen wird.“[28]

Was der Autor hier fälschlicherweise von „den Alemannen“ behauptet, trifft nur auf die Haruden zu, die zweifellos aus Norwegen stammen. Da die wandernden Völker der Antike immer auch ihr Vieh mit sich geführt haben, das während der Wanderung ihre Lebensgrundlage war, führt uns die Tennenbronner Ziege zu den Haruden. Das namengebende Tennenbronn liegt bei Schramberg. Also wird man in jener Gegend auch die Nachkommen der Haruden vermuten dürfen. Ihr Gebiet schließt sich südlich an das der Juthungen an.

Fassen wir zusammen: Im Oberrheingebiet, das pauschal als alemannisch betrachtet wird, finden sich Spuren der Neckarsueben, der Wangionen, Nemeter und Triboker, im östlichen Schwarzwaldvorland Juthungen und Haruden, in Bayrisch Schwaben Hermunduren. Und dazwischen? Am Neckar, auf der Alb, in Oberschwaben? Wer sonst als die **Sueben!** Genau das ist der Grund, weshalb sich das Selbstverständnis, Schwaben zu sein, gerade in diesen Gegenden so hartnäckig gehalten hat. Die Sueben sind eben doch kein Mythos! Sie leben noch und, so Gott will, werden sie auch das neue Jahrtausend überleben. (Wenn man schon zweieinhalbtausend Jahre auf der Welt ist, können auch noch tausend Jahre dazukommen.)

---

28 E. Krautter: Leserbrief in der Stuttgarter Zeitung vom 19. Mai 1972.

Namenkunde

Über die Herkunft und Bedeutung des Volksnamens Suebi bzw. **Schwaben** ist schon viel spekuliert worden. Hermann Bausinger hat noch jüngst (2016) geschrieben, dass der Name „aber schlicht die Zu-uns-Gehörigen meint.“[29] Er übernimmt da wohl die alte Erklärung von Rudolf Much, Sueben bedeute „Leute vom eigenen Volk“. Hans Wilhelm Hammerbacher hat sich schon vor Jahrzehnten entschieden dagegen ausgesprochen: Wenn ‚Swe‘ oder ‚Swa‘ auf Hochdt. ‚Leute vom eigenen Stamm‘ bedeuten soll, dann könnte dies jeder andere Germanenstamm von sich sagen, ohne diesen Namen zu tragen, und die Unterscheidung wäre nicht geschehen ... Wir können uns mit der Much‘schen Deutung deshalb nicht zufrieden geben, weil sie über das Wesen des suebischen Stammes nichts aussagt und nur einen Zustand ausdrückt, während sogar das lat. Wort ‚Suebe‘ auf eine Bewegung hinweist.“[30] Wie er auf diese Behauptung kommt, bleibt unklar, denn er führt anschließend nur deutsche Wörter an: schweben, schweifen, schwingen, schwirren, schwimmen u. a.

Dann aber versucht er aus der angeblichen Verwandtschaft der Wörter *Sueben* und *schweben* eine eigene Deutung: „Die Stammbildung der Sueben war ja auch eine Folge jenes Zuzugs von Schiffsbesatzungen aus den Nordländern, die über das Wasser herkamen, sich über dem Wasser bewegten. Man kann aber auch noch weitere Wortbedeutungen aus dem Namen der Sueben ableiten, nämlich »die das Schwert Schwingenden« und jene, die »Glück und Heil« haben, wie die angelsächsische Überlieferung uns verrät. Die Namensbedeutung verlieh den Sueben demnach eine gewisse Siegeszuversicht bei ihren Unternehmungen, eine Sicherheit und Überlegenheit im Kampfe mit anderen Völkern. Sogar die Verwandtschaft des Wortes »Schwan« mit dem Begriff

29 Hermann Bausinger: Eine schwäbische Literaturgeschichte, Tübingen 2016, Seite 12.

30 Hans Wilhelm Hammerbacher: Die hohe Zeit der Sueben und Alamannen, Heusenstamm 1974, S. 35 f.

»Sueben« ist offensichtlich. Dieser königliche und heilige Wasservogel mit seinem hellen Gefieder mag als Urbild des Schwebens und Schwingens, des seligen »Über das Wasser gleiten« bei den Sueben in der Namenswahl mitgewirkt haben. Wer je ein Schwanenpaar im Hochzeitsflug beobachten konnte, wie es über das Wasser eines Sees mit ausgebreiteten Flügeln gleitet, wird den Eindruck des Schwingens und Schwebens bestätigt finden, der die Sueben damals zur Wahl ihres Namens anregte."[31] Das ist, mit Verlaub gesagt, blühender Unsinn. Wer je einen Tübinger Gogen oder einen Schäfer von der Schwäbischen Alb kennen gelernt hat, wird kaum auf den Gedanken verfallen sein, sie mit fliegenden Schwänen zu vergleichen.

Sicher ist, dass *Suebi* (mit langem e) und *sweben* (mit kurzem e) nichts miteinander zu tun haben. Das lange e hat sich zu a entwickelt (vgl. lat. *semen*/ dt. Samen, lat. *dens*/ dt. Zahn), während das ursprünglich kurze e im Neuhochdeutschen zu einem langen e geworden ist. Man wird also an eine andere Verwandtschaft denken müssen, und da gibt es keine große Auswahl. Weder im Gotischen noch im Althochdeutschen findet sich etwas Passendes; nur im Altnordischen wird man fündig. Im Altnordischen Wörterbuch von Gerhard Köbler stößt man auf „Svāf-a-lan-d an. st. N. Schwabenland", womit sicherlich nicht Württemberg gemeint ist, sondern die alten Wohnsitze südlich der Ostsee. Das Stichwort vor Svafaland aber lautet: „svāf an. st. N. Speer".[32] Na also! Die Schwaben haben ihren Namen von ihrer in früher Zeit bevorzugten Waffe, dem Speer, so wie die Sachsen den ihren vom einschneidigen Schwert, dem *sahs* haben. Die Schwaben sind also die Speerleute, so wie die Sachsen die Schwertleute (oder Schwertmannen) sind. Für die Völker jener kriegerischen Zeiten waren nun einmal ihre Waffen die einzige Lebensversicherung. Man sollte sich also bei der Namendeutung nicht in Phantasiewelten verlieren.

Im Katalog zur Schwabenausstellung 2016/17 wird die interessante Frage aufgeworfen: „War ‚Sueben' das Wort für das römi-

31 daselbst S. 36 f.

32 Gerhard Köbler: Altnordisches Wörterbuch, 2. Aufl., S. 455.

sche ‚Germani'?" (S. 159). Diese Frage ist tatsächlich berechtigt; denn wenn man lat. *Germani* als ahd. *ger-mannen* liest, entspricht es genau dem Sinn von *Suebi.* Ahd *gêr* ist nämlich ein Wort für den Wurfspeer.

Eindeutig ist die Sache trotzdem nicht, denn es gibt auch ein lat. Wort *germanus,* das „leiblicher Bruder" heißt. Als Adjektiv bedeutet es „leiblich". Es gehört zum selben Stamm wie *germen* (Keim, Spross, Sprössling) und das Verb *germinare* (keimen, sprossen, hervorsprießen lassen). Dann wären die Germanen die Sprösslinge, also Nachkommen. Das würde zum Namen der **Juthungen** passen.

„Die Ableitung ihres Namens vom aisl. *iód* ‚Nachkomme' ist als einzig mögliche seit langem anerkannt. Es hängt mit den Berichten über das semnonische Kultheiligtum zusammen, dass Müllenhoff dabei an ‚Abkömmlinge des Gottes der Semnonen' oder an ‚echte Semnonen' dachte. R. Much möchte ebenfalls eine Bedeutung ‚die echten Abkömmlinge' erschließen; an eine Abkunft von einem Gotte brauche dabei nicht gedacht zu werden. Das aisl. *iód* geht auf ein germ. **eutha-* zurück, das einmal weit verbreitet war, wie sein Vorkommen in Personennamen wie got. *Eutharicus* (5. Jh.), langobardisch *Eodo* u. a. zeigt."[33] Man könnte auch einfach an das engl. *youth* denken, das „Jugend, Jüngling" bedeutet.

Außerdem ist in diesem Zusammenhang zu beachten, dass beim Vorgang der Kolonisation gewöhnlich nicht der ganze Stamm abwandert, sondern vor allem die überschüssige Jugend, der „ver sacrum" (der heilige Frühling). Exemplarisch zeigt das die griechische Kolonisation 750 – 550 v. Chr. Da war es üblich, dass eine Gruppe junger Leute unter der Führung eines älteren „Oikisten" ausgesandt wurde, in der Ferne eine neue Stadt zu gründen. So ähnlich muss man sich das auch bei den germanischen Stämmen vorstellen. Demnach wären die Semnonen an ihren Stammsitzen verblieben und hätten ihre Jungmannschaft, die Juthungen, auf Wanderschaft geschickt.

An diesem Punkt wird man neugierig und fragt sich: Wenn *Juthungen* Nachkommen (der Semonen) bedeutet, was bedeutet dann

---

33 Ernst Schwarz: Die Herkunft der Juthungen, S. 218.

der Name **Semnonen**? Auch wenn man keine Indogermanistik studiert hat, sondern lediglich Latein kann, wird man die Ähnlichkeit mit lat. *semen, seminis* (Samen) kaum übersehen. Und wenn man bedenkt, dass sich die alten Israeliten als Same Jakobs (lat. semen Iacob) verstanden, liegt die Vermutung nahe, dass auch der Name der Semnonen einer ähnlichen Vorstellung entsprechen könnte. Semnonen wären also „Sämlinge", d. h. genau wie die Juthungen ganz einfach Nachkommen eines uns unbekannten Heros oder Stammvaters. Das mag manchem zu wenig erscheinen, aber in alter Zeit war es von größter Bedeutung, Nachkomme großer, zu Heroen oder Halbgöttern gewordenen Vorfahren zu sein.

Als nächster ist der Name der **Quaden** zu erklären, von dem ich irgendwo gelesen habe, er bedeute „die Schlechten". Das ist nun wirklich unwahrscheinlich, selbst wenn man annimmt, es sei ein Spottname gewesen; denn in diesem Fall würde man wohl auch ihren echten Namen erfahren. Von den Eskimo weiß man ja auch, dass sie sich selbst Inuit nennen. Und die Römer hätten auch erfahren, wie die Quaden wirklich heißen. Aber sie hatten wohl keinen anderen Namen. Es liegt vielmehr nahe, dass dieser Name mit dem ahd. Verb *quedan, quat, giquetan* zu tun hat, und das heißt schlicht und einfach „sprechen". Die Quaden nennen sich also „die Sprecher". Daraus wird man folgern dürfen, dass sie sich vor allem durch ihre gemeinsame Sprache verbunden fühlten und besonderen Wert auf diese legten. Freilich lässt sich hier einwenden, dass man das von allen Völkern sagen könnte, aber dasselbe gilt auch von „Nachkommen" oder davon, dass sich verschiedene Stämme von Eingeborenen „Menschen" nennen. Die Franken bezeichnen sich als „die Freien", Haruden bedeutet „Helden", Heruler „Vornehme", Goten „Männer", Ambronen „Kinder".[34] Nach irgend einem Merkmal muss man sich halt benennen, warum also nicht nach der Sprache?

Leicht scheint es, den Namen der **Alamannen** zu deuten. „Die Bedeutung des Namens *Alamanni* hat, wenn man dem byzantinischen Historiker Agathias (ca. 530 – 582) glauben will, bereits

34 daselbst S. 222.

der Chronist Asinius Quadratus zu Beginn des 3. Jh. erläutert: »Zusammengespülte und vermengte Menschen« seien die Alamannen, »und dies drückt auch ihre Benennung aus.« Gleichgültig, von welchem Gewährsmann Agathias diese Deutung übernommen hat: sie scheint durchaus das Richtige zu treffen. Denn die Erklärung der heutigen Namenforscher geht in dieselbe Richtung: »Menschen oder Männer insgesamt, im Gesamten genommen«.[35]

Was mich an dieser recht plausiblen Erklärung stört, ist die Schreibung mit nur einem l. Zwar gibt es im Althochdeutschen auch die unflektierte Form al-, aber flektiert hat das Wort immer das Doppel-l: alliu/ elliu. Da auch das Latein dieses Doppel-l kennt (Sulla, Marcellus, colloquium u. v. a.), ist nicht recht einzusehen, warum nie „Allamanni" geschrieben wird. Da sollte man zumindest in Erwägung ziehen, ob nicht doch das ahd. *alah,* got. *alhs* (Tempel, Heiligtum) im Spiel ist. Dann wären die Alamannen die Leute des Heiligtums (der Semonen), wo sie sich zum Kampf verschworen haben, also gewissermaßen die Vorfahren der Eidgenossen, und die Deutung des Asinius Quadratus eine böswillige Verleumdung dieses „quadratschädligen Esels" (frei übersetzt). – Die Frage nach der Bedeutung des Namens scheint mir jedenfalls nicht endgültig geklärt.

35 Dieter Geuenich: Ein junges Volk ..., S. 75 .

Der erste Auftritt in der Weltgeschichte: Caesar und Ariovist

In der ersten Hälfte des 1. Jahrtausends v. Chr. sind die Kelten das größte und wohl auch mächtigste Volk Europas gewesen, wenn sie auch kein einheitliches Reich gebildet haben wie dann in der zweiten Hälfte die Römer. Als die für sie typische und wohl auch von ihnen geschaffene Kultur gilt die Hallstatt-Kultur (800 – 400 v. Chr.), deren Einflussgebiet sich von der Pannonischen Tiefebene über Mitteleuropa und das heutige Frankreich bis auf die Britischen Inseln und den Norden der Iberischen Halbinsel erstreckte. Aber dieses Gebiet wurde von Nordosten her immer mehr von Germanen eingeengt, die sich offenbar stark vermehrten und neue Siedlungsgebiete suchten.

Schon um 750 v. Chr. erreichten sie die Mittelgebirge, um 500 waren sie in der Norddeutschen Tiefebene von der Maas bis zur Weichsel ansässig, bis um etwa 250 stießen Semnonen und Hermunduren im Elbe-Saale-Gebiet weiter nach Süden und fränkische Stämme über Rhein und Maas nach Flandern vor, bevor schließlich um die Zeitenwende Böhmen von den Markomannen und das Gebiet zwischen Main und Donau von den Sueben eingenommen wurde.

Es versteht sich von selbst, dass bei dieser Südausdehnung der Germanen die Kelten immer mehr in Bedrängnis gerieten und sich gezwungen sahen, nach Süden (über die Alpen) und vor allem nach Westen (Gallien) auszuweichen. So beschloss das keltische Volk der Helvetier (in der heutigen Schweiz) im Jahr 61 v. Chr. nach Gallien auszuwandern. Sie setzten drei Jahre zur Vorbereitung an und wollten im März 58 v. Chr. aufbrechen und bei Genf über die Rhône ziehen. „Als Caesar die Nachricht erhielt, dass die Helvetier durch unsere Provinz zu ziehen gedachten, brach er rasch von Rom auf und eilte, so schnell er konnte, in das jenseitige Gallien, wo er vor der Stadt Genf erschien. Da im jenseitigen Gallien nur eine Legion stand, verlangte er von der gesamten Provinz die Stellung von möglichst vielen Soldaten. Gleichzeitig ließ er die Brücke abreißen, die nach Genf führte"[36] Zwar gelang es Caesar, die Helvetier an dieser Stelle aufzuhalten, doch fanden sie einen Ausweg durch das Gebiet der Haeduer und Sequaner, die ihnen den Durchmarsch erlaubten. Caesar glaubte sich berechtigt, das Vorhaben zu unterbinden, setzte den Helvetiern nach und besiegte sie in der Schlacht bei Bibracte. Dann zwang er sie, d. h. die Überlebenden, in ihre Heimat zurückzukehren.

Genau an diesem Punkt, im Jahr 58 v. Chr. traten nun die Sueben mit einem spektakulären Auftritt in die Weltgeschichte ein, nämlich mit jener Auseinandersetzung zwischen Ariovist und Caesar, bei der es um nicht Geringeres ging als um die Herrschaft über Gallien, wie Caesar selbst bestätigt. In den Verhandlungen, die der Schlacht im Sundgau vorausgingen, vertrat Ariovist den Standpunkt: „Er sei früher nach Gallien gekommen als das römische Volk; niemals vorher habe ein Heer des römischen Volkes die Grenze der Provinz Gallien überschritten; was wolle Caesar eigentlich von ihm? Warum dringe er in seinen Besitz ein? Dieses Gallien sei seine Provinz wie jenes unsere" (I, 44, 7-8). (Mit „jener" Provinz ist die Gallia Narbonnensis gemeint, die schon römisch war.) Außerdem bemerkt Caesar: „Bei den Soldaten wurde später verbreitet, mit welcher Anmaßung Ariovist in den Verhandlungen den Römern ganz Gallien streitig gemacht habe" (I, 47, 4).

Das alles ist unverständlich, wenn man die Vorgeschichte nicht kennt, wie Caesar selbst sie schildert: In Gallien hatte es schon vor der Ankunft der Römer einen Kampf um die Vorherrschaft zwischen den Haeduern und den Arvernern gegeben. Um sich besser durchsetzen zu können, hatten die Arverner und die mit ihnen verbündeten Sequaner germanische Hilfstruppen angeheuert, zunächst 15.000 Mann. Aber wie es bei solchen Einladungen oft geht, wird man die Gäste hinterher nicht mehr los. Es gefiel ihnen in Gallien so gut, dass sie weitere Stammesgenossen nachholten (Familienzusammenführung!), sodass schließlich 120.000 Germanen bei ihnen waren. Nun besiegten zwar die Sequaner ihre alten

36 Caesar: De bello Gallico, 1. Buch, Kap. 7, 1 – 2 .

Konkurrenten, die Haeduer, aber der Preis dafür war hoch: „Den siegreichen Sequanern sei jedoch noch Schlimmeres zugestoßen als den besiegten Haeduern, denn Ariovist, der König der Germanen, habe sich in ihrem Land niedergelassen und ein Drittel des Gebietes besetzt, das fruchtbarste in ganz Gallien" (I, 31, 10).

Diese Besetzung war im Jahr 71 oder 70 v. Chr. erfolgt und von den Römern anerkannt. 59 v. Chr. wurde Ariovist sogar der Titel „amicus populi Romani" (Freund des römischen Volkes) verliehen. Deshalb fühlte er sich durchaus im Recht, als er Caesar entgegentrat. Dieser hatte bekanntlich keinen Auftrag des Senats, Gallien zu erobern, sondern führte seine Feldzüge auf eigene Faust. Ariovist sah jedenfalls keinen Grund zurückzustecken; auch militärisch glaubte er sich stark genug, da er die Kelten anno 60 v. Chr. in der Schlacht bei Magetobriga (irgendwo im Elsass) geschlagen hatte. Aus Angst, er könne sich immer weitere Gebiete Galliens aneignen, wandten sich nun die Haeduer hilfesuchend an die Römer, d. h. an Caesar, der diese Gelegenheit nur zu gern wahrnahm, da er ja große Pläne hatte und die gallischen Händel nur zum Anlass nahm, sich in Szene zu setzen. Ob die Gallier ahnten, dass sie sich anschickten, den Teufel mit dem Beelzebub auszutreiben, weiß man nicht. Vorläufig konnten sie sich jedenfalls zurücklehnen und zusehen, wie sich die Römer mit den Germanen prügelten. Und danach würde man schon weitersehen.

Es kam also zu jener großen Schlacht im Sundgau (58 v. Chr.), die über das Schicksal Galliens entscheiden sollte. Caesar befehligte sechs Legionen, hatte also eine doppelt so große Streitmacht als später Varus im Teutoburger Wald, trotzdem behauptet er, den Germanen zahlenmäßig unterlegen gewesen zu sein. Ariovist führte eine buntgemischte Truppe von Sueben, Markomannen, Haruden, Eudusiern, Tribokern, Vangionen und Nemetern. Da Caesar unsicher war, ob er diese gewaltige Streitmacht besiegen könne, griff er zun einer Kriegslist: Er empfing eine Gesandtschaft der Germanen, „die aus allen ihren Führern und Ältesten bestand", wie er selbst schreibt (De bello Gallico IV, 13, 4), und gab seinen Truppen gleichzeitig den Befehl, das Lager der Gegner zu überfallen. Die „große Schlacht im Sundgau" war also gar keine reguläre Schlacht, sondern ein hinterhältiger Überfall der Römer! Ariovist selbst konnte zwar über den Rhein entkommen, starb jedoch kurze Zeit später. Sein Tod wird anno 54 v. Chr. erwähnt.

Wer war dieser Ariovist, den wir als ersten Sueben namentlich kennen? Er gilt bei den Römern als König der Sueben, aber ob germanische Völker jener Zeit tatsächlich schon ein echtes, d. h. institutionalisiertes Königtum kannten, ist fraglich. Ebenso wenig wissen wir, ob sein Name suebisch oder keltisch ist. Er hatte zwei Frauen, eine Germanin und eine Keltin und mindestens zwei Töchter. Beide Frauen und eine der Töchter verlor er bei dem Überfall auf sein Lager. Die zweite Tochter geriet in römische Gefangenschaft; über ihr weiteres Schicksal werden wir von Caesar nicht unterrichtet.

Nun könnte man als siebengescheiter Nachfahre einwenden, es wäre gescheiter gewesen, wenn die Sueben in ihren Stammesgebieten an der Elbe geblieben wären, wo sie mächtig und angesehen waren. Zumindest hätten sie sich östlich des Rheins halten können. Aber das sind müßige Gedanken, da die Geschichte nun einmal andere Wege gegangen ist. Man kann sich auch über die Niederlage im Sundgau hinwegtrösten, indem man sich vor Augen hält, dass nur ein kleiner Teil der Sueben jene Katastrophe erlitten hat, während der größere Teil bis ins 3. Jahrhundert n. Chr. in seinen alten Wohnsitzen überlebt hat. So wurde der erste Ausflug der Schwaben in die Weltgeschichte zwar nicht gerade ein Erfolg, ließ die Welt aber dennoch wissen, dass mit ihnen künftig noch zu rechnen sei.

Was waren die Folgen dieses Abenteuers? Nachdem Caesar ganz Gallien erobert hatte, wurde der Rhein zur Westgrenze des germanischen Territoriums, die sie jedoch nie anerkannten. Immer wieder gab es Übergriffe auf linksrheinisches Gebiet, und im Jahr 16 v. Chr. erlitten die Römer sogar eine empfindliche Niederlage. Das veranlasste Augustus, sechs Legionen an den Rhein zu verlegen, ein Fünftel seiner gesamten Streitmacht. Darum blieb der Rhein für Jahrhunderte nahezu unüberwindlich, selbst für die

Römer, deren Vorstoß nach Sachsen im Jahr 9 n. Chr. bekanntlich in eine Katastrophe mündete.

Da der Machtkampf um Mitteleuropa militärisch nicht zu gewinnen war, entschieden sich die klugen Römer, andere Mittel einzusetzen. „Es gelang nicht, das Land zwischen Rhein und Elbe als germanische Provinz ins römische Imperium einzugliedern. Daher beendete Kaiser Tiberius die offensive Germanenpolitik seines Adoptivvaters Augustus. Es wäre allerdings verfehlt, sie damit als völlig gescheitert zu bezeichnen. Das große Ziel wurde zwar nicht erreicht, doch hatte man in diesen 28 Kriegsjahren durch Umsiedlung von Stämmen und Völkerschaften die machtpolitischen Verhältnisse neu geordnet. Romfreundliche Stämme wurden sowohl linksrheinisch wie auch im Vorfeld der Reichsgrenze angesiedelt, romfeindliche Verbände dagegen weiter nach Osten abgedrängt. So hatte man die den Sueben zugehörigen Quaden, einen Hauptträger der germanischen Westexpansion, aus ihren Wohnsitzen im nordhessischen Raum vertrieben und an die Elbe abgedrängt. Die Markomannen zogen, dem römischen Druck nachgebend, aus der Mainregion ins Böhmische Becken und machten so den Hermunduren Platz, die in der Folgezeit beste Beziehungen zum römischen Imperium pflegten.“[37]

Süddeutschland scheint infolge dieser Entwicklungen in der Folgezeit nur dünn besiedelt gewesen zu sein. Nach einem Bericht des Geographen Strabon aus der Zeit des Augustus sind die Bewohner entweder von den Römern auf die linksrheinische Seite umgesiedelt worden oder haben sich in den Osten zurückgezogen. Der Historiker Herbert Nesselhauf bestätigt diese Angaben: „Nichts berechtigt uns zu Kritik oder Ablehnung dieses Berichts, der besagt, dass in der augusteischen Zeit rechts des Rheins ein Siedlungsvakuum entstanden sei durch Abzug der Bevölkerung, sei es über den Rhein nach Westen, sei es ins Innere Germaniens nach Osten. In Südwestdeutschland im besonderen äußerte sich dies einmal in der Umsiedlung der Triboker, vielleicht auch schon der Nemeter und Vangionen, die wir aus anderen Gründen der

37 Jörg Heiligmann: Mit anderen Augen gesehen, in: Die Alamannen S. 57 f.

augusteischen bzw. der frühen Kaiserzeit zugewiesen haben, sodann im Vorgehen Marbods, der germanische Kräfte, die sich aus der unbequemen Nachbarschaft der Römer entfernen wollten, an sich zog und in Böhmen versammelte."[38]

Aber so ein Siedlungsvakuum bleibt nie lange bestehen. Schon um die Zeitenwende wurde ja der Ostteil des Gebiets zwischen Main und Donau den Hermunduren zugewiesen, und im westlichen Teil ließen sich gallische Auswanderer nieder. „Sie haben das gallische Element noch verstärkt, das bis zur Landnahme durch die Alamannen den ethnischen Charakter des Landes im wesentlichen bestimmt hat.“ [38)] Das Pendel der Geschichte schwang also wieder zurück: Statt dass sich die Sueben in Gallien festsetzen konnten, ließen sich nun Gallier in Südwestdeutschland nieder! Und man denke nicht, sie wären jemals wieder daraus verschwunden. Dass die Schwaben so anders sind als die Norddeutschen, hat sicherlich auch damit zu tun, dass in ihren Adern noch keltisches Blut fließt.

38 Herbert Nesselhauf: Die Besiedlung der Oberrheinlande ..., S. 135.

Die Landnahme

Die Römer waren große Strategen, und da sie die Geographie Mitteleuropas kannten, sahen sie auch, dass der Rhein als Reichsgrenze zwar brauchbar, aber nicht optimal war, da er die unangenehme Eigenheit hat, erst vom Bodensee nach Westen und dann von Basel ab plötzlich nach Norden zu fließen. So entstand durch das Basler Rheinknie ein Keil, der sich bedrohlich in das römische Territorium hineinschob. Und dass von dort der Weg durch die Burgundische Pforte nach Gallien hinein offensteht, hatte bereits die Erfahrung mit Ariovist gelehrt. Außerdem war den Römern unheimlich, dass sie nicht erkennen konnten, was sich hinter der finsteren Barriere des Schwarzwalds zusammenzog. Also beschlossen sie, diesen Keil abzutrennen und ihrem Reich einzuverleiben. Und so entstand der Plan, den obergermanisch-rätischen Limes zu bauen.

Ausgeführt wurde der Plan vor allem durch die Kaiser Hadrian (117 – 138) und Antoninus Pius (138 – 161). Sie ließen eine Grenzbefestigung errichten, die von Rigomagus (Remagen) am Rhein zunächst ostwärts über den Taunus, dann südwärts den Main entlang bis Miltenberg und weiter bis Lorch führte und von dort nach Osten abbog und sich durch das Altmühlgebiet bis nach Abusina (Eining) an der Donau hinzog. So entstanden die Agri Decumates (das Dekumatland), das sich zwischen die Provinzen Germania Superior und Raetia einschob. Es wurde von romanisierten Kelten bewohnt und von römischen Legionslagern gesichert, von denen sich einige später zu Städten entwickelten: Aquae Mattiacorum (Wiesbaden), Vicus Alisinensium (Wimpfen), Arae Flaviae (Rottweil), Caelio Monte (Kellmünz), Biriciana (Weißenburg) u. a. Es gab auch andere Städte wie Lopodunum (Ladenburg) oder Augusta Vindelicorum (Augsburg). So entwickelte sich ein römisches Provinzleben, das allerdings nicht lange Bestand hatte, da die Alamannen bereits 259/ 60 n. Chr. den Limes durchbrachen und den Römern das Dekumatland entrissen.

Es gelang ihnen jedoch zunächst nicht, ganz Südwestdeutschland zu erobern, denn das Römische Reich war noch stark genug, eine neue Grenze zu errichten, nämlich die „nasse Grenze" an Rhein, Bodensee, Iller und Donau. Das bedeutet, dass das Elsass, die Schweiz, Schwaben östlich der Iller sowie Ober- und Niederbayern in römischer Hand blieben und weiterhin hauptsächlich von Kelten bewohnt waren. Was ist aus diesen geworden? Gibt es eine Kontinuität der voralemannischen Bevölkerung oder nicht?

„Übereinstimmung herrscht darin, dass sich in dem erst im 5. und 6. Jahrhundert von den Alamannen besiedelten Elsass, der Schweiz und dem heutigen Bayrisch-Schwaben die Galloromanen in größerem Umfang gehalten haben als in dem schon 260 n. Chr. von den Alamannen besetzten rechtsrheinischen Hinterland des obergermanischen Limes. Wie hoch aber jeweils der Anteil der im Lande verbliebenen Vorbevölkerung im Verhältnis zu dem alamannischen Eroberer war, ist vor allem für das ehemalige Limes-Hinterland umstritten."[39]

Hier stehen sich im wesentlichen zwei „Schulen" gegenüber, von denen die eine behauptet, die Vorbevölkerung sei meist getötet oder vertrieben worden, die andere, sie habe zu einem beträchtlichen Teil unter alamannischer Herrschaft überlebt. Da sich die Schriftquellen darüber ausschweigen, ist man einerseits auf Ortsnamen angewiesen, andrerseits auf archäologische und anthropologische Befunde. Von den Ortsnamen gilt: „Nur an den Orten, wo die frühmittelalterliche Siedlung sich topographisch mit der römischen deckt, keine Fundlücke klafft und sich der voralamannische Ortsname erhalten hat, kann man auch mit Wahrscheinlichkeit eine Fortdauer der voralamannischen Bewohner annehmen. Wais zeigt, dass diese Bedingungen nur für verhältnismäßig wenige Ortschaften, z. B. Wimpfen und Ladenburg, zutreffen."[40]

So ist man doch mehr auf die Anthropologie und die Archäologie angewiesen, die sich mit den Toten und ihren Grabbeigaben in den Friedhöfen befassen. Dazu hat man vor allem zwei alaman-

39 Roderich Straub: Zur Kontinuität der voralamannischen Bevölkerung, in: Zur Geschichte der Alamannen, S. 49 – 66, Zit. S. 49.
40 daselbst S. 50.

nische Friedhöfe im Limes-Hinterland mit vier in der Schweiz und dem gallorömischen Friedhof in Kaiseraugst verglichen. Dabei hat sich ergeben, dass die Toten mit reicher Grabausstattung gewöhnlich größer und langschädliger als die mit geringer oder gar keiner Ausstattung sind. „Da nun der Mittelwert der 145 Alamannen ohne Beigaben und mit einfacheren Beigaben dem der Toten von Kaiseraugst und des römisch besetzten Süddeutschlands und der Schweiz sehr ähnelt, dürfen wir auch bei ihnen mit einem starken Hundertsatz galloromanischer Elemente rechnen."[41]

Man wüsste natürlich gern, wie groß dieser Prozentsatz ist, aber entsprechende Studien werden nicht mehr durchgeführt. (Man will sich ja nicht dem Rassismus-Verdacht aussetzen.) 1956 durfte ein Forscher noch schreiben: „Bei den Alamannen haben wir hingegen in den langschädeligen und großwüchsigen Toten mit reicheren Beigaben den germanischen Einwanderer vor uns, der als Sieger weitgehend die Stellung eines Herrn, sei es als Adliger, sei es als vollfreier Hofbauer, inne hatte. Die Mehrheit der kurzschädeligen und kleinwüchsigen Toten mit einfachen oder fehlenden Beigaben vertritt hingegen die alteinheimische Bevölkerung galloromanischen Ursprungs, die als Unterworfene damals meist in Abhängigkeit lebten. Ihr Volksanteil muss sehr beträchtlich gewesen sein, nicht nur in der Schweiz, ... sondern auch im vormaligen Limes-Hinterland."[42]

Es haben also wohl überall Galloromanen überlebt, die meisten jedoch in den spät besiedelten Randgebieten. In der Mitte gibt es vom 3. bis zu 5. Jahrhundert ein alamannisches Kerngebiet, im Westen begrenzt durch den Oberrhein, im Süden durch Hochrhein und Bodensee, im Osten durch die Iller und das Ries und eine Linie, die von dort Richtung Würzburg verläuft, im Norden durch den Main. Aber auch dieses Gebiet war von Anfang an nicht gleichmäßig besiedelt.

Der archäologische Befund ergibt: Die meisten alamannischen Friedhöfe aus dem 5. Jahrhundert findet man im Rhein-Main-Ge-

---

41 daselbst S. 59.
42 daselbst S. 60.

biet und in der Wetterau, im Rhein-Neckar-Gebiet und am mittleren Neckar, im Breisgau, am Rheinknie und um Schaffhausen, schließlich auf der Ostalb. Der Schwarzwald, die Rauhe Alb und die Waldberge zwischen Neckar und Jagst waren offenbar kaum besiedelt.

Außer Friedhöfen sind auch Reste von Siedlungen bekannt. „Auf der östlichen Schwäbischen Alb sind einige Siedlungen ausgegraben und in Vorberichten publiziert worden. Die Fundstellen von Heidenheim, Sontheim am Albuch und Großkuchen beginnen alle im ausgehenden 3. Jh. Während Heidenheim und Sontheim in der Mitte des 4. Jh. enden, besteht das alamannische Dorf von Großkuchen bis um 400. Leider ist aus dem mittleren Neckargebiet noch keine entsprechende Siedlung untersucht worden. Deshalb wissen wir vorerst nicht, ob die Befunde von der Ostalb verallgemeinert werden dürfen.“[43]

Da Siedlungsfunde relativ selten sind, muss man also doch wieder auf die Friedhöfe zurückgreifen. Die Alamannen begruben ihre Toten traditionell in Einzelgräbern, aber in einem kurzen Zeitraum zwischen 440/50 und 480 änderten sich die Bestattungsriten und es wurden Friedhöfe angelegt, auf denen die Gräber allerdings noch nicht so eng und in Reihen angeordnet waren wie später. Außerdem hat man festgestellt: „Im mittleren Drittel des 5. Jh. sind auf alamannischen Gräberfeldern vermehrt elbgermanische Einflüsse zu beobachten.“[44] Die Beziehungen zu den Herkunftsgebieten an der Elbe waren offenbar noch immer eng, es gab sogar noch Zuwanderung von dort: „Ungewöhnlich früh setzen die Gräberfelder von der Sponeck bei Jechtingen und in Wyhl ein, nämlich bereits im beginnenden 5. Jh. Die hier Bestatteten kamen aus dem elbgermanischen Raum und hatten für das spätantike weströmische Reich als *foederati* den Schutz der Grenze übernommen. Die engen Kontakte zur römischen Welt beeinflussten sie wohl auch bei der Gründung kleiner Gräberfelder. Noch bis ins zweite Drittel des 5. Jh. wurden elbgermanische Gruppen

43 Dieter Quast: Vom Einzelgrab zum Friedhof. Beginn der Reihengräbersitte im 5. Jahrhundert, in: Die Alamannen S. 171 – 190, Zit. S. 171.
44 daselbst S. 172.

für den Grenzschutz am Oberrhein angeworben. In Herten und Kleinhüningen belegen Grabfunde eine Zuwanderung aus dem Bereich der nordböhmischen Vinarice-Gruppe."[45]

Aufgrund von Keramikfunden wird sogar vermutet, dass die Mehrheit der Zuwanderer damals aus Böhmen kam. Ein Teil von ihnen ließ sich im unteren Maingebiet nieder, von wo die Burgunder nach ihrer Niederlage gegen die Hunnen (436 n. Chr.) im Jahr 443 nach Savoyen umgesiedelt worden waren. Jene Zuzügler müssten also Markomannen gewesen sein, die sonst allgemein als die Vorfahren der Baiern gelten, aber offensichtlich auch in den Alamannen weiterleben. „Der Zustrom elbgermanischer Gruppen im zweiten Drittel des 5. Jh. hat zur Übernahme und Weiterentwicklung von Sitten und Formen geführt. Das belegt deutlich eine bestimmte Serie von Miniaturbügelfibeln, die als typisch thüringisch galt, aber anscheinend im alamannischen Raum hergestellt wurde, denn dort liegt ihr Verbreitungsschwerpunkt. Während die Form übernommen wurde, entwickelte man die Verzierungsdetails weiter. Elbgermanisch-thüringische Sitten lassen außerdem die Pferdegräber des 5. Jh. erkennen ... Die Pferde wurden aufgezäumt und gesattelt beigesetzt und sollten ihren Herren, die in benachbarten Gräbern beigesetzt waren, für den Ritt ins Jenseits dienen. Dieser Brauch war besonders im Thüringerreich verbreitet und wurde von den Alamannen übernommen."[46]

Nimmt man alles zusammen, erkennt man, dass sich um die Mitte des 5. Jahrhunderts einiges in der Alamannia verändert hat: Menschen zogen aus Böhmen zu, neue Sitten kamen aus Thüringen. Außerdem findet man vereinzelt Gräber, in denen Ostgermanen bestattet liegen. „In den Jahren zwischen 460 und 480 – nach dem fränkischen König aus dem Geschlecht der Merowinger Childerichzeit genannt – treten auf den alamannischen Gräberfeldern Einflüsse von der mittleren Donau, aus dem mährischen, slowakischen und pannonischen Gebiet sowie aus dem Karpatenbecken in den Vordergrund. In der Forschung wurden diese Kontakte

45 ebenda.

46 daselbst S. 177.

stets in Verbindung mit der hunnischen Westexpansion gesehen. Es ist gut möglich, dass mancher um 470/ 480 in Süddeutschland verstorbene Elb- oder Ostgermane schon mit den Truppen Attilas hierher gelangte.“[47]

Dass man im 5. Jahrhundert so sehr auf die Archäologie angewiesen ist, liegt daran, dass die schriftliche Quellen jener Zeit nur recht sparsam sprudeln. Man findet einige Hinweise in der Gotengeschichte des Jordanes: Nach ihm ist das Land der Sueben im Westen von den Franken, im Süden von den Burgundern, im Norden von den Thüringern und im Osten von den Baiern begrenzt. Daneben behauptet er, die Sueben seien mit den Alamannen verbündet, die das Gebiet der rätischen Alpen beherrschten. (Er betrachtet also die zwei als verschiedene Stämme, doch ist auf ihn nicht immer Verlass.) Einige Informationen bietet auch die Vita Severini: Sie nennt einen Alamannenkönig Gibuld, dessen Sitz bei Passau lag. Und die Vita Lupi berichtet von demselben, er habe zahlreiche Gefangene des Bistums Troyes freigegeben.

Daraus lässt sich folgender Schluss ziehen: „Es gab also einen Alemannenkönig, der von der niederbayrischen Donau bis zur oberen Seine Kriegszüge führte und wohl im ganzen alemannischen Raum Macht und Einfluss hatte. Seine Stellung ist nach den Quellen eine völlig andere, bedeutendere, als die der *reguli* Ammians.“[48] Ammianus Marcellinus schreibt über die Verhältnisse des 4. Jahrhunderts, wo es noch zahlreiche Kleinkönige gab. Im 5. Jahrhundert dagegen scheinen bereits mächtigere Könige regiert zu haben.

Dafür spricht auch die Tatsache, dass in verschiedenen Berichten über die Schlacht bei Zülpich nur e i n König als Gegner Chlodwigs erwähnt, wenn auch nicht mit Namen genannt wird. Bei Gregor von Tours heißt es z. B. über den Ausgang der Schlacht: „cumque regem suum cernerent interemptum, Chlodovechi se ditionibus subdunt“ (als sie erkennen, dass ihr König gefallen ist, unterwerfen sie sich der Gewalt Chlodwigs). Auch Cassiodor, der

47 daselbst S. 179.

48 Otto Feger: Zur Geschichte des alamannischen Herzogtums, in: Zur Geschichte der Alamannen, S. 151 – 222, Zit. S. 155.

am Hofe Theoderichs tätig war, schrieb in einem Brief an Chlodwig: „Sufficiat illum regem cum gentis decidisse superbia“ (Es sollte genügen, dass jener König mit dem Stolz seines Volkes ins Grab gesunken ist).[49]

Kaum hatten also die Alamannen in ihrem neuen Siedlungsgebiet zur Einheit gefunden, erlitten sie 496 (oder 497) jene fürchterliche Niederlage bei Zülpich, die man als einen der großen Wendepunkte der deutschen Geschichte betrachten muss; denn hier entschied sich, dass künftig die Franken die Geschicke Mitteleuropas bestimmen würden und nicht mehr die Sueben oder Alamannen wie in den letzten zweieinhalb Jahrhunderten. Diese Niederlage hatte zudem eine ganz konkrete Folge: Die Alamannen wurden aus dem nördlichen Drittel ihres Territoriums vertrieben, weil Chlodwig im gesamten Maingebiet Franken ansiedeln wollte.

Betrachtet man die Karte, erkennt man leicht, dass ein großer strategischer Plan dahintersteckte. Die süddeutschen Stämme der Alamannen und Baiern sollten von den nördlichen der Thüringer und Sachsen getrennt und so eine gemeinsame Front gegen die fränkische Macht verhindert werden. Die Franken hatten offensichtlich viel von den Römern gelernt und waren eben dadurch ihren germanischen Konkurrenten überlegen. Vielleicht wären sie noch viel weiter gegangen und hätten die Alamannen völlig unterworfen, wenn nicht der Gotenkönig Theoderich d. Gr. (493 – 526) seine schützende Hand über sie gehalten und dem Frankenkönig Grenzen gesetzt hätte. Ein Krieg mit den Ostgoten schien Chlodwig dann doch zu riskant, nachdem er bei Zülpich knapp einer Niederlage entgangen war. – Die Legende berichtet ja, dass er auf dem Schlachtfeld in größter Not ein Gelübde abgelegt habe, sich taufen zu lassen, wenn Gott ihm den Sieg schenke. Historisch belegt ist, dass er sich tatsächlich 498 in Reims von Bischof Remigius hat taufen lassen.

Die Folgen für die Alamannen waren einschneidend: Ihre Nordgrenze wurde vom Main auf eine Linie zurückverlegt, die sich vom Donon über die Hornisgrinde, den Hohen Asperg und den Ho-

49 zitiert bei Otto Feger a. a. O. S. 156.

henberg (bei Ellwangen) bis zum Hesselberg hinzieht. Alles Land nördlich davon wurde ausgeräumt und fränkischen Neusiedlern zugewiesen. Und wohin sollten die dort ansässigen Alamannen? Es blieb ihnen nichts anderes übrig, als nach Süden auszuweichen und bei ihren Stammesgenossen Zuflucht zu suchen. Aber nicht nur da! „Die Alamannen hatten noch im 5. Jh. die Grenzen des römischen Reiches respektieren müssen. Sie siedelten weder westlich des Rheins – dort verwehrten ihnen die Burgunden den Zugang – noch östlich der Iller, in der römischen Provinz Rätien, über die lange Zeit Odoaker gebot. In der Zeit um 500 fanden hier jedoch viele Alamannen Schutz vor dem Frankenkönig. Nach den archäologischen Quellen zogen Personenverbände aus den nördlichen Gebieten der einstigen Alamannia eher in den Raum um Regensburg, solche vom mittleren Neckar und der Alb in das Augsburger Gebiet. Offensichtlich wurden hier die Alamannen zu Wächtern des Reiches, wie Ennodius in einem Panegyricus auf Theoderich den Großen verkündet."[50]

Die nach Südosten ins Gebiet um Regensburg abgewanderten Alamannen sind später bajuwarisiert worden und haben ihre Herkunft wohl vergessen. Entscheidend für die schwäbische Geschichte ist dagegen, dass damals das Gebiet zwischen Iller und Lech eingenommen worden ist, das jetzt den Regierungsbezirk Bayrisch-Schwaben mit der Hauptstadt Augsburg bildet.

Zur gleichen Zeit wurde auch die Nordschweiz alamannisch, und zwar durch eine von Theoderich d. Gr. selbst angeordnete Siedlungspolitik. Er nahm auch Alamannen ins angrenzende Noricum auf, wo sie allerdings nur eine Minderheit bildeten. In der heutigen Deutschschweiz dagegen gewannen die Alamannen die Oberhand über die rätoromanische Bevölkerung und haben sie bis heute behauptet.

Im Zuge dieser gewaltigen Bewegungen, die man als Abschluss der germanischen Völkerwanderung betrachten kann, wurde nun auch das Elsass von Alamannen besiedelt, sodass danach im gan-

---

50 Ursula Koch: Besiegt, beraubt, vertrieben, in: Die Alamannen, S. 191 ff., Zit. S. 196.

zen Oberrheingraben zwischen Vogesen und Schwarzwald dieselbe Volksgruppe wohnte. Die Westgrenze war von da an nicht mehr der Rhein, sondern der Vogesenkamm, der dann bis ins 20. Jahrhundert auch die deutsch-französische Sprachgrenze gebildet hat.

Im Endergebnis gewannen also die Alamannen im frühen 6. Jahrhundert ebenso viel Land hinzu, wie sie durch den Verlust des Maingebiets hatten aufgeben müssen. Man darf allerdings nicht vergessen, dass sie damals nicht nur Land, sondern auch Leute verloren haben. Chlodwig war bekanntlich nicht zimperlich, sondern machte auch Gefangene, die er nicht mehr nach Hause entließ, sowohl nach 496 als auch nach einer wenig bekannten Folgeschlacht von 506. Diese Menschen siedelte er vorwiegend im Gebiet zwischen Somme und Seine an, das er 486 durch seinen Sieg über den dux Syagrius, den letzten römischen Statthalter in Gallien, dazugewonnen hatte. Im Gegenzug siedelte er von dort auch Galloromanen aus, z. B. nach Walchsee in Oberschwaben, das heute Bad Waldsee heißt. So sind also aus Alamannen Franzosen und aus Franzosen Schwaben geworden!

In diesem Zusammenhang muss wohl auch noch kurz darauf verwiesen werden, dass es Schwaben bis nach Portugal verschlagen hat. Im Jahr 406 n. Chr. überschritt eine Koalition von Wandalen, Alanen, Sueben und Quaden die Rheingrenze, zog durch Gallien und erreichte 409 Spanien, wo sie im Westen (im heutigen Galicien und Nordportugal) als Föderaten angesiedelt wurden. Bekanntlich zogen die Wandalen mit den Alanen bald darauf (429) unter König Geiserich nach Nordafrika und gründeten ein Reich mit der Hauptstadt Karthago. So blieben nur die Sueben und die mit ihnen nahe verwandten Quaden auf der Iberischen Halbinsel zurück und beherrschten dort ein eigenes Reich, das heute Portugal heißt. (Doch davon später noch mehr!)

Konstantin und die Alamannen

Es ist allgemein bekannt, dass Arminius (dessen germanischen Namen wir nicht kennen) die Römer im Teutoburger Wald nicht hätte besiegen können, wenn er nicht selbst zuvor im römischen Heer gedient hätte. Als Geisel in Rom aufgewachsen, hatte er als Soldat Karriere gemacht und war zum Offizier aufgestiegen. Darum wusste er genau, wie man einem römischen Heer in den Wäldern und Sümpfen Germaniens beikommen konnte. Man durfte es jedenfalls nicht auf eine offene Feldschlacht ankommen lassen.

Obwohl nun die Römer wussten, dass es auch Gefahren barg, Germanen als Söldner in ihrem Heer auszubilden, blieb ihnen im 3. und 4. Jahrhundert gar nichts anderes übrig, da ihre eigenen Kräfte nicht mehr ausreichten, ein genügend großes Heer aufzustellen. Vor allem in konstantinischer Zeit spielten dabei die Alamannen eine herausragende Rolle. „Die in mehreren Truppenteilen Dienst leistenden alamannischen Offiziere und Soldaten hatten keinen schlechten Start: Crocus, ein ehemaliger Stammes(?)könig und nun in Britannien stationierter Offizier ... war im Sommer 306 entscheidend daran beteiligt, als Nachfolger des verstorbenen Kaisers Constantius Chlorus entgegen der geplanten Nachfolgeordnung dessen jungen Sohn Konstantin zum Kaiser auszurufen. Dieser Begründer der gleichnamigen Kaiserdynastie wird sich so, wie er treuen Anhängern goldene Fingerringe mit dem Wahlspruch FIDEM CONSTANTINO überreichte, auch Crocus und weiteren Offizieren alamannischer und anderer germanischer Herkunft erkenntlich gezeigt haben. Wir wissen, dass gerade er als erster in hohem Maße germanische Söldner unter ihren Anführern bevorzugte und ins Heer einreihte."[51]

Nun ließ sich Konstantin (306 – 337) auf seinen Münzen zwar als Sieger über die trauernden Alamannia und Francia darstellen, in der Praxis aber zielte seine Politik auf die Integration germa-

---

51 Max Martin: Zwischen den Fronten. Die Alamannen im römischen Heer, in: Die Alamannen, S. 119 ff., zit. S. 120.

nischer Oberschichten, um so eine Brücke zu den Völkern im Vorfeld der Reichsgrenze an Rhein und Donau zu schlagen. Die Quellenlage erlaubt es allerdings bis zur Mitte des 4. Jahrhunderts nicht, darüber Einzelheiten in Erfahrung zu bringen. Erst das Werk des Ammianus Marcellinus gibt für die Jahre 353 – 378 darüber genauere Auskunft, d. h. für eine Zeit, in der das gute Verhältnis zwischen dem konstantinischen Haus und den Alamannen bereits zerbricht.

Zur Zeit Konstantins kennen wir nur den Namen des bereits erwähnten Crocus, der Tribunus scholae, d. h. Kommandant einer Palasttruppe war. Aber unter seinem Sohn Constantius II. (337 – 361) machten mehrere Alamannen eine große Karriere: einer, den wir nur unter dem Namen Latinus kennen, wurde Comes domesticorum, d. h. General, zwei andere, die alamannische Namen tragen, Gomoar und Agilo, stiegen bis zum höchsten Rang des Magister militum, d. h. des Heermeisters auf.

Mit dem Jahr 350 änderten sich die Verhältnisse dramatisch. „Als zu Beginn dieses Jahres der Offizier Magnentius in Gallien als Usurpator gegen den rechtmäßigen Kaiser Constans den Purpur nahm, gerieten nicht nur die im römischen Heer dienenden alamannischen Offiziere und Soldaten, sondern letztlich auch das ganze Volk zwischen die Fronten der im Reich um die Macht kämpfenden Parteien. Magnentius, hinter dem viele Hofleute und offenbar auch die oberste Gesellschaftsschicht Galliens standen, konnte sich auf die von Konstantin d. Gr. aufgebaute schlagkräftige Gallienarmee stützen, in der vor allem reichsrömische und fränkische Offiziere eine Rolle spielten. Im Heer Constantius II., der den verlorenen Reichsteil seines Bruders zurückzuerobern hatte, dienten auch hohe alamannische Offiziere, zweifellos mit alamannischen Söldnern.

Um eine zweite Front gegen den ihm über Italien und Illyrien entgegenziehenden Magnentius aufzubauen, griff der Kaiser zu einem Mittel, das für die Geschichte der Grenzprovinzen am Rhein wie auch für die gesamte alamannische Entwicklung tiefgreifende Folgen zeitigte: Er ermunterte die Alamannen zu Einfällen in das von Magnentius beherrschte Gallien und sicherte ihnen brieflich unter Aufhebung bisheriger Abmachungen zu, dass sie sich dort niederlassen könnten."[52]

Die Alamannen, die sich ja schon lange in Gallien ansiedeln wollten, nahmen das Angebot an und usurpierten zwischen 350 und 353 grenznahe Gebiete links des Rheins, vor allem an der Mosel, im Elsass und an der Burgundischen Pforte, wie zahlreiche Münzfunde aus jener Zeit belegen.

Als der Usurpator Magnentius anno 353 beseitigt war, wendete sich das Blatt erneut. Kaiser Constantius II. brauchte die Alamannen offensichtlich nicht mehr und führte 354 einen Feldzug gegen sie, der jedoch ohne Kampf in Kaiseraugst mit einem Vertrag beendet wurde. Trotzdem führte er im folgenden Jahr einen neuen Feldzug, diesmal gegen die Lentienser (Linzgauer) am Bodensee. Dann übertrug er das Kommando seinem Vetter, dem späteren Kaiser Julian, der den Alamannen 357 bei Straßburg eine entscheidende Niederlage zufügte und sie wieder aus den linksrheinischen Provinzen vertrieb.

Merkwürdigerweise bewog dieser Verrat des Kaisers die Alamannen nicht im mindesten, sich vom konstantinischen Haus abzuwenden. Als mit Valentinian I. (364 – 375) eine neue Dynastie an die Macht kam, rebellierten sie dagegen und unterstützten den letzten Nachkommen Konstantins, Prokopius, der sich 365 gegen Valentinian erhob. Agilo und Gomoar, die 361 von Julian als Generäle entlassen worden waren, traten nun in den Dienst des Prokopius und wurden nach dessen Sturz im Frühling 366 beide von Kaiser Valens, dem Bruder Valentinians, hingerichtet. – Es mutet wie eine Ironie der Geschichte an, dass eben dieser Valens in der Schlacht bei Adrianopel 378 gegen die Goten gefallen ist. So rächten sich gewissermaßen die Goten für das Unrecht, welches das Haus des Valentinian den Alamannen angetan hatte. Hier deutet sich auch zum erstenmal an, was dann um 500 deutlich sichtbar wird: dass die Goten Freunde und Beschützer des alamannischen Volkes waren.

52 daselbst S. 121.

Nur ein Alamanne spielte nach Agilo und Gomoar noch eine Rolle bei den Römern, nämlich Vadomar, der König der Brisigavi (Breisgauer). Er war 361 von Julian gefangen genommen worden, wurde aber unter Valens als General in Bithynien eingesetzt und 373 in einer Sondermission in Mesopotamien. Sonst aber wurden die Alamannen durch Kaiser Valentinian zu Staatsfeinden erklärt: *hostis totius orbis Romani.* „Dies hatte weitreichende Folgen, denn ein Hineinwachsen ins Imperium Romanum und dessen obere Gesellschaftsschichten mit allen Folgen, die eine solche Integration gezeitigt hätte, wurde den Alamannen verwehrt. Es waren künftig nebst fränkischen Offizieren viele andere sowohl gotischer, wandalischer oder sonstiger germanischer wie auch nichtgermanischer Abstammung, die im späten 4. und im 5. Jh. den eingangs angesprochenen Militäradel bildeten und somit, zusammen mit ihren Angehörigen und bald auch weiteren Teilen ihrer Völker, im römischen Reich Fuß fassen konnten."[53] Die Alamannen aber waren zu Feinden des Römischen Reichs erklärt und blieben es bis zu seinem Untergang.

53 daselbst S. 124.

Unter den Merowingern

Das Geschlecht der Merowinger hat bei den Historikern nicht gerade den besten Ruf. Ihrem ersten Herrscher, Chlodwig (482 – 511), wird nachgesagt, er habe seine ganze Verwandtschaft ausrotten lassen, um keinen Konkurrenten zu haben. Auch in der Folgezeit soll weiterhin mit Dolch und Gift gearbeitet worden sein, vor allem im Streit zwischen den Söhnen und Enkeln Chlothars I. (558 – 561), der sich bis 613 hinzog.

Aber man täte den Merowingern unrecht, wenn man sie als Mörderbande hinstellte; denn sie kümmerten sich in ihrem Reich sehr ernsthaft um die Rechtspflege und ließen die alten Volksrechte umfangreich kodifizieren. Schon Chlodwig ließ in seinen letzten Regierungsjahren das fränkische Recht in der Lex Salica aufzeichnen, König Dagobert I. (629 – 639) das alamannische Recht im Pactus Alamannorum, der jedoch nur teilweise überliefert ist. Dafür gibt es jedoch die jüngere Lex Alamannorum, die man gewöhnlich der Zeit Chlothars IV. (718/19) und des Herzogs Lantfrid (709 – 730) zuschreibt. Beide Rechtstexte sind älter als die Lex Baiuvariorum (um 750), die noch merowingisch, und die Lex Thuringorum (um 800), die bereits karolingisch ist. Für stabile Rechtsverhältnisse war also gesorgt.

Auch sonst entwickelte sich das Verhältnis zwischen den Merowingern und Alamannen recht positiv. Nachdem der Gotenkönig Witigis 537 die Herrschaft über das südliche Alamannien an den Frankenkönig Theudebert (534 – 547) abgetreten hatte, machte dieser die alamannischen Brüder Leuthari und Butilin zu seinen Feldherrn. Selbst nach seinem Tod führten diese 553/54 ein fränkisch-alamannisches Heer von 75.000 Mann nach Italien, wo sie jedoch von dem berühmten oströmischen Feldherrn Narses geschlagen wurden. Es war der letzte Versuch der Alamannen, ihr Territorium zu erweitern; fortan blieben sie in den bekannten Grenzen.

Bis gegen Ende des 6. Jahrhunderts verwalteten sich die Alamannen noch weitgehend selbst und blieben Heiden. Der byzantinische Geschichtsschreiber Agathias (536 – 582) hat sie so charakterisiert: „Sie haben zwar von den Vätern überkommene Sitten, aber auf dem Gebiet der Staatsverwaltung und Obrigkeit richten sie sich nach der fränkischen Staatsform. Nur im Religiösen haben sie nicht die gleiche Anschauung. Sie verehren irgendwelche Bäume und Flüsse, Hügel und Klüfte, und für diese schneiden sie, als wären es heilige Handlungen, Pferden und Rindern und Mengen anderer Tiere die Köpfe ab und verehren sie wie Götter."[54]

Im Jahr 587 setzte König Childebert II. den Alamannenherzog Leudefried ab, und 595 wurden Thurgau, Kembsgau und Elsass dem burgundischen Reichsteil zugeschlagen. Der Alamannenherzog Uncelin gehörte fortan zum Gefolge des Burgunderkönigs Theuderichs II. (596 – 612). Dabei ist zu berücksichtigen, dass das Herzogtum jener Zeit hauptsächlich das alamannisch-romanische Gebiet links des Rheins umfasste. Danach erfährt man bis 631/32 nichts mehr vom alamannischen Herzogtum. Dann trat ein Herzog Gunzo (oder Gundoin) in Erscheinung, der in Überlingen residierte und seine Tochter Fridiburga mit dem Frankenkönig Sigibert III. (633 – 656) verheiratete.

Die merowingische Verwaltung erfasste Alamannien erst im Laufe des 7. Jahrhunderts, und zwar zugleich mit der Christianisierung. Die inneralamannischen Gebiete wurden sogar erst im 8. Jahrhundert erfasst. Diese Provinz Alamannia deckte sich im wesentlichen mit dem Bistum Konstanz, die Randgebiete wurden durch die Bistümer Straßburg, Basel und Augsburg verwaltet. In der Zeit von etwa 635 bis 650 residierte ein Schüler des hl. Gallus, Johannes, als erster Bischof in Konstanz.

Das alamannische Gebiet war aber nicht nur kirchlich aufgeteilt, sondern auch verwaltungsmäßig uneinheitlich. Um 650 begründeten die Herzöge Bonifacius und Choticus (= Eticho) ein elsässisches Herzogtum. Dieser Herzog Eticho ist bis heute in der

---

54 Dieter Geuenich: Zwischen Loyalität und Rebellion. Die Alamannen unter fränkischer Herrschaft, in: Die Alamannen, S. 204 – 208, Zit. S. 205.

Erinnerung der Elsässer vor allem dadurch gegenwärtig, dass dessen Tochter Odilie das berühmte Kloster auf dem Odilienberg gegründet hat. In einer Nebenkapelle der Klosterkirche steht noch der archaische Sarkophag ihres Vaters.

In der zweiten Hälfte des 7. Jahrhunderts zeigten sich auch schon Sonderentwicklungen in der Nordschweiz, und zu Beginn des nächsten Jahrhunderts entstand kurzfristig sogar ein eigenes kleines Herzogtum in der Ortenau.

Das gesamte alamannische Gebiet zwischen Vogesen und Lech war also um 700 herum alles andere als einheitlich. „Nun wurden die innerhalb der Alamannia lebenden Menschen als Alamannen von den Elsässern links des Rheins, von den Bayern jenseits des Lechs, von den Rätern um Chur usw. unterschieden, und vermutlich bildete sich auch verstärkt ein entsprechendes Bewusstsein.“[55]

Der Kern Alamanniens wurde an der Wende zum 8. Jahrhundert von einem Herzog Gotfrid (+ 709) regiert, dem seine Söhne Lantfrid (+ 730) und Theudebald (+ 746) folgten. Im selben Jahr 746 wurde Alamannien durch den Karolinger Karlmann endgültig unterworfen und es gab jenes „Blutgericht von Cannstatt“, über dessen tatsächliches Ausmaß man wenig weiß. Aber sicher ist, dass damit das erste alamannische Herzogtum sein Ende gefunden hat und das Land von da an nur noch ein Teilgebiet des Frankenreichs war.

55 daselbst S. 207.

Die Christianisierung

Die Jahrhunderte andauernde römisch-alamannische Gegnerschaft, die nur in konstantinischer Zeit, also in der ersten Hälfte des 4. Jahrhunderts, überbrückt werden konnte, aber auch die folgende fränkisch-alamannische Konfrontation führten letztlich dazu, dass die Alamannen bis ins 6. und sogar 7. Jahrhundert hinein weitgehend am Glauben ihrer Väter festhielten. Sie verehrten weiterhin ihre Götter in heiligen Hainen und opferten ihnen in Mooren und Gewässern Waffen, Tiere und Speisen und im äußersten Fall wohl auch Menschen. (Das behauptet zumindest Tacitus.)

Verehrt wurden Wotan (Odin) und Donar (Thor), deren Namen z. B. in eine Scheibenfibel aus Nordendorf bei Augsburg eingraviert sind. Besonders beliebt war aber offenbar der Fruchtbarkeitsgott Freyr, dessen Begleittier der Eber war. Dessen Darstellungen sind in der römischen Kaiserzeit im elbgermanischen Gebiet häufig, finden sich aber auch in Alamannien bis in die Merowingerzeit. Vielleicht ist der im württembergischen Herzogshaus beliebte Name Eberhard eine späte Erinnerung an jenen Kult.

Die Vorstellungen vom Jenseits lassen sich aus den Grabbeigaben erschließen: „Die unterschiedlich reichen Ausstattungen lassen erkennen, dass die Germanen dort keine egalitäre Gesellschaft erwarteten. Man brauchte seine Waffen – es war also keineswegs friedlich – und darüber hinaus kostbares Geschirr und Besteck für Gelage und Bankette. Ein deutliches Zeichen heidnischen Kults sind die auf den Gräberfeldern relativ häufigen Pferdegräber. Die Tiere wurden getötet und neben ihren Herren in eigenen Gruben beigesetzt. Aus jüngeren Schriftquellen ist bekannt, dass die Pferde für den Ritt nach Walhall zur Verfügung stehen sollten."[56]

Das Doppelpferdegrab von Niederstotzingen birgt zwei einander zugewandte Pferdeskelette. Es erinnert an die zwei Pferde, die

56 Dieter Quast: Opferplätze und heidnische Götter, in: Die Alamannen S. 433 ff., Zit. S. 434 f.

im Eingangsbereich eines mykenischen Kuppelgrabs bei Marathon ganz ähnlich (einander zugewandt) bestattet liegen. Bedenkt man, dass dieses Grab aus dem 17. Jahrhundert v. Chr. stammt, das von Niederstotzingen aber aus dem 4. oder 5. Jahrhundert n. Chr., kann man sich nur darüber wundern, wie sich eine solche Sitte bei verschiedenen indogermanischen Völkern über mehr als 2000 Jahre erhalten hat.

In der Übergangszeit vom Heiden- zum Christentum im 6. und 7. Jahrhundert bestand ein Nebeneinander beider Vorstellungswelten, was sich an archäologischen Funden ablesen lässt. Da gibt es neben Kreuzen auch Donaramulette und andere Gegenstände mit Amulettcharakter: Bärenzähne, Geweihrosetten und Gehäuse von Tigerschnecken. Auf den Fibeln findet sich häufig ein menschlicher Kopf zwischen den aufgerissenen Mäulern zweier Tiere oder einer doppelköpfigen Schlange. Beliebt ist auch das Motiv des Adlers, das sowohl für Odin als auch für Christus stehen kann.

Es ist lange Zeit eine Streitfrage gewesen, ob sich das Christentum von einer zurückgebliebenen romanischen Vorbevölkerung auf die alamannischen Eroberer übertragen hat oder durch Mission von außen übermittelt worden ist. Diese Frage lässt sich nur beantworten, wenn man die verschiedenen Gebiete Alamanniens getrennt betrachtet. Als die Germanen im 3. Jahrhundert das römische Dekumatland besetzten, gab es dort aller Wahrscheinlichkeit nach noch gar keine christliche Bevölkerung. Das ganze rechtsrheinische Gebiet war weitgehend heidnisches Land.

Ganz anders stellt sich die Lage im Elsass dar, wo die Alamannen frühestens im 5. Jahrhundert eindrangen und sich auf Dauer ansiedelten; denn zwischen Rhein und Vogesen gab es um diese Zeit schon Christen. „Ähnlich gestaltete sich die Lage für einen anderen Teil , der etwa hundert Jahre später, wohl vom Hegau aus, in das heute schweizerische Mittelland, die römische civitas der Helvetier oder die nördlichen Teile der Raetia prima oder in die Raetia secunda Richtung Augusta Vindelicorum einsickerten und sesshaft wurden. Denn wenn um 260 das Römertum noch kaum von christlichem Leben berührt wurde, war es bis zum 5. Jahrhundert anders geworden ... Darum war die Möglichkeit der Christianisierung der Alemannen, die in den spätrömischen Bereich z. Z. der christlichen Kaiser Westroms eingedrungen waren, eine andere als jener Teile des Gesamtvolkes, die in Landschaften siedelten, die vom Christentum noch nicht berührt waren.“[57]

Literarische Zeugnisse für die Christianisierung der Alamannen gibt es kaum, aber man kennt ungefähr die Gründung der Bischofssitze links des Rheins, in Rätien und in Burgund, das zeitweilig eng mit Alamannien verbunden war. Auf einer Synode von Sardica waren 343 n. Chr. Bischöfe aus Augst, Straßburg, Speyer, Mainz und Worms anwesend, und dieselben Namen finden sich auch auf einer Kölner Synode von 346. „Ein Bischof aus Octodurum (heute Martigny) ist für 381, ein solcher von Genf um 400, der von Chur für 451 belegt ... Aber auch Augsburg gehört wie Chur, wie Aventicum, das Ende des 6. Jahrhunderts nach Lausanne, wie Octodurum, das zur gleichen Zeit nach Sitten transferiert ist, wie Augst-Basel und Straßburg zur großen, selbst bei zeitweiliger Unterbrechung nicht zerstörten Tradition südwestdeutscher Bischofssitze, wie auch weiter nördlich Speyer, Worms und Mainz und westlich Besançon, Metz, Trier und Köln, die ein klares Erbe spätrömischen Christentums für alle kommenden Jahrhunderte darstellen.“[58] Beweise für eine ununterbrochene Tradition gibt es auch an den Märtyrergrabstätten des hl. Mauritius in Agaunum (St. Moritz) der hll. Viktor und Ursus in Solothurn und der hl. Verena in Zurzach.

Die erste alamannische Landschaft, die weitgehend christlich geworden ist, stellt (wie schon angedeutet) das Elsass dar, das auch am stärksten unter fränkischem Einfluss stand. Ein Beleg dafür sind die zahlreichen Klostergründungen seit der Mitte des 7. Jahrhunderts: zunächst Münster im Gregoriental und Weißenburg (655), Ende des Jahrhunderts Maursmünster, dann Münstergraufelden und nach der Jahrhundertwende Odilienberg, Niedermüns-

57 Wolfgang Müller: Die Christianisierung der Alamannen, in: Zur Geschichte der Alamannen S. 401 – 429, Zit. S. 402 f.
58 daselbst S. 404 f.

ter, Ebersheim, St. Stephan in Straßburg und Honau.

In Rätien (i. w. im Gebiet der heutigen Schweiz) dagegen gibt es Klöster erst von 720 an. Aber Kirchenfundamente findet man schon aus dem 7. Jahrhundert, und man nimmt an, dass sich die Alamannen der Schweiz um die Mitte dieses Jahrhunderts dem Christentum zugewendet haben. „Man darf wohl zusammenfassend sagen, dass, wenn sich die Christianisierung der Alemannen im Elsass sicherlich vor allem unter fränkischem Einfluss vollzog, im Gebiet der heutigen Schweiz die Ansätze des voralemannischen Christentums zwischen den Siedlungsplätzen der Alemannen und in unmittelbarer Nachbarschaft in ihrer Auswirkung auf eine Christianisierung des eingedrungenen Volkes fassbarer erscheint als in der westlichen Rheinebene.“[59]

Ebenfalls im 7. Jahrhundert wurde wohl auch das inneralamannische Gebiet zwischen Neckar und Bodensee allmählich christlich. Der beste Beweis dafür sind die zahlreichen Funde von Goldblattkreuzen, die, auf einen Schleier oder ein Tuch genäht, den Verstorbenen aufs Gesicht gelegt wurden. Die Verbreitung dieser Sitte, die im letzten Drittel des 6. Jahrhunderts einsetzt, im 7. ihren Höhepunkt erreicht und zu Beginn des 8. endet, umfasst vor allem zwei Regionen: die Poebene und Inneralamannien. Wahrscheinlich hat sich diese Sitte bei den Langobarden entwickelt und ist von den Alamannen übernommen worden; die Kreuze selbst aber wurden nicht aus Oberitalien importiert, sondern von alamannischen Goldschmieden selbst hergestellt.

Man findet daneben auch (meist kleine, etwa 4 Zentimeter große) Kreuze in verschiedenen Formen, die aufgenäht oder an Kettchen aufgehängt waren. Aus Frauengräbern kennt man auch Amulettkapseln mit christlichen Symbolen, die wohlriechende Stoffe oder Samen enthielten. Und Gürtelschnallen weisen christliche Segensformeln in (manchmal verstümmelter) lateinischer Sprache auf: *Deus in adiutorium tuo inten* (... tuum intende) oder (in korrekter Form) *semper vivas*. Das alles deutet darauf hin, dass das Christentum schon weit verbreitet gewesen sein muss.

59 daselbst S. 412.

Es fällt auf, dass Bonifatius, der allgemein als der Apostel der Deutschen gilt, zwar die Kirchen in Baiern, Franken und Hessen organisiert, Alamannien aber umgangen hat. Hier war der Acker des Herrn offenbar schon bestellt. Es gab ja die schon erwähnten Bistümer, deren wichtigstes Konstanz wurde. Seine Ursprünge liegen allerdings im Dunkeln. Wir kennen nur eine Bischofsliste, die mit Maximus, Ruodelo und Ursinus beginnt, denen Gaudentius, Martian und Johannes folgen. Von diesen sind nur zwei historisch fassbar: Ursinus hat um 500 herum eine Martinskirche in Windisch eingeweiht, das zuvor selbst Bischofssitz war, und es ist unklar, ob er damals schon Bischof von Konstanz war. (Manche Forscher meinen, dieses Bistum sei überhaupt aus jenem hervorgegangen.) Der andere ist Johannes, den wir aus der Gallus-Vita kennen. Herzog Gunzo wollte eigentlich den hl. Gallus zum Bischof machen, doch als der sich weigerte, erhielt ein Diakon Johannes (um 635) an seiner Stelle das hohe Amt. Zur selben Zeit legte König Dagobert die Grenzen des Bistums fest, die das ganze Mittelalter hindurch Geltung behielten.

Dieser Frankenkönig Dagobert I. (623 – 639) ist darüber hinaus eine Schlüsselgestalt für die Christianisierung Südwestdeutschlands. „Ihm wird neuerdings die kirchliche Reorganisation in den Gebieten beiderseits und östlich des Rheins zugeschrieben. Seine enge Zusammenarbeit mit dem »irofränkischen Mönchtum«, unterstützt vom fränkisch-burgundischen Adel, ermöglichte dem großen burgundischen Mutterkloster Luxeuil eine Missionsarbeit von beachtlichen Ausmaßen.“[60]

Die eigentliche Missionsarbeit leisteten in der Merowingerzeit die Klöster und ihre iroschottischen Mönche. Der Ire Columban kam 592 nach Gallien und war der Gründer von Luxeuil, von wo aus St. Trudbert im Breisgau und Säckingen gegründet und bis nach Baiern hinein missioniert wurde. Gallus gründete eine Zelle an der Steinlach, aus der (um 719) das später so bedeutende Kloster St. Gallen hervorging. Ein anderes Missionszentrum war

60 Sönke Lorenz: Missionierung, Krisen und Reformen, in: Die Alamannen S. 441 – 446, Zit. S. 443.

das schon erwähnte Kloster Weißenburg, dessen Einfluss bis nach Ettlingen, Malsch vor der Alb, Vaihingen, Renningen und Weil der Stadt reichte.

Nicht zu unterschätzen ist bei alledem die Rolle des grundbesitzenden Adels und der Herzogsfamilie. „Dies dürfte in besonderem Maße für das Gebiet um den mittleren Neckar, die Gäulandschaft im Westen, die Albhochfläche und die Baar gelten. In diesem Raum waren die frühen kirchlichen Institutionen an der Verbreitung des Christentums anscheinend weitgehend unbeteiligt. Nach dem Sieg der fränkischen Hausmeier und ihrem Aufstieg zur Königsherrschaft (751) lassen jedenfalls die Schenkungen an Lorsch und St. Gallen die grundherrschaftlich geprägte Struktur der Seelsorgeorganisation in diesem Teil der Diözese Konstanz erkennen."[61]

Ein anderer Autor meint dazu: „Entscheidend für die Annahme des Christentums durch die Alemannen war noch nicht das 6. Jahrhundert; in ihm verwirklichte sich erst eine Anbahnung. Im 7. Jahrhundert aber öffneten sie sich dem neuen Glauben, offensichtlich unter der Führung der maßgebenden Großen des Landes, die sich im inneren und östlichen Bereich Alemanniens gerne dem Brauchtum der Langobarden anschlossen, eine Beziehung, die neben dem Einfluss der politisch beherrschenden Franken durchaus in Rechnung gestellt werden muss."[62]

Während sich also in den vorher romanischen Gebieten das Christentum vielleicht von der ansässigen Bevölkerung auf die Eroberer übertrug, erfolgte im alamannischen Kerngebiet die Mission von oben nach unten: Wenn sich ein Adliger oder ein Sippenoberhaupt zum Christentum bekehrte, ließ sich auch die Gefolgschaft bzw. die Sippschaft taufen. Da stellt sich natürlich die Frage, in wie weit sie das Christentum auch innerlich annahmen. Wahrscheinlich dauerte es einige Generationen, bis sie die christliche Lehre verstanden und bereit waren, nach ihr zu leben.

61 daselbst S. 445.

62 Wolfgang Müller: die Christianisierung der Alamannen, S. 428.

Das früheste Zeugnis christlicher Überzeugung stellt das Wessobrunner Gebet (um 790/ 800) dar, das aus dem schwäbisch-bairischen Grenzgebiet stammt und beweist, wie ein christliches Gebet der frühen Zeit aussah, wenn es auf deutsch geschrieben wurde.

Dat gafregin ih mit firahim firiuuizzo meista,
Dat ero ni uuas noh ufhimil,
noh paum ... noh pereg ni uuas,
ni ... nohheinig noh sunna ni scein,
noh mano ni liuhta, noh der mareo seo.
Do dar niuuiht ni uuas enteo ni uuenteo,
enti do was der eino almahtico cot,
manno miltisto, enti dar uuarun auh manake mit inan
cootlihhe geista. enti cot heilac ...

Cot almahtico, du himil enti erda gauuorahtos, enti du mannun so manac coot forgapi, forgip mir in dino ganada rehta galaupa enti cotan uuilleon, uuistom enti spahida enti craft, tiuflun za widarstantanne enti arc za piuuisanne enti dinan uuilleon zu gauurchanne.[63]

(Das erfragte ich mit Staunen als der Wunder größtes,
dass die Erde nicht war noch der Himmel droben,
noch Baum ... noch Berg (nicht) war,
noch ... irgendein noch die Sonne schien
noch der Mond leuchtete, noch die hohe See.
Als da nirgends nichts war an allen Enden,
und da war der eine allmächtige Gott,
der freigebigste der Männer, und da waren mit ihm noch
viele himmlische Geister. Und heiliger Gott ...

Allmächtiger Gott, der du Himmel und Erde geschaffen und den Menschen so viele Güter gegeben hast, gib mir in deiner Gnade rechten Glauben und guten Willen, Weisheit und Klugheit und Kraft, dem Teufel zu widerstehen und das Böse zu meiden und deinen Willen zu erfüllen.)

63 Wilhelm Braune: Althochdeutsches Lesebuch, Tübingen 1958, S. 82 f.

Der erste Teil weist den typischen germanischen Stabreim auf, der zweite ist ein kraftvoller Prosatext. Es fällt auf, das Christus überhaupt nicht erwähnt wird. Das Gebet ist an Gott Vater, den Schöpfergott, gerichtet, der den Menschen jener Zeit eher zu vermitteln war als sein Sohn am Kreuz. Ganz grandios sind die Bitten: um den rechten Glauben, den guten Willen und die Kraft, dem Teufel zu widerstehen und Gottes Willen zu erfüllen. Denkt man an die jämmerlichen Bitten, die heutzutage oft in den Gottesdiensten vorgebracht werden, erkennt man, dass jener namenlose Beter in der Zeit Karls d. Gr. schon begriffen hatte, worauf es wirklich ankommt.

Trotzdem war es von da an noch ein weiter Weg bis zur völligen Verinnerlichung des christlichen Glaubens, wie sie uns aus der Mystik des hohen Mittelalters entgegenleuchtet, bei Johannes Tauler aus Straßburg und Heinrich Seuse aus Konstanz. Nicht zu vergessen, dass einer der größten Theologen, Albertus Magnus, der Lehrer des berühmten Thomas von Aquin, ein Schwabe aus der Gegend von Donauwörth war.

Die Zeit der Karolinger

Einen der tiefsten Einschnitte in der Geschichte der Alamannen und Schwaben stellt ohne Zweifel das Blutgericht von Cannstatt anno 746 dar; damit war „das ältere Herzogtum" auf einen Streich beseitigt, und das Land geriet endgültig unter fränkische Herrschaft. Trotzdem muss man sich fragen, wie diese danach ausgeübt worden ist und ob sie den Charakter des alten Alamanniens und späteren Schwabens grundlegend verändert hat. Die Meinungen darüber gehen erheblich auseinander.

Im Epilog des Katalogs zur großen Alamannenausstellung in Stuttgart 1997 heißt es im Hinblick auf das „jüngere Stammesherzogtum", wie es im 10. Jahrhundert wiedererstand: „Mit dem Ende der Karolingerherrschaft etablierte sich erneut ein alamannisches Stammesherzogtum, das mit den sogenannten Burkhardingern eine aus Rätien stammende Adelsfamilie errang. Bekanntlich erlangten die »Stammes«-Herzöge der Sachsen, Bayern (Ost-)Franken und Alamannen unter Heinrich I. (919 – 936) und Otto dem Großen (936 – 973) zunehmend Bedeutung; aber es waren nicht die »Stämme«, die diese hervorbrachten und legitimierten, sondern sie galten ... als »Vasallen des Königs« (*miles* bzw. *amicus regis*) . Die Benennung nach den alten Stammesnamen erklärt sich vor allem aus der Bedeutung, die nach wie vor den Heeresaufgeboten der Alamannen, Bayern usw. bei der Abwehr der äußeren Feinde, nun insbesondere der Ungarn, zukam. Die ethnische Bezeichnung der Aufgebote innerhalb der Heeresorganisation sowie die Tatsache, dass nun auch die »Stammesgrenzen« auf der Basis der karolingischen Provinzen endgültig fixiert wurden, bedeutet aber nicht, dass es nach dem 10. Jh. noch ein nennenswertes Eigenleben der »Stämme« im fränkischen Reich, das sich nun zum Reich der Deutschen entwickelte, gegeben hätte."[64] Nach dieser Auffassung hätte es trotz der mittelalterlichen Herzogtümer, die nach Stämmen benannt waren, diese selbst als natürliche Einheiten gar nicht mehr gegeben.

64 Dieter Geuenich: Epilog, in: Die Alamannen, S. 511 f.

Dem steht eine ganz andere Auffassung entgegen: „Unsere Ergebnisse lassen erkennen, wie sehr das alemannische Land in der Karolingerzeit politisch und rechtlich eine Einheit bildete. Das Volk war ein erstaunlich homogener und kohärenter Untertanenverband unter den Königen und ihren Beamten. Die einzigen Elemente des alemannischen Volkes, die schon in der Karolingerzeit aus der Homogenität und Kohäsion herausstrebten, waren die Amtsträger der Kirche und vielleicht jene Adligen, die durch das *comes*-Amt oder lange Abwesenheit im Königsdienst der heimatlichen Gerichtsversammlung entzogen wurden..."[65]

Während also der eine annimmt, dass sich durch die fränkische Politik die Stämme weitgehend aufgelöst hätten, betont der andere die Homogenität, d. h. ihren inneren Zusammenhalt, zumindest für die Karolingerzeit. Wem soll man folgen?

In allen Geschichtsbüchern liest man, Karl d. Gr. habe die Stammesherzogtümer aufgelöst und sein ganzes Reich in Grafschaften aufgeteilt, eben zu dem Zweck, eventuellen Unabhängigkeitsbestrebungen der Stämme zuvorzukommen. Aber damit ist nicht gesagt, dass er sein Ziel wirklich erreicht hätte; denn einerseits ist sein Reich bereits unter seinen Enkeln wieder zerfallen, wenn auch nicht in die alten Stammesgebiete, andererseits sind zumindest im Ostreich schon unter den späten Karolingern die Stämme in Gestalt des jüngeren Herzogtums wieder in Erscheinung getreten. Das aber wäre kaum der Fall gewesen, wenn es sich lediglich um Verwaltungseinheiten gehandelt hätte. Betrachten wir also die Verhältnisse jener Zeit etwas genauer.

„Man spricht heute für die Karolingerzeit hauptsächlich in zwei Hinsichten von Adel: von Reichsadel und von grundherrlichem Adel. Der Reichsadel bildete eine Personengruppe, die hohe Aufgaben im Dienst für König und Reich ausführt. Eine Reihe von Geschlechtern des Reichsadels gelangt zu einer gewissen Kontinuität, indem wohl nicht immer Vater und Sohn und Enkel, aber irgendwie näher oder ferner Verwandte über Generationen hin-

65 Rolf Sprandel: Grundherrlicher Adel, rechtsständische Freiheit und Königszins, in: Zur Geschichte der Alamannen, S. 350 f.

weg gleiche oder ähnliche Aufgaben für das Reich ausführen."[66]

Von diesen fränkischen Adligen heißt es: „Sie waren und blieben während der ganzen Karolingerzeit eine Herrenschicht, die über dem alemannischen Volk schwebte."[67] Einige dieser Herren kennen wir namentlich. Da sind an erster Stelle die Grafen Ruthard und Warin zu nennen, von denen es in der Vita sancti Galli heißt: *qui tunc temporis totius Alamanniae curam administrabant* (die zu jener Zeit die Verwaltung ganz Alamanniens innehatten), d. h. die mit der Aufgabe betraut waren, die gesamte Verwaltung neu zu ordnen. Daneben gab es einen fränkischen Grafen Gerold, der vom Mittelrhein stammte und dann Graf im Norden der Bertholdsbaar war. Er heiratete Imma, eine Nachfahrin Herzog Gotfrids (+ 709); ihre gemeinsame Tochter Hildegard wurde die zweite Frau Karls d. Gr. und Mutter Ludwigs des Frommen.

Neben weltlichen Adligen spielten auch hohe Geistliche ihre Rolle bei der Neuordnung Alamanniens: Bischof Heddo von Straßburg und vor allem Abt Fulrad von Saint- Denis, der einen umfangreichen Besitz im Elsass, in der Ortenau und im Breisgau erwarb. „Seine Besitzpolitik erscheint im Zusammenwirken mit Karl d. Gr. plötzlich als eine Art Reichskirchenpolitik, die vom Königshof nach Saint-Denis und von Saint-Denis über das Elsass nach Alemannien zielte."[68] Auch Bischof Hariulf von Langres wurde hier tätig und gründete zwischen 775 und 778 das Kloster Ellwangen an der Jagst.

Wenden wir uns nun aber dem alamannischen Adel zu, den es ja auch noch gab. Von den im Pactus Alamannorum erwähnten drei Rängen (den Fürsten, den Mittelfreien und den Minderfreien) war nur der erste durch Franken ersetzt worden, während die beiden andern ihre Stellung unverändert halten konnten. „Der grundherrliche Adel ist durch seinen – sei es allodialen, sei es lehnsrechtlichen – Besitz gekennzeichnet. Bei dessen Unterscheidung von dem bäuerlichen Besitz legt man auf zwei Dinge

66 daselbst S. 319 f.

67 daselbst S. 325.

68 Josef Fleckenstein: Fulrad von Saint-Denis und der fränkische Ausgriff, in: Zur Geschichte der Alamannen, S. 382.

Gewicht, erstens auf eine besondere rechtliche Privilegierung dieses adligen Besitzes. etwa durch Immunität, das Recht zum Burgenbau und zur Zolleinnahme, um einige Möglichkeiten zu nennen, sowie zweitens auf die Größe des Besitzes."[69] Dieser Besitz konnte durch Heirat oder Kauf vergrößert, aber auch durch Erbteilung so sehr verkleinert werden, dass die Söhne dann nicht mehr als Adlige gelten konnten, sondern nur noch freie Bauern waren.

Das bedeutet, dass es zwischen dem niederen Adel (den Mittelfreien) und den freien Bauern (Gemeinfreien) keine rechtliche Trennung gab; sie waren letztlich alle Freie! In den St. Galler Urkunden zeigt sich jedoch ein anderer Unterschied, nämlich „zwischen den freien Landeigentümern und den *ingenui,* die entweder als Zinser oder als *beneficiarii* auf Herrenland leben."[70] (Beneficiarii bedeutet Lehensleute, ingenui Freie.) Die obere der beiden Schichten ist durch Königsdienst und Grundherrschaft gekennzeichnet, die zweite dagegen hat dem König Zins zu zahlen: „Die Königszinser werden in den St. Galler Quellen und in den anderen Quellen des alemannischen Raumes an verschiedenen Stellen genannt. Sie breiteten sich offenbar über alle Gaue aus, in denen auch St. Gallen Besitz hatte. Sie sind begrifflich scharf von den Vasallen auf Königsland zu trennen, die keinen Königszins leisteten, sondern nur zu militärischen und anderen Königsdiensten herangezogen wurden. Den Königszins leisteten die Königszinser ... entweder als Kopfzins oder als Grundzins. Der Unterschied verrät, dass sich die Königszinserschaft wohl der Herkunft nach aus verschiedenen Elementen zusammensetzte, aus Freien, die auf Königsland angesetzt wurden, und aus Unfreien, die – wenn sie nur den Kopfzins zu leisten hatten – sich selbst Land erarbeitet hatten und vom König damit zu privatem Eigen beschenkt wurden, ohne deswegen die Abhängigkeit vom König abstreifen zu können."[71]

---

69 Rolf Sprandel: Grundherrlicher Adel ..., S. 320.
70 daselbst S. 326.
71 daselbst S. 327 f.

Aber auch diese letzte Gruppe konnte unter Umständen die Freiheit erlangen, wie man am Beispiel der Bewohner des Argengaus (im Westallgäu) sieht, „die vom König 867 gegen eine Ablösungssumme die Verleihung der *plena lex qui vulgo dicitur phaaht* erhielten. Sie wurden ‚vollberechtigte' Freie und wurden von dem Zins, den sie und ihre Vorfahren regelmäßig an die Könige bezahlt hatten, befreit."[72]

Aus alledem ergibt sich, dass es sich bei den Alamannen selbst in der Karolingerzeit noch zum größten Teil um freie Leute handelte, die von der fränkischen Oberherrschaft nicht allzu sehr berührt wurden. Das feudale System, das sie zu Untertanen machte, stand erst im hohen Mittelalter in voller Blüte und erfasste nicht nur sie, sondern die meisten Menschen in Mittel- und Westeuropa.

Zur Zeit Karls d. Gr. umfasste das Fränkische Reich vier große Provinzen: Neustrien (Zentralfrankreich), Austrien (von Lothringen ostwärts bis Thüringen), Aquitanien (Südwestfrankreich) und Burgund. Alamannien war Teil Austriens, zunächst ein Randgebiet, woran auch der Anschluss Baierns 788 grundsätzlich nicht viel änderte; denn das Zentrum des Reichs und die wichtigsten Pfalzen lagen zwischen Seine und Rhein, sodass das alamannische Gebiet abseits der großen Politik blieb. Das änderte sich erst mit den Reichsteilungen durch die Söhne Ludwigs d. Fr. Nun wurde Alamannien Teil des Ostfränkischen Reichs unter Ludwig dem Deutschen; das Elsass und die Westschweiz gehörten allerdings zunächst zum Mittelreich Lothars I.

Ludwigs Herrschaftsbasis war Baiern, wo er seit 817 nominell und seit 826 tatsächlich herrschte; dies blieb auch während seiner ganzen Regierungszeit als ostfränkischer König (843 – 876) so. Seine Hauptstadt war Regensburg. „In Alemannien war Ludwig der Deutsche nach der Aussage seines Itinerars während seiner gesamten Regierungszeit nicht sehr häufig präsent; nur in den 850er-Jahren besuchte er die Pfalzen in Bodman und Ulm einige Male. Diese Vernachlässigung ist verwunderlich, weil Alemannien gemeinsame Grenzen mit dem Mittelreich Lothars I. und später

72 daselbst S. 328.

den Reichen von dessen Söhnen Lothar II. und Ludwig II. aufwies, die spätestens seit den 860er-Jahren ein Ziel der Expansionspolitik des Ostfrankenreichs geworden sind."[73]

Dennoch darf man daraus nicht schließen, dass er dieses Gebiet vernachlässigt hätte; es gab nur relativ wenige Königsgüter und große Klöster, wo er hätte Hof halten können. Aber vierzig Urkunden für alamannische Empfänger, knapp ein Viertel aller erhaltenen Diplome, beweisen, dass er dieses Land sehr wohl im Auge behielt.

„Schon in seiner Zeit als Unterkönig in Baiern war Ludwig darum bemüht, sein Herrschaftsgebiet nach Westen, also auf Alemannien hin, auszudehnen. Die Annalen von St. Bertin berichten zum Jahr 832, dass Ludwig mit einem Heer aus freien und unfreien Baiern sowie aus Slawen in Alemannien eingefallen sei, um es seinem eigenen Reich anzugliedern."[74] Es gelang ihm aber zunächst nicht und er musste sich weiterhin auf Baiern beschränken. Der Teilungsplan von 838 sprach ihm Alamannien offiziell ab. Und als sich wichtige Adlige von dort unter der Führung des Grafen Adalbert von Metz auf die Seite Lothars I. stellten, sah sich Ludwig zu einem Feldzug veranlasst. In einer Schlacht im Ries am 13. Mai 841 besiegte er die Gegner und unterwarf Alamannien seiner Herrschaft, die ihm in den Verträgen von Verdun (843) und Mersen (870) auch von seinen Brüdern zugestanden wurde.

Um das so erworbene Land enger an sich zu binden, machte er schon 841 seinen Kanzler Grimald zum Abt von St. Gallen. 853 gründete er ein Frauenkloster in Zürich, das schon im 8. Jahrhundert eine Art Hauptstadt Alamanniens gewesen war, und übergab die Leitung seinen Töchtern Hildegard (853 – 856) und Berta (856 – 877). Diese wurde 860 zusätzlich Äbtissin des Klosters Säckingen. Witgar, der bis 860 Oberkanzler am Hof Ludwigs war, erhielt den Bischofssitz von Augsburg und Bischof Salomo von Konstanz stieg zu einem der wichtigsten Berater Ludwigs auf.

An weltlichen Herren ist vor allem der Welfe Konrad zu nen-

73 Wilfried Hartmann: Ludwig der Deutsche, Darmstadt 2002, S. 88.
74 daselbst S. 89.

nen, der Ludwigs Schwager war. Er ist seit 839 als Graf in Alamannien belegt, fungierte 842 als Gesandter Ludwigs bei seinem Bruder Lothar I. und war nach 860/ 62 einer der wichtigsten Berater des Königs.

Ludwig hat in Alamannien auch mindestens zwei Reichsversammlungen abgehalten: 854 in Ulm und 857 in Bodman. Doch 859 hat er dieses Land seinem jüngsten Sohn Karl als eigenen Herrschaftsbereich überlassen. Als dieser 861 oder 862 die elsässische Grafentochter Richgard heiratete, deutete sich schon an, dass Ludwig Pläne schmiedete, das an Lothar verlorenen Elsass wieder zurückzugewinnen, was ihm durch den Vertrag von Mersen (oder Meerssen) 870 auch gelang. „Von da an gehörten die Bistümer Straßburg und Basel, die Klöster Murbach, Erstein und Münster-Granfelden sowie die Grafschaften Elsgau und Baselgau zu Ludwigs Reich.“[75]

Churrätien war dagegen schon im Vertrag von Verdun (843) Alamannien zugeschlagen worden, was in älteren Teilungsplänen keineswegs vorgesehen war; denn Chur gehörte traditionell zur Kirchenprovinz Mailand, orientierte sich aber nun nach Norden. So war es vor allem Ludwig der Deutsche, der Alamannien zu jenem großen Gebiet abrundete, das dann im hohen Mittelalter als Herzogtum Schwaben Geschichte machte.

75 daselbst S. 93.

Das Herzogtum Schwaben

Warum bisher immer von Alamannen bzw. Alamannien die Rede gewesen ist und nun auf einmal der Name *Schwaben* erscheint (sinngleich mit *Suevi* oder *Sweben),* dürfte inzwischen klar sein. Trotzdem ist die Frage, ob beide Namen dasselbe Volk meinen oder zwei, für manche Leute immer noch umstritten; und jene, die sich jetzt Alemannen nennen, wollen ja partout nicht mit den Schwaben in einen Topf geworfen werden. Dabei ist die Frage eigentlich schon im 9. Jahrhundert geklärt worden!

„Als Walahfrid Strabo um 833/ 834 die Vita des heiligen Gallus überarbeitete, machte er sich im Vorwort grundsätzliche Gedanken über das von *Alamanni* beziehungsweise *Suevi* besiedelte Land (patria), dessen Name von seinen „ein einziges Volk" bildenden Bewohnern her als *Alamannia* oder *Suevia* zu benennen sei. Wenn er darauf abhebt, dass die umliegenden lateinisch sprechenden Völker ersteren Namen benutzten, während die Nichtromanen (barbari) von *Suevi* sprächen, so charakterisiert er genau das Nebeneinander der beiden Namen: *Alamanni / Alamannia* war bis ins 10. Jahrhundert hinein der von den Karolingern benutzte politische Name für Volk und Land, während *Suevi / Suevia* die volkssprachliche Selbstbezeichnung wiedergibt. Diese wurde ab dem 12. Jahrhundert zum vorherrschenden Namen, während *Alemanni / Alemannia* neben *Germani / Germania* zur Bezeichnung der Deutschen und ihres Landes benutzt wurden."[76]

Nach Walahfrids Überzeugung bezeichnen also beide Namen „ein einziges Volk", das sich selbst *Suevi* (zu deutsch: Schwaben) nennt, von Franken und später von Franzosen dagegen als Alemannen (Allemands) bezeichnet wird. Es verhält sich also ähnlich wie bei den Galliern, von denen Caesar schreibt: „*... qui ipsorum lingua Celtae, nostra autem Galli appellantur*" (die in ihrer eigenen Sprache Kelten, in unserer aber Gallier genannt werden). Das soll nun

76 Thomas Zotz: Schwaben im Mittelalter. Vom Herzogtum Alamannien zum Schwäbischen Bund, in: Die Schwaben zwischen Mythos und Marke, Landesmuseum Württemberg, Stuttgaart 2016, S. 171.

freilich nicht heißen, dass der Name *Alamanni* von den Römern oder den Franken gegeben worden wäre, sondern nur, dass diese ihn mit Vorliebe benutzt haben, während die Schwaben in ihren eigenen Augen nie etwas anderes als Schwaben gewesen sind. *Alamanni* bezeichnet seit spätrömischer Zeit eher die Kampfverbände suevischer oder auch anderer Völkerschaften, die gegen die Grenzen des Römischen Reiches anstürmten und sie schließlich überwanden.

Vom älteren, noch germanischen Stammesherzogtum ist schon die Rede gewesen, ebenso davon, dass sich in spätkarolingischer Zeit ein jüngeres Stammesherzogtum entwickelt hat. Die Frage ist nur noch, ab wann man von einem Herzogtum Schwaben als einem staats- oder lehensrechtlichen Gebilde sprechen kann. Das Territorium war (wie wir gesehen haben) schon zur Zeit Ludwigs des Deutschen im 9. Jahrhundert abgesteckt, doch war es damals noch kein Herzogtum. Dieses entstand erst zur Zeit des ersten deutschen Königs, Konrads I. (911 – 918), unter schweren Geburtswehen, wenn man so sagen darf.

Konrad „heiratete die Witwe des 907 gegen die Ungarn gefallenen bairischen Markgrafen Liutpold, Kunigunde, die als Schwester der beiden mächtigen alemannischen Grafen Erchanger und Berthold ihm die Unterstützung dieser beiden sichern sollte. Nicht zuletzt mag der König gehofft haben, dadurch auf seinen Stiefsohn Arnulf, der nach dem Tod seines Vaters zum Führer des bairischen Stammes aufgestiegen war, Einfluss zu gewinnen.“[77]

Diese Hoffnung erwies sich jedoch als trügerisch, denn die süddeutschen Stämme strebten nach dem Ende der Karolingerherrschaft unverkennbar nach der Selbständigkeit. Im Sommer 914 hatte Graf Erchanger einen Streit mit Bischof Salomo von Konstanz in Form einer Fehde ausgetragen und den Bischof gefangen gesetzt. Da rückte Konrad mit einem Heer an, nahm den Grafen gefangen und verbannte ihn, worauf dieser zu seinem Neffen Arnulf von Baiern floh, „und dieser muss offen Partei für ihn

77 Manfred Hellmann: Die Synode von Hohenaltheim (916), in: Die Entstehung des Deutschen Reiches, Darmstadt 1956, S. 293.

genommen haben, denn allein die Beherbergung des Flüchtigen wäre für den König noch kein Grund zum militärischen Eingreifen gewesen. Arnulf konnte sich gegen Konrad nicht behaupten und floh (zusammen mit Erchanger?) zu den Ungarn."[78] Erchanger kehrte schon 915 nach Schwaben zurück, Arnulf 916 in seine Hauptstadt Regensburg, wo er von König Konrad belagert wurde und sogleich wieder fliehen musste. Nun griffen die Bischöfe in die Auseinandersetzung ein und stärkten auf der Synode von Hohenaltheim im Ries (916) dem König den Rücken. Trotzdem gelang es Arnulf, 917 sein Herzogtum zurückzuerobern und im folgenden Jahr gegen Konrads Bruder Eberhard siegreich zu behaupten.

Die schwäbischen Grafen Erchanger und Berthold hatten dagegen keinen Erfolg und büßten ihren erneuten Aufstand durch ihre (und ihres Neffen Liutfrid) Hinrichtung am 17. Januar 917. Man erschrickt vielleicht über die Härte dieses Urteils, aber für Konrad ging es um die Frage, ob er sich als König behaupten konnte. Er hat in seinen Urkunden mehrfach zum Ausdruck gebracht, es gehe ihm um die *stabilitas imperii nostri* (die Stabilität unseres Reiches) sowie darum, *regni a Deo nobis commissi gubernacula in melius augmentare* (die Herrschaft über das uns von Gott anvertraute Reich so gut wie möglich zu vergrößern).[79] Außerdem sollte man bedenken, dass auch nach der Lex Alamannorum Hochverrat einer der drei Tatbestände war, auf denen die Todesstrafe stand.

Der Nutznießer all dieser Auseinandersetzungen war „der jüngere Burchard, Sohn eines Markgrafen von Rätien aus hochadligem Geschlecht. Sein Vater war bereits im letzten Regierungsjahr Ludwigs IV. beim Versuche zur Erneuerung der alemannischen Herzogsgewalt ums Leben gekommen. Über seinen Sohn und sein ganzes Haus war ewige Verbannung verhängt worden."[80] Aber er war (wohl 914) zurückgekehrt und hatte zunächst mit den beiden andern Grafen gemeinsame Sache gemacht, dann aber offenbar

78 Kurt Reindel: Herzog Arnulf und das Regnum Bavariae, in: Die Entstehung des Deutschen Reiches, S. 213 – 288, Zit. S. 259.

79 nach Hellmann S. 306.

80 daselbst S. 294.

die Seiten gewechselt. Jedenfalls wurde er nun 917 offiziell Herzog von Schwaben und regierte als Burchard I. bis 926.

Studiert man die schwäbische Herzogsliste, die Gerd Tellenbach zusammengestellt hat,[81] fällt auf, dass Schwaben bis 1057 durchweg von fränkischen Adligen regiert wird, zunächst aus dem Haus der Konradiner, dann aus dem der Babenberger; nur von 954 bis 973 regiert mit Burkhard II. noch einmal ein Hunfridinger. Erst mit Rudolf von Rheinfelden (1057 – 1079) beginnt die Regierung schwäbischer Geschlechter: der Rheinfelder, der Zähringer und der Staufer (von 1105 bis 1191).

„Im 11. Jahrhundert mehren sich die Zeugnisse für die Eigenart und Sonderstellung der Schwaben im Reichsverband der deutschen Lande: Der Chronist Thietmar von Merseburg (925 – 1018) rühmt die waffenstarken wie listigen Alemannen; das um 1080 gedichtete Kölner ‚Annolied' schildert die Schwaben als tapfere Recken, aber auch als wortgewandt und gute Ratgeber. Anlässlich der Schlacht König Heinrichs IV. gegen die Sachsen bei Homburg an der Unstrut erwähnt der Chronist Lampert von Hersfeld (vor 1028 bis um 1085) den Einsatz Herzog Rudolfs von Schwaben mit den Seinen in der ersten Reihe aufgrund des den Schwaben seit alters zustehenden Privilegs. Es ist der Beginn einer langen Reihe von Belegen für das Vorstreitrecht bis hin zur ‚Kaiserchronik' des 12. Jahrhunderts, dem Rechtsbuch des ‚Schwabenspiegels' im 13. Jahrhundert oder dem Abenteuerroman ‚Friedrich von Schwaben' wohl aus dem frühen 15. Jahrhundert."[82]

Wie man sieht, entspricht das Zerrbild von den sieben Schwaben, die sich vor einem Hasen fürchten, in keiner Weise der historischen Wirklichkeit. Das zweifelhafte Privileg des schwäbischen Heeresaufgebots, in jeder Schlacht des Reichsheeres im ersten Treffen zu stehen, dürfte vielmehr dazu geführt haben, dass es immer die größten Verluste von allen erlitt. Doch anstatt dass man sie für ihren Opfermut bewundert hätte, erklärte man sie später

81 Gert Tellenbach: Vom karolingischen Reichsadel zum deutschen Reichsfürstenstand, in: Herrschaft und Staat im Mittelalter, Darmstadt 1960, S. 208 – 210.

82 Thomas Zotz: Schwaben im Mittelalter, S. 172.

zu Dummköpfen, weil sie so bereitwillig ihre Schwabenschädel hinhielten. Oh, Undank der Welt!

Im Investiturstreit zwischen Heinrich IV. und Papst Gregor VII., der 1075 ausbrach, war Schwaben innerlich ebenso zerrissen wie das übrige Reich. Heinrichs Jugendfreund Graf Eberhard von Nellenburg hielt ihm selbstverständlich die Treue, aber der ehrgeizige Rudolf von Rheinfelden, seit 1057 Herzog von Schwaben, ließ sich von Heinrichs Gegnern 1077 zum Gegenkönig wählen. Die süddeutschen Fürsten standen mehrheitlich auf Seiten des rechtmäßigen Königs, so der neue Herzog Friedrich von Staufen, der Lothringer Graf Heinrich von Laach und Graf Boto aus Baiern, während der Gegenkönig vor allem die Sachsen hinter sich wusste.

1080 kam es zur Entscheidungsschlacht an der Grune, in der Rudolf zwar siegte, aber doch sein Leben ließ. Er verlor die rechte Hand und erhielt eine tiefe Wunde in den Unterleib, die wohl die eigentliche Todesursache war. Aber dass er die Schwurhand verlor, deuteten die Zeitgenossen als Gottesurteil, denn mit ihr hatte er Heinrich einst die Treue gelobt. Jedenfalls gewann die kaiserliche Partei von da an wieder die Oberhand über die päpstliche, aber die Spaltung blieb und wirkte sich auch auf Schwaben aus; denn hier regierten neben dem von Heinrich eingesetzten Staufer Friedrich I. (1079 – 1105) zunächst Rudolfs Sohn Berthold I. (1079 – 1090) und dann der Zähringer Berthold II. (1092 – 1097/ 98). Erst nach einem Ausgleich zwischen Staufern und Zähringern 1098 waren die Verhältnisse geklärt: Die Staufer blieben fortan Herzöge von Schwaben, jedoch um den Preis, dass sie den Zähringern den westlichen Teil des Landes abtraten, wo diese bis 1218 eine eigene Herrschaft aufbauten und zwei immer noch bedeutende Städte gründeten: Freiburg im Breisgau und Freiburg im Üchtland, das jetzt meist Fribourg genannt wird. (Dass beide Universitätsstädte sind, hat allerdings nichts mehr mit den Zähringern zu tun.)

Diese Vorgänge sind deshalb bemerkenswert, weil sich hier schon um 1100 jene Zweiteilung des Landes in einen schwäbischen und einen alemannischen Teil andeutet, der schließlich in der Neuzeit zu einem Nebeneinander von Württemberg und Baden geführt hat. Der Weg dorthin war zwar noch weit, aber immerhin durch staufisches Territorium im Osten und zähringisches im Westen vorgezeichnet.

„Die Zähringer waren ursprünglich Grafen und hatten Besitz zu beiden Seiten des Schwarzwaldes. Sie wurden nacheinander Herzoge in Kärnten und Gegenherzoge in Schwaben, vermochten sich zwar nirgends durchzusetzen, behielten aber den Herzogstitel. Mochte das auch nach der alten Auffassung, wie sie noch Otto von Freising vertrat, ein leerer Titel sein, die Zähringer füllten ihn mit staatsrechtlichem Inhalt und mit politischer Macht, indem sie in einem weiten Gebiet herzogliche Rechte ausübten. Im 11. Jahrhundert ist ein großer Teil des Schwarzwaldes von der Rodung erfasst worden; es war nun entscheidend, dass es den Zähringern durch die Übernahme der Vogtei über die meisten Schwarzwaldklöster gelang, die politischen Früchte dieser Rodung einzuheimsen. Sie haben über den Schwarzwald und seine Vorlandschaften die Herrschaft erlangt und haben dieses weite Gebiet durch Anlage von Burgen und Städten politisch erfasst, eine Flächenherrschaft aufgerichtet und einen ausgedehnten Raum politisch organisiert.“[83] Es gelang also den Zähringern, ein für damalige Verhältnisse fortschrittliches Staatswesen aufzubauen, das nur deshalb nicht überlebte, weil das Geschlecht 1218 ausstarb.

Die Staufer festigten ihre Stellung zunächst dadurch, dass Friedrich Barbarossa 1179 Herzog Welf VI. (1115/16 – 1191) sein Erbe in Oberschwaben (um Ravensburg und Weingarten) abkaufte. Da die Welfen seit 1070 die Herzöge von Baiern stellten und seit 1137 die von Sachsen und Heinrich der Löwe seit 1156 sogar beide Herzogtümer in Personalunion regierte, waren sie auf ihr altes Hausgut nicht mehr angewiesen. Die Staufer dagegen verbreiterten ihre Basis im Reich immer weiter, vor allem durch Friedrich Barbarossa: „Die Mittel der territorialfürstlichen Politik, in deren Umgebung er selbst aufgewachsen war, wandte

83 Theodor Mayer: Die Ausbildung der Grundlagen des modernen deutschen Staates, in: Herrschaft und Staat im Mittelalter, S. 284 – 331, Zit. S. 306.

er nun in größerem Maßstabe an zum Ausbau einer ausgedehnten staufischen Hausmacht, indem er als Lehen von geistlichen Fürsten sich die Gerichtsbezirke der Vogteien übertragen ließ, auf Erweiterung und Abrundung des Besitzes durch Kauf, Tausch und alle anderen friedlichen Mittel hinarbeitete, ihn durch Burgen sicherte, durch Stadtgründungen förderte und nicht lehnsweise, sondern durch Reichsministerialen in straffer Beamtenabhängigkeit verwalten ließ, die in den östlichen Gebieten auch als Träger der Rodungs- und Siedlungsarbeit eine wichtige Aufgabe zu erfüllen hatten. Im Laufe der Zeit hat er es so dahin gebracht, dass sich vom Kern der salisch-staufischen Hausgüter in Schwaben, Elsass, Pfalz und Franken aus nordöstlich eine nahezu geschlossene Kette königlicher Besitzungen über Nürnberg und Eger bis ins Vogtland und in die wichtigen thüringisch-meißnischen Lande hinein erstreckte.“[84]

Die Ambitionen der Staufer als deutsche Könige und römische Kaiser gingen also weit über Schwaben hinaus. Friedrich erneuerte die karolingischen Pfalzen in Nimwegen und Ingelheim und errichtete neue in Kaiserslautern, Frankfurt, Wimpfen, Hagenau, Gelnhausen, Eger, Nürnberg, auf dem Trifels, in Kaiserswerth und Seligenstadt.

In Schwaben selbst wurden zahlreiche Burgen erbaut, von denen manche wie die auf dem Hohenstaufen untergegangen, andere wie Rechberg oder Staufeneck nur noch Ruinen sind. Einige wie Lichtenberg (bei Oberstenfeld) und Reichenberg (bei Oppenweiler) sind bis heute erhalten. Denkt man nun, das ganze Land wäre mit Burgen übersät gewesen, muss man ins Elsass blicken. Dort reiht sich, vor allem auf den Vorbergen der Vogesen, eine Burg an die andere, ja es gibt sogar Berge, auf denen sich gleich drei Burgen versammeln: die „drei Exen“ bei Egisheim und vor allem die drei immer noch eindrucksvollen Burgruinen über Rappoldsweiler: Ulrichsburg, Girsberg und Hoh-Rappoldstein. Am bekanntesten ist die Hochkönigsburg, die in Wilhelminischer Zeit im damaligen Geschmack restauriert wor-

84 Karl Hampe: Deutsche Kaisergeschichte in der Zeit der Salier und Staufer, Darmstadt 1963, S. 149.

den ist und (ähnlich wie die berühmte Wartburg) nicht mehr viel vom Hauch des Mittelalters spüren lässt. Die Blütezeit des Herzogtums Schwaben war eben zugleich die hohe Zeit des Rittertums und die Burgen sind die bis heute markantesten Erinnerungszeichen jener Zeit.

Die enge Verbindung Schwabens mit dem staufischen Kaiserhaus hatte leider die fatale Folge, „dass mit dem Ende der staufischen Dynastie nach der Mitte des 13. Jahrhunderts zugleich das Schicksal des Herzogtums Schwaben besiegelt war..“[85] Der Versuch Rudolfs von Habsburg, das Herzogtum für seinen Sohn Rudolf wiederzuerrichten, scheiterte vor allem am Widerstand der Grafen von Württemberg. Herzog Rudolf IV. von Österreich, der es noch einmal versuchte, konnte den Widerstand des Luxemburgers Karls IV. nicht überwinden. So war die Geschichte des stolzen Herzogtums Schwaben dann doch mit dem Tod des letzten Staufers Konradin 1268 beendet.

85 Thomas Zotz: Schwaben im Mittelalter, S. 175.

Das späte Mittelalter

Da es nun seit dem letzten Drittel des 13. Jahrhunderts kein Herzogtum Schwaben mehr gab, stellte sich die Frage, wie das Territorium künftig verwaltet werden sollte. König Rudolf, der das Reich nach dem Interregnum wiederherzustellen versuchte, sammelte die Reichsgüter Schwabens in den drei Landvogteien Oberschwaben, Niederschwaben und Augsburg. Für die nächste Zukunft bedeutender als diese Vogteien wurden jedoch die Städte.

„Nach dem Ende der Stauferherrschaft fand der neue König Rudolf von Habsburg (reg. 1273 – 1291) in den staufischen Stammlanden in Schwaben eine große Zahl ehemaliger königlich-staufischer Städte vor, die er ab 1273 in den Rang von Reichsstädten erhob. Damit unterstellte er die ehemaligen Stauferstädte unmittelbar dem Reich und seiner königlichen Einflusssphäre und entzog sie dem Zugriff sich ausdehnender Adelsherrschaften. Mit der von Rudolf betriebenen Neuorganisation des staufischen Reichsgutes etablierten sich die deutschen Könige und Kaiser dauerhaft bis 1802/ 1803 als Stadtherren der schwäbischen Reichsstädte.“[86]

Das Ergebnis dieser Politik war, dass sich von insgesamt 52 Reichsstädten 30 allein in Schwaben befanden. „Die Bandbreite reichte von den drei führenden Städten Augsburg, Konstanz (Reichsstadt bis 1548) und Ulm bis hin zu Miniatur-Reichsstädten wie Buchhorn (heute Friedrichshafen) und Wangen in Oberschwaben. Augsburg und Konstanz waren zugleich (neben Chur) die Bischofsstädte Schwabens. Des Weiteren zählte bis ins 17. Jahrhundert eine stattliche Anzahl von Städten in der heutigen Schweiz (z. B. Schaffhausen, Zürich, Basel) und im Elsass (z. B. Hagenau und Colmar) zu den schwäbischen Reichsstädten.“[87]

Diese Städte hatten zwar eigene Schultheißen und Ammänner, welche die niedrige Gerichtsbarkeit ausübten, unterstanden

86 Andreas Schmauder: Stadtrepubliken als Wirtschaftsmacht. Die schwäbischen Reichsstädte, in: Die Schwaben S. 207 – 219, Zit. S. 207.
87 ebenda.

aber zunächst den kaiserlichen Landvögten, was ihnen lästig war. Deshalb erkauften sie sich im Laufe des 14. Jahrhunderts von den Königen immer weitere Privilegien, bis sie de facto zu weitgehend unabhängigen Stadtrepubliken wurden, ganz ähnlich wie in Italien die Stadtrepubliken von Mailand, Genua, Florenz, Siena u. a.

„Ihr Selbstbewusstsein brachten die staufischen Städte beziehungsweise ihre Nachfolger, die entstehenden Reichsstädte, in Form von mächtigen Türmen, Toren, Stadtmauern und Wassergräben zum Ausdruck. Mit Erstarken ihrer reichsstädtischen Freiheit errichteten sie selbstbewusst besonders stattliche Rathäuser wie in Augsburg, Esslingen, Ravensburg oder Ulm und ebenso gewaltige Stadtkirchen wie etwa das Ulmer Münster, das Überlinger Münster, St. Dionys in Esslingen oder die Marienkirche in Reutlingen, die sich sehr rasch auch zu Wahrzeichen der Reichsstädte und zu Symbolen ihrer Macht und Freiheit entwickelten.“[88]

Das bedeutete keineswegs, dass sie sich auf diese Weise vom Reich entfernt hätten, im Gegenteil: Je mehr die Fürsten (wie z. B. die Grafen von Wirtemberg) ihre Landesherrschaften ausbauten, desto mehr wurden die Städte zu den eigentlichen Stützen des Reichs, und das nicht zuletzt infolge ihrer Wirtschaftskraft. Ohne ihre Steuern wären die Kaiser ziemlich mittellos gewesen und kaum imstande, das schwächer werdende Reichsgefüge bis in die Neuzeit herein zusammenzuhalten.

Die Konkurrenz zwischen Städten und Landesfürsten führte fast zwangsläufig zu Konflikten und kriegerischen Auseinandersetzungen. Die einen suchten ihre Stellung durch die Gründung von Städtebünden zu festigen: in der ersten Hälfte des 14. Jahrhunderts durch einen Bund der Bodenseestädte, in der zweiten (ab 1376) durch den Schwäbischen Städtebund gegen den Grafen Eberhard den Greiner von Wirtemberg. In der Schlacht bei Reutlingen (1377) gelang es den Städten zunächst, den Wirtemberger zu schlagen, aber in der entscheidenden Schlacht bei Döffingen (1388) drehte der den Spieß um und schlug die Städte.

---

88 daselbst S. 208.

Trotz dieses Rückschlags blühten die Städte im 15. Jahrhundert weiter auf und gelangten zu einem bis dahin in Deutschland unbekannten Wohlstand. Beinahe legendär ist der Reichtum der Familie Fugger in Augsburg, die zum wichtigsten Gläubiger der Habsburger wurde – und schließlich auch daran zugrunde ging, weil diese ihre Schulden nicht zurückzahlen konnten. Aber die Fugger waren nicht die einzigen.

Als der reichste Mann Schwabens galt um 1430 Lütfried Muntprat in Konstanz. Ähnlich wohlhabend waren die Humpis von Ravensburg, die Besserer, Kraft, Schad und Baldinger in Ulm, und in Augsburg neben den Fuggern die Welser. Aber wie kamen diese Familien zu solchem Reichtum? Im wesentlichen durch den Fernhandel.

Die Ravensburger Handelsgesellschaft, die zunächst hauptsächlich mit Leinwand handelte, hatte 13 Niederlassungen in Katalonien, den italienischen Seerepubliken, in Flandern, Nürnberg und Wien. Dann weitete sie ihr Geschäft auf Luxusgüter wie Gewürze, Färbstoffe und Seide aus. Da sie nahezu ein Monopol im Handel mit Barcelona und Genua erlangte, kontrollierte sie auch den Handel mit Safran, Koralle und Merinowolle bis nach Nordeuropa.

Die Handelsgesellschaft der Welser in Augsburg begann mit Barchent- und Baumwollhandel, verlegte sich jedoch bald auf den Bergbau, speziell den Silberbergbau in Tirol. Mit dem Memminger Handelshaus Vöhlin gründeten sie 1498 die Welser-Vöhlin-Gesellschaft, die eine eigene Handelsflotte aufbaute. 1528 überließ Kaiser Karl V. als Gegenleistung für eine große Anleihe den Welsern die Statthalterschaft über Venezuela, das sie zum Stützpunkt für ihren weltweiten Handel ausbauten. Diese Position verloren sie allerdings schon 1556 durch den Rücktritt Kaiser Karls.

Auch die Familie Fugger wurde zunächst durch Textilhandel reich, vorwiegend mit Italien, verlegte sich dann ebenfalls auf den Bergbau und vor allem aufs Bankgeschäft. Jakob Fugger der Reiche (1459 – 1525) galt zu seiner Zeit als der reichste Mann Europas, war Bankier der Habsburger und der Päpste und finanzierte ganz wesentlich sowohl den Aufstieg Kaiser Maximilians wie auch Kaiser Karls V. – Man darf also ohne Übertreibung sagen, dass die Schwaben durch ihre Kaufleute um 1500 wieder eine ähnliche Bedeutung für das Deutsche Reich erlangten wie schon 300 Jahre früher durch die Staufer. Nur war es damals die politische, nun aber die wirtschaftliche Macht, die sie in eine so bedeutende Stellung hob.

Wo soviel Macht und Reichtum zusammenkommen, blühen meist auch die Künste, wie geradezu exemplarisch die Renaissance zunächst in Florenz, dann in Rom demonstriert. Geblendet von den Werken Raffaels, Michelangelos und Lionardos übersieht man leicht, dass es im 15. und 16. Jahrhundert auch in Süddeutschland Künstler von Weltrang gegeben hat, insbesondere in Schwaben und Franken: Hans Holbein den Älteren und den Jüngeren, Martin Schongauer, Matthias Grünewald, Albrecht Dürer, Veit Stoß, Tilman Riemenschneider und einige andere. Diese Höhe hätte die bildende Kunst um 1500 nicht erreicht, wenn da nicht der Aufstieg im späten Mittelalter vorausgegangen wäre, der u. a. deshalb leicht unterschätzt wird, weil man oft nicht einmal die Namen der Künstler kennt und sich dann z. B. mit „Meister H. L." für den Schöpfer des Altars im Breisacher Münster begnügen muss.

Auf diesen in vieler Hinsicht prächtigen „Herbst des Mittelalters" fällt jedoch ein politischer Schatten: die Auseinandersetzung der Eidgenossen mit den Habsburgern, die nach zahlreichen Kämpfen zur Loslösung der Schweiz vom Reich und damit auch zur Spaltung des schwäbischen Volkes geführt hat.

Der Streit begann damit, dass Rudolf von Habsburg nach seinem Sieg über Ottokar von Böhmen (1278) versuchte, die oberrheinischen Besitzungen seines Hauses mit Tirol zu verbinden, und der damit auf den Widerstand der reichsfreien Bauern von Uri und Schwyz stieß. Diese hatten unter Friedrich II. (1231 bzw. 1240) die Reichsunmittelbarkeit erlangt und sollten dafür den Zugang zum wichtigen Gotthardpass für den Kaiser sichern. Zwar besaßen die Habsburger die Vogtei über dieses Gebiet, doch wollten sie es nun gänzlich ihrem Territorium einverleiben. Dergleichen war zu jener Zeit nicht ungewöhnlich, versuchten doch alle Fürsten damals, eine Landesherrschaft aufzubauen. Und wahrscheinlich dachten sich die Habsburger, mit diesen kleinen Bauernschaften ohne Mühe fertig zu werden. Aber da hatten sie die Rechnung ohne den Wirt gemacht!

Wie allgemein bekannt, schlossen sich die Kantone Uri, Schwyz und Unterwalden 1291 in einem „Ewigen Bund" zusammen, um ihre angestammten Rechte zu wahren, und gemeinsam wehrten sie 1315 in der Schlacht bei Morgarten den Angriff Leopolds I. von Österreich ab. Darauf schloss sich 1332 Luzern als erste Stadt dem Bund der Bauern an, und bald folgten Zürich, Glarus, Zug und Bern, die ab 1353 den „Bund der acht alten Orte" bildeten. Diesem gelang es, in den Schlachten bei Sempach (1386) und Näfels (1388) abermals, die Habsburger zu schlagen. Dabei zeigte sich, dass die mit Hellebarden bewaffneten „Gewalthaufen" zu Fuß einem Ritterheer überlegen waren.

Da nun einmal nichts anziehender ist als der Erfolg, schlossen sich bald weitere Städte der Eidgenossenschaft an: Basel, Freiburg, Solothurn, Schaffhausen und Appenzell, sodass der Bund auf dreizehn Mitglieder anwuchs. Dazu kamen noch „zugewandte Orte": Graubünden und Wallis, und nachdem man so stark geworden war, eroberte man gleich noch ein paar „Untertanenlande" dazu: Thurgau, Tessin, Neuenburg, und rundete das Gebiet nach und nach zu jenem Territorium ab, das heutzutage die Schweiz bildet.

Trotz allem gehörte das alles immer noch zum Reich. Den entscheidenden Einschnitt bildete wohl der „Schwabenkrieg" von 1499. Im Jahr davor war die Reichsstadt Konstanz dem Schwäbischen Bund beigetreten, die Schweizer sahen darin eine Bedrohung und rüsteten auf, worauf sie vom Bund angegriffen wurden. Es kam zu einer Reihe von Gefechten und schließlich zur entscheidenden Schlacht bei Dornach (Kt. Solothurn) – und wieder einmal siegten die Schweizer.

Es war wohl dieser Krieg, der das Ansehen der Schwaben als Kriegshelden so ruiniert hat, dass sie als „die sieben Schwaben" zum Gespött aller Deutschen geworden sind. Offensichtlich haben die Truppen des Schwäbischen Kreises damals keine gute Figur gemacht; und wer den Schaden hat, braucht für den Spott nicht zu sorgen, wie das Sprichwort sagt. Und doch ist am Ende dieses Krieges die alte Bischofsstadt Konstanz kein Mitglied der Eidgenossenschaft geworden. Aber das Tischtuch zwischen den Schwaben rechts und links des Hochrheins war von da an zerschnitten, und die linksrheinischen wollten fortan keine Schwaben, sondern nur noch Schweizer sein. Ja, sie gingen sogar so weit, die Deutschen insgesamt als „chaibe Schwåbe" von sich abzutrennen und sich – offiziell 1648 – aus der deutschen Geschichte zu verabschieden.

So ist denn die Geschichte der Schwaben ein Spiegelbild der deutschen Geschichte insgesamt: Nach Epochen außerordentlicher Größe und Bedeutung ein schrittweiser Zerfall bis zu dem Punkt, wo nur noch die Kerngebiete übrigbleiben. Vielleicht sind die Schwaben sogar die deutschesten aller Deutschen und eben deshalb so wenig geachtet und geliebt.

Der Aufstieg des Hauses Württemberg

Im Barock liebte man es, möglichst viele Buchstaben zu schreiben. Man schrieb also *Noth, Todt, Krafft, Schmertzen, Heyrath, dencken, starck* usw. So verfiel man auch darauf, das gute alte *Wirtemberg* in *Württemberg* zu verwandeln, und leider hat sich dieser Unfug ebenso erhalten wie das barocke y in *Bayern*.

Was bedeutet der Name? Volkstümlich wird er als „Wirt am Berg" gedeutet, was lächerlich ist. Ein Wirtshaus am Fuß eines Berges könnte zwar diesen Namen führen, aber niemals der Berg selbst. Betrachtet man ihn, sieht man eine sanfte, kegelförmige Kuppe, die sich am Rand des Neckartals erhebt, und weiß man, was ein Wirtel ist, erkennt man auch den Zusammenhang. Wirtel waren (meist aus Ton gefertigte) Webgewichte, ursprünglich kegel- oder pyramidenförmig, später meist ringförmig. Sie dienten der Spannung der Kettfäden am Webstuhl, konnten aber auch als Spinnwirtel, d. h. als eine Art Schwungrad an der Spindel gebraucht werden.

Da nun der Wirtemberg einem kegelförmigen Wirtel gleicht, nehme ich an, dass er ursprünglich *Wirtelberg* geheißen hat, woraus wegen der leichteren Aussprache *Wirtemberg* geworden ist.

Auf dem Reichstag zu Worms 1495 wurde Graf Eberhard von Wirtemberg (mit dem Beinamen „im Bart") von Kaiser Maximilian zu Herzog erhoben, nicht zuletzt deshalb, weil er maßgeblich an Maximilians Reichsreform beteiligt war. Nun wäre er gerne Herzog von Schwaben oder wenigstens in Schwaben geworden, aber der Kaiser machte ihn nur zum Herzog von Wirtemberg, da er selbst als „Fürst zu Schwaben" gelten wollte, und zwar wegen der „Vorderen Lande", jenem vom Breisgau bis nach Oberschwaben verteilten habsburgischen Streubesitz, der ebenfalls einen wichtigen Teil Schwabens darstellte. So gab es gewissermaßen zweierlei Schwaben: die wirtembergischen und die anderen, zum Teil österreichischen, zum Teil reichsfreien, zum Teil solchen, die weltlichen oder geistlichen Herrschaften gehörten. Diese Zweiteilung ist auch auf einer Karte „Sueviae nova tabula“ des niederländischen Kartographen Willem Janszoon Blaeu von 1662 klar herausgearbeitet, wo der Nordwesten als „Wirtenberg“, der Osten und Süden als „Suevia“ kartiert ist.[89]

Der Aufstieg Württembergs (wenn wir nun die gebräuchliche Schreibung verwenden) von einer gewöhnlichen Grafschaft zu einem bedeutenden Herzogtum hat eine lange Geschichte. Der Stammsitz war eine Burg bei Untertürkheim am Neckar. Als Stammvater des Geschlechts gilt Ulrich I. „mit dem Daumen“, der auch „der Stifter“ genannt wird, weil er das Stift Beutelsbach mit dem Familienbegräbnis wiederbegründet hat. Als er 1265 starb, hinterließ er zwei unmündige Söhne, Ulrich und Eberhard. Der ältere, Ulrich II., starb 1279, als der jüngere erst vierzehn Jahre alt war. Aber dieser übernahm nun als Eberhard I. die Herrschaft und regierte bis 1325. Bereits 1286, als er 21 Jahr alt war, ließ er es auf eine Fehde mit König Rudolf von Habsburg ankommen, weil dieser versuchte, das Herzogtum Schwaben wieder herzustellen und seinem Sohn Rudolf zu übertragen. Es kam zu einer Belagerung Stuttgarts vom September bis November 1286, die mit einem Friedensschluss endete, da Rudolf die Stadt nicht einnehmen konnte und anscheinend Wichtigeres zu tun hatte.

In einem alten württembergischen Geschichtsbuch wird die Regierungszeit Eberhards „des Erlauchten“ so zusammengefasst: „Während seiner 60jährigen mühevollen Regierung erlebte Graf Eberhard 7 deutsche Könige; mit 4 derselben lag er in Fehde. Nach dem Tode Kaiser Albrechts 1308 bewarb er sich selbst um die Kaiserkrone; aber die deutschen Fürsten fürchteten ihn und wählten lieber den Grafen Heinrich von Luxemburg. Da er sich unter diesen nicht beugte, wurde er von ihm in die Reichsacht erklärt. Er unterlag im Kampf mit der feindlichen Übermacht, wurde schließlich aus seinem Lande verdrängt und mit Mühe von seinem Schwager, dem Markgrafen Rudolf von Baden, in einem Turme zu Besigheim, das damals badisch war, verborgen gehalten. Städte und Burgen wurden greulich zerstört, auch das Stift zu

89 Die Schwaben (Katalog), Abb. 186 S. 224.

Beutelsbach. Die Eßlinger erstürmten im Mai 1311 die Stammburg Wirtemberg und zerstörten sie von Grund aus. Württemberg schien für immer verloren. Da wandte sich das Blatt; Kaiser Heinrich starb 1313, und mit Hilfe seines Schwagers eroberte Eberhard in kurzer Zeit wieder sein ganzes Land."[90]

Dieses „ganze Land" am mittleren Neckar reichte von der Glems bis zur Fils und im Süden bis zur Alb, von der Aich und Erms bis ins Remstal, war aber zweigeteilt, denn dazwischen gab es noch das Herzogtum Teck. Das Kerngebiet umfasste Cannstatt, Stuttgart, Waiblingen, Beutelsbach und Leonberg. Trotz aller Turbulenzen gelang es Eberhard sogar, sein Territorium um die Hälfte zu vergrößern. Die wichtigste Erwerbung war die Grafschaft Neuffen, daneben die halbe Grafschaft Calw, Burg und Stadt Asperg sowie etliche Städtchen und Dörfer.

Eberhards Sohn Ulrich III. (1325 – 1344) übergab die Herrschaft seinen beiden Söhnen Eberhard II. und Ulrich IV., die das Land 18 Jahre lang gemeinsam regierten. Dann verlangte Ulrich die Teilung, aber sein Bruder konnte ihn 1362 dazu bewegen, gänzlich auf die Regentschaft zu verzichten, sodass das Land nun wieder in einer Hand war, und zwar in einer starken, wie sich in der Folgezeit herausstellte. Dies war umso nötiger, als sich 1376 achtzehn Städte, darunter so bedeutende wie Ulm, Rottweil, Ravensburg, Rothenburg, Konstanz und St. Gallen zum Schwäbischen Städtebund zusammenschlossen und sich gegen die Fürsten wandten. In der (schon erwähnten) Schlacht bei Reutlingen gelang es ihnen, die von Eberhards Sohn Ulrich befehligten württembergischen Truppen zu besiegen. Die Grafen von Zollern, von Tübingen und von Schwarzenberg und 52 Ritter verloren damals ihr Leben; Graf Ulrich überlebte, obwohl schwer verwundet.

Wieder einmal stand es nicht gut um die Württemberger, und nachdem Leopold von Österreich 1386 in der Schlacht bei Sempach gegen die Eidgenossen Schlacht und Leben verloren hatte, sah der Schwäbische Städtebund, inzwischen auf 41 Mitglieder

---

90 Friedrich Lauffer: Bilder aus der württembergischen Geschichte, Esslingen 1904, S. 10.

angewachsen, den Zeitpunkt gekommen, mit dem Grafen Eberhard, ihrem erklärten Feind, abzurechnen. So kam es 1388 zur bekannten Schlacht bei Döffingen, in der es Eberhard gelang, die überlegene Streitmacht der Städte zu besiegen. Allerdings bezahlte er diesen Sieg mit dem Tod seines Sohnes Ulrich, um den er danach so tiefbewegt trauerte, dass ihm seine Tränen den Beinamen „der Greiner" eintrugen, d. h. der Weinende.

Mag die Schlacht bei Döffingen auch keine weltgeschichtliche Bedeutung haben, so entschied sie doch nicht allein über das Schicksal Württembergs, sondern über das Verhältnis von Fürsten und Städten in ganz Deutschland. Sie war die Voraussetzung für den Landfrieden von Eger (1389), durch den nicht nur der Schwäbische Städtebund aufgelöst, sondern alle weiteren Bündnisse dieser Art untersagt wurden.

Doch war die Zeit der Ständekämpfe damit nicht beendet, denn nun erhob sich ein Teil der Ritterschaft gegen die sich verfestigende Landesherrschaft. Unter Eberhard III. „dem Milden" (1392 – 1417) entstand der Bund der Schlegler, der eine eigene Herrschaft zu errichten versuchte und dessen Anführer sich sogar Könige nannten. Aber sie wurden 1395 in Heimsheim belagert und mussten sich nach dem Brand des Städtleins dem Grafen ergeben und Urfehde schwören. Im folgenden Jahr wurde der Bund in Brackenheim aufgelöst.

Man könnte diese Geschichte für eine Episode halten, gar nicht der Erwähnung wert, aber sie ist doch ein Glied in einer Kette von Auseinandersetzungen um eine neue staatliche Ordnung im deutschen Südwesten nach dem Ende der Stauferzeit und dem Untergang des Herzogtums Schwaben. Da mussten sich die neuen Landesherren erst gegen alle konkurrierenden Mächte bzw. Stände durchsetzen: erst gegen das Königtum, das seine Hoheitsrechte nicht kampflos aufgeben wollte, dann gegen die reich und mächtig gewordenen Städte und schließlich gegen den durch die Umwälzungen verarmten und deklassierten niederen Adel. Aber das war noch nicht das Ende, denn die Auseinandersetzung mit den Bauern stand noch bevor.

Außerdem drohte mehrmals die Gefahr, dass Württemberg durch Erbteilung zerrissen werden könnte. Sie war bisher schon zweimal abgewendet worden, aber 1441 wurde das Land dann doch zwischen Ludwig und Ulrich, den Söhnen Eberhards IV. geteilt, der nur zwei Jahre regiert hatte (1417 – 1419). Nach seinem frühen Tod hatte seine Gemahlin Henriette von Mömpelgard (d. i. Montbéliard) die Vormundschaft übernommen, dann regierten die beiden Söhne gemeinsam, zerstritten sich aber und teilten das Land in einen Uracher Teil (mit Tübingen) und einen Neuffener Teil (mit Stuttgart). Im ersten übernahm 1457 der damals erst vierzehnjährige Sohn Ludwigs, Eberhard V., die Regentschaft. Auf einer Pilgerfahrt ins Heilige Land 1468 ließ er sich einen Bart wachsen, den er danach nicht mehr abnahm, weshalb er als Eberhard im Bart (1457 – 1496) in die Geschichte einging.

Man geht kaum fehl, wenn man ihn für die bedeutendste Persönlichkeit des Hauses Württemberg hält, nicht nur deshalb, weil er 1495 zum Herzog erhoben wurde. Er gründete 1477 die Universität Tübingen, die namhafte Gelehrte wie den Humanisten Johann Reuchlin anzog und durch alle Jahrhunderte seither das geistige Zentrum Württembergs geblieben ist, auch wenn schon im Münsinger Vertrag von 1482 Stuttgart zur Hauptstadt bestimmt war. Die eigentliche Bedeutung dieses Vertrags besteht jedoch darin, dass durch ihn das Land wieder vereinigt wurde und „auf ewige Zeiten ungeteilt" bleiben sollte. Außerdem sollte immer der älteste Herr des Hauses die alleinige Regentschaft führen. So wurde auch die letzte Hürde auf dem Weg Württembergs zur führenden Stellung in Schwaben genommen.

Das verfassungsrechtlich interessanteste Detail des Vertrags ist, dass er das Fundament der späteren landständischen Verfassung legte. Von nun an gab es einen gräflichen Rat, der den Adel des Landes repräsentierte, einen Rat der Prälaten und „die Landschaft", die aus Abgeordneten der 56 Ämter bestand. Das war noch kein Parlament im eigentlichen Sinn, aber doch ein Beratergremium, das den Fürsten vor einsamen und unbedachten Beschlüssen bewahren konnte.

Was hier noch fehlte, ergänzte der Tübinger Vertrag von 1514, „welcher die Grundlage aller Verfassungsrechte und Freiheiten des württembergischen Volkes für die nächsten 3 Jahrhunderte bildet. Er enthält folgende Bestimmungen: Ohne Rat und Willen der Landstände darf kein Krieg angefangen, kein Stück des Landes verpfändet, keine Steuer ausgeschrieben werden; jedem Auswandernden ist freier Abzug zu gestatten, und ohne richterliches Verhör darf kein Untertan verurteilt werden.“[91] Herzog Ulrich (1498 – 1550) sah sich zu diesen Zugeständnissen gezwungen, da er einen gewaltigen Schuldenberg von 1 Million Gulden angehäuft hatte; entgegen allen schwäbischen Gepflogenheiten gab er nämlich den Renaissancefürsten, wie man ihn aus Italien kennt. Seine Prunksucht war geradezu sagenhaft, wie sich vor allem bei seiner Hochzeit mit einer bayrischen Herzogstochter zeigte. „Am 2. März 1511 zog die Braut, glänzend empfangen, in Stuttgart ein. Ulrich ritt ihr in rotem, mit Gold und Edelsteinen bedecktem Festgewand, begleitet von 1.000 Reitern, entgegen. 14 Tage dauerten die Hochzeitsfeierlichkeiten, während welcher 16.000 Menschen aus 17 Küchen von 800 ganz gleich gekleideten großen und schönen Leuten bewirtet wurden. Aus den acht Röhren des Schlossbrunnens sprang roter und weißer Wein, wovon jedermann nach Herzenslust trinken durfte. Feste, Turniere, Rennspiele wollten kein Ende mehr nehmen. Eine stattliche Zahl fürstlicher Persönlichkeiten erhöhte den Glanz der Vermählungsfeier; der Kaiser war durch seinen Erbkämmerer vertreten.“[92]

Solche Verschwendung ging zu Lasten seiner Untertanen, die schnell verarmten. Das führte 1514 zum Aufstand des „Armen Konrad“, der, vom Remstal ausgehend, bald das ganze Land erfasste. Der Herzog sah sich veranlasst, einen Landtag einzuberufen, der ihm den erwähnten Tübinger Vertrag abtrotzte. Danach wäre wohl Frieden gewesen, wenn Ulrich nicht einen weiteren Fehler gemacht hätte: Die Ermordung seines Burggrafen auf der Achalm, angeblich von Reutlingern begangen, rächte er mit

91 Friedrich Lauffer, a.a.O., S. 38.
92 daselbst S. 36 f.

der Eroberung ihrer Stadt (1519), die ein wichtiges Mitglied des Schwäbischen Bundes war. Nun rückte das Bundesheer, das sich bei Ulm gesammelt hatte, gegen den Herzog vor und zwang ihn zur Flucht. Der Bund verlangte vom Herzogtum die Erstattung der Kriegskosten, die dieses nicht aufbringen konnte. Da sprang Kaiser Karl V. ein, zahlte 220.000 Gulden und stellte dafür Württemberg unter habsburgische Verwaltung, gemäß einem Beschluss des Bundestages zu Augsburg am 6. Februar 1520. So geriet Württemberg bis 1534 unter österreichische Herrschaft, die Erzherzog Ferdinand, der spätere Kaiser, ausübte.

Wäre es den Österreichern gelungen, Württemberg auf Dauer zu behaupten, wäre auch eine Wiederherstellung des alten Herzogtums Schwaben möglich und sogar wahrscheinlich gewesen. Dass es nicht dazu kam, verdanken die Württemberger vor allem der Reformation, die bei der allgemeinen Unzufriedenheit mit den bestehenden Verhältnissen besonders in den Städten früh eine große Anhängerschaft fand, so in Reutlingen, Eßlingen, Ulm, Weil der Stadt, Schwäbisch Hall, Heilbronn und Stuttgart.

Herzog Ulrich hielt sich seit 1526 am Hof des Landgrafen Philipp von Hessen auf, der einer der ersten Anhänger der Reformation unter den Fürsten war und Ulrich zum neuen Glauben bekehrte. 1534 sammelte Philipp ein großes Heer von 4000 Reitern und 20.000 Mann zu Fuß und führte es zusammen mit Herzog Ulrich nach Württemberg. Am 13. Mai kam es bei Lauffen a. N. zur Schlacht gegen den königlichen Statthalter Pfalzgraf Philipp, der nur 400 Reiter und etwa 10.000 Fußsoldaten aufbieten konnte. So fiel es dem Landgrafen von Hessen, der ein erfahrener Feldherr war, nicht schwer, die Schlacht für sich zu entscheiden, und Ulrich konnte sein angestammtes Herzogtum wieder in Besitz nehmen, wo er alsbald die Reformation durchführte.

So teilte nun Schwaben das Schicksal des übrigen Deutschlands und blieb fortan konfessionell gespalten: Württemberg protestantisch, Vorderösterreich katholisch, die kleinen Herrschaften ebenso entzweit: die Markgrafschaft Baden-Baden katholisch, Baden-Durlach evangelisch, das Fürstentum Hohenzollern, die

Grafschaften Fürstenberg, Waldburg und Fugger sowie die Markgrafschaft Burgau katholisch, die Grafschaften Hohenlohe und Limpurg evangelisch, die Fürstabtei Kempten und das Bistum Augsburg katholisch usw. Von den Reichsstädten wurden zwar die bedeutendsten evangelisch, viele kleinere aber (Weil de Stadt, Rottweil, Überlingen u. a.) blieben katholisch. Augsburg und Biberach wurden bikonfessionell. Schwaben war und blieb ein Paradebeispiel dafür, was im Deutschen Reich insgesamt geschah; es bildete zu jeder Zeit das Reich im kleineren Maßstab ab und war, wenn auch längst nicht mehr das Zentrum, dennoch von zentraler Bedeutung für „den Rest".

*

Ein kurzes Nachwort zu Württemberg: Der viergeteilte Wappenschild des Herzogtums zeigt (im Uhrzeigersinn) die Geweihstangen der Grafschaft Württemberg, die Rauten der Herzöge von Teck, die Fische der Grafschaft Mömpelgard und die Reichssturmfahne, die Eberhard im Bart als Reichserblehen verliehen war. Dass nicht das Wappen der Burggrafschaft Tübingen, sondern das der Herren von Teck aufgenommen wurde, hat seinen Grund wahrscheinlich darin, dass diese den Herzogstitel führten, obwohl sie gar kein Herzogtum regierten. Das ist kein Einzelfall. So werden z. B. auch Rudolf von Rheinfelden, Welf IV. und Berthold von Zähringen „duces Suevorum" genannt, obwohl sie keine Stammesherzöge waren. „Gerade solche vereinzelt auftretenden herzoglichen Titel haben in den Betrachtungen über das deutsche Herzogtum ziemlich häufig irrige Vorstellungen erweckt. Es muss beachtet werden, dass selbst die Bezeichnung *dux Francorum, dux Saxonum* noch nicht Stammesherzog der Franken oder Sachsen bedeuten muss, sondern ‚ein fränkischer' oder ‚ein sächsischer Herzog' heißen kann."[93] So ähnlich war auch ein Herzog von Teck, aus einer Nebenlinie der Zähringer, nur „ein schwäbischer Herzog".

93 Gerd Tellenbach: Vom karolingischen Reichsadel ... S. 222.

Dass das Wappen von Mömpelgard erscheint, leuchtet ohne weiteres ein. Die Mutter von Eberhard im Bart war Henriette von Mömpelgard und brachte als Erbin diese bedeutende Grafschaft zum Haus Württemberg. Die gut erhaltene gewaltige Burganlage von Montbéliard zeugt bis heute von der Macht der Grafen.

Es gab jedoch nicht nur im Sundgau, sondern auch im Elsass einen württembergischen Außenbesitz: die Grafschaft Horheim (westlich von Breisach) und das Städtchen Reichenweier, dessen Weinlagen als die besten im Elsass gelten – und das will etwas heißen! Während die heutigen Württemberger kühn behaupten: „Kenner trinken Württemberger", wussten ihre Herzöge als echte Weinkenner, dass im Elsass ein ganz anderer Tropfen gedeiht. Reichenweier ist aber nicht nur ein berühmter Weinort, sondern auch der Geburtsort des Herzogs Ulrich, der dort am 8. Februar 1487 das Licht der Welt erblickt hat.

Schwaben in der frühen Neuzeit

Württemberg ist nicht Schwaben, sondern nur ein Teil davon. Seit der Reichsreform Kaiser Maximilians gab es einen Schwäbischen Reichskreis. Dieser „umfasste das Gebiet zwischen dem Rhein im Westen, dem Lech im Osten sowie dem Hochrhein und dem Bodensee im Süden. Den nördlichen Abschluss bildete eine Linie, die etwa von Durlach über Wimpfen nach Dinkelsbühl führte. Nicht zum Kreis gehörten der vorderösterreichische Besitz des Hauses Habsburg, der Teil des Österreichischen Kreises war, und die Gebiete der Reichsritter."[94] Das Elsass und die Schweiz gehörten nun definitiv nicht mehr dazu.

Betrachtet man die erste Karte des Reichskreises, *Circulus sive Liga Sueviae, vulgo schwaebische Kraiß* von 1572, bemerkt man, dass er nicht ganz bis zum Oberrhein reichte, sondern der Breisgau und Teile der Ortenau als österreichischer Besitz ausgenommen waren. Andrerseits waren im Norden fränkische Gebiete eingeschlossen, die zumindest ihrer Sprache nach nicht zu Schwaben gehören: ein breiter Streifen von Pforzheim über Heilbronn bis Hall, das nur deshalb den Beinamen „Schwäbisch" führt, weil es zu diesem Reichskreis gehörte. Auch die Reichsstadt Dinkelsbühl, die eher fränkisch als schwäbisch ist, wurde dem Kreis zugerechnet.

Ein Reichskreis war nichts anderes als eine Verwaltungseinheit unter einem Kreisobersten. „Zu ihren Aufgaben gehörten die Erhaltung des inneren Friedens, die Vollstreckung der Urteile des Kammergerichts, das Kommando über das Militärwesen und die Aufsicht über das Münzwesen."[95] Aber schon die erste Aufgabe wurde dadurch erschwert, dass der Herzog von Württemberg und der Bischof von Konstanz als die wichtigsten Fürsten um die Führungsrolle konkurrierten. Dieser Streit wurde erst 1662 durch ein Abkommen zwischen Herzog Eberhard III. und Bischof Franz Johann beigelegt.

94 Matthias Ohm: Der Schwäbische Reichskreis, in: Die Schwaben, S. 233 – 241, Zit. S. 233.
95 ebenda.

Die Verhältnisse wurden dadurch kompliziert, dass der Schwäbische Reichskreis rund hundert geistliche und weltliche Herrschaften umfasste, d. h. mehr als jeder andere, war doch die territoriale Zersplitterung hier größer als anderswo. „Es gab vier geistliche Fürsten (die Bischöfe von Augsburg und Konstanz, den Fürstprobst von Ellwangen und den Fürstabt von Kempten), 14 weltliche Fürsten (darunter der Herzog von Württemberg, die Markgrafen von Baden-Durlach und Baden-Baden sowie die Fürsten von Hohenzollern-Hechingen und Hohenzollern-Sigmaringen), 23 Prälaten (u. a. die Äbte von Ochsenhausen, Schussenried und Zwiefalten), 27 Grafen und Herrn (darunter die Grafen von Fürstenberg und Öttingen) sowie 31 Reichsstädte von Augsburg bis Zell am Harmersbach, die unter der Führung Ulms standen. Daneben waren die schwäbischen Stände auch regional eingeteilt, denn der Reichskreis war in vier Teile gegliedert: das badische, württembergische, Konstanzer und Augsburger Viertel."[96]

Da gab es auch noch eine Kuriosität: Reichsdörfer und Reichstal Harmersbach. „Dabei handelte es sich um einige wenige autonome bäuerliche Landgemeinden, die sich seit dem Mittelalter gegen jede Mediatisierung hatten behaupten können und reichsunmittelbar geblieben waren, weil sie über kaiserliche oder reichsgerichtliche Schutzbriefe verfügten. Die Reichsdörfer waren mehr noch als die Reichsritterschaft mittelalterliche Relikte, die sich als Anachronismen in die neuzeitliche, weitgehend territorialstaatlich geprägte Umwelt hatten hinüberretten können – 1803 gab es noch fünf davon; Jean Paul hat ihnen in seiner Darstellung des »Reichsmarktfleckens Kuhschnappel« ein satirisches Denkmal gesetzt. Gleichwohl sind sie kennzeichnend für den Charakter des Reichsrechts, das grundsätzlich dafür sorgte, dass alte Strukturen durch neue nie ganz beseitigt wurden."[97]

Später hat man über diesen „Flickenteppich" oft die Nase gerümpft, aber mehr aus Unverständnis als aus Einsicht; denn dieses Schwaben (wie auch das Reich insgesamt) glich eher einem kunst-

96 Matthias Ohm S. 234.

97 Barbara Stollberg-Rilinger: Das Heilige Römische Reich Deutscher Nation, München 2006, S. 35 f.

vollen Gobelin und bildete die unglaubliche historische und kulturelle Vielfalt des Landes weit besser ab, als es ein moderner Staat je vermöchte. Das berühmte Wort des Staatsrechtslehrers Samuel Pufendorf, das Reich sei ein *monstrum,* ein Ungeheuer also, ging an dessen Wirklichkeit vorbei. „Es kennzeichnet das Reich ja gerade, dass es dort keine einheitliche, allen anderen übergeordnete höchste Gewalt gab noch je gegeben hatte, sondern vielmehr ein hierarchisch geordnetes, kompliziert verschachteltes Ineinander verschiedener Herrschaftsrechte in verschiedenen Händen. An dem Begriff der Souveränität gemessen, musste das Reich daher wie ein *monstrum,* eine Missgeburt erscheinen, wie Samuel Pufendorf 1667 schrieb. Erst im Laufe des 18. Jahrhunderts kam man allmählich davon ab, die Frage nach der Souveränität im Reich eindeutig beantworten zu wollen. Der Reichsrechtler Johann Jakob Moser setzte die detailgenaue empirische Beschreibung aller Rechtsbestände an die Stelle abstrakter Staatsformenlehren und prägte die salomonische Formulierung »Teutschland wird auf Teutsch regiert.«“[98] So wurde halt auch Schwaben auf schwäbische Art regiert, dickköpfig in der Beharrung auf dem guten alten Recht und gleichzeitig beweglich genug, den unterschiedlichen Interessen und Bedürfnissen Rechnung zu tragen.

Man würde freilich die rauhe Wirklichkeit verkennen, wenn man nicht auch die schweren Auseinandersetzungen betrachtete, die ganz Deutschland und nicht zuletzt den deutschen Südwesten erschütterten. Das erste dieser Ereignisse war der Bauernkrieg von 1524/ 25, der bekanntlich von Schwaben ausging und dem hier bereits der Aufstand des Armen Konrad von 1514 vorausgegangen war. Der neuerliche Aufstand begann in der Gegend von Waldshut und Stühlingen und breitete sich wie ein Flächenbrand in kurzer Zeit über ganz Schwaben und Franken bis nach Thüringen und schließlich (1526/ 27) nach Sachsen, Tirol und Salzburg aus. Die Bauern beriefen sich dabei auf Luthers Schrift „Von der Freiheit eines Christenmenschen“, die sie ins Politische umdeuteten. Die „Zwölf Artikel“ der oberschwäbischen Bauern, von dem

98 daselbst S. 89.

Memminger Kürschnergesellen Sebastian Lotzer redigiert, deuten jedenfalls darauf hin, dass Luthers Ideen bis zum einfachen Volk gedrungen waren.

Da heißt es z. B. im 3. Artikel: „Zuem dritten, Ist der brauch bybher gewesen, das man vns für jr aigen leüt gehalten haben, wölchs zu erbarmen ist, angesehen das vns Christus all mitt seynem kostparlichen plutvergüssen, erlößt vnnd erkaufft hat, Den Hyrtten gleych als wol alls Den höchsten, kain außgenommen. Darumb erfindt sich mit der geschryfft das wir frey seyen vnd wöllen seyn. Nit dz wir gar frey wöllen seyn, kain oberkait haben wellen, Lernet vnß Gott nit. Wir sollen in gepotten leben, nit yn freyem fleyschlichen mutwilen, sonder got lieben, jn als vnserrn Herren jn vnsern nechsten erkennen, vnnd alles das thon, so wyr auch gern hetten, das vnns Got am nachtmal gepotten hat zu ainer letz.“[99] Der Grundgedanke ist, dass Menschen, die Christus mit seinem kostbaren Blut erkauft hat, alle gleichermaßen frei sind, zu welchem Stand sie auch gehören; darum dürfen auch die Bauern vom Adel nicht als „Eigenleute“, d. h. wie ein Besitz behandelt werden.

Nun hört und liest man immer wieder, die Bauern hätten Luther missverstanden. Aber man muss zu ihren Gunsten sagen, dass es nicht schwer ist, Luther misszuverstehen, nachdem er in seiner Schrift „De servo arbitrio“ (wörtlich: Vom sklavischen Willen) von 1525 die menschliche Willensfreiheit rundweg geleugnet hat. Danach hätte der Mensch seinen freien Willen durch die Erbsünde völlig verloren und wäre, ohne die Gnade Gottes, hilflos der Verführung durch den Teufel ausgeliefert. „So ist der menschliche Wille in die Mitte gestellt wie ein Lasttier. Wenn Gott darauf sitzt, will er und geht er, wohin Gott will ... Wenn der Satan drauf sitzt, will er und geht er, wohin der Satan will.“[100] Die Bauern jedenfalls wussten nicht so recht, woran sie mit Luther waren: Im April 1525 verfasste er noch die Schrift „Ermanunge zum fride“,

---

99 Deutsche Geschichte in Quellen und Darstellung, Band 3 Reformationszeit 1495 – 1555, Stuttgart 2007, S. 256.

100 Die Geschichte der Katholischen Kirche, hsg. v. Josef Lenzenweger u. a., Graz 3. Aufl. 1995, S. 342.

aber schon im Mai fügte er einen zweiten Teil an: „Auch widder die reuberischen vnd mörderisschen rotten der andern bawren" und forderte darin die Herren auf, mit gutem Gewissen dreinzuschlagen. Das tat dann auch das Heer des Schwäbischen Kreises unter der Führung des Truchsessen Georg von Waldburg, der später dafür „der Bauernjörg" genannt wurde.

Auf dem Leprosen- oder Siechenberg bei Bad Wurzach stand bis 1966 eine uralte Linde, die das Schwäbische Baumbuch von 1911 als „die stattlichste Linde Oberschwabens" bezeichnete. „An ihre markante Gestalt knüpfte sich seit vielen Jahrhunderten ein Kranz von Sagen, die zum Teil auf die Geschichte des Leprosenhauses zurückgehen ..."[101], zum Teil auf den Bauernkrieg. Nach der Wurzacher Lokaltradition sind nämlich an dieser Siechenlinde nach der Schlacht bei Wurzach 1525 die Anführer der Bauern aufgehenkt worden. Da der Baum um 1900 auf ein Alter von 600 Jahren geschätzt wurde, wäre er zur Zeit des Bauernkriegs über 200 Jahre alt und groß genug gewesen, daran ein paar Leute aufzuknüpfen. Insofern dürfte die Sage einen historischen Kern haben.

Weniger wahrscheinlich ist, was man sich bis ins 20. Jahrhundert herein sonst noch erzählte. Danach soll der Bauernjörg auf dem Siechenberg Kanonen in Stellung gebracht und die Bauern durch deren Beschuss ins Ried getrieben haben, wo viele von ihnen im Moor versanken. Da man in vielen Jahrzehnten des Torfstechens jedoch niemals eine Moorleiche gefunden hat, dürfte jene Vorstellung eher der Phantasie entsprungen sein. Außerdem ist es unwahrscheinlich, dass die Schlacht vom Karfreitag 1525 auf dem schmalen Gelände zwischen Siechenberg und Ried stattgefunden hat. Sie muss entweder auf „der Breite" direkt vor den Toren des Städtleins oder auf der Haidgauer Heide geschlagen worden sein. Aber dass es die erste Schlacht (oder eher ein Gefecht) des Bauernkriegs war, ist eine historische Tatsache.

Es ist auch kein Zufall, dass die kriegerische Auseinandersetzung gerade in dieser Gegend begonnen hat; denn der Bauern-

---

101 Otto Frisch: Bad Wurzach in alten Ansichten, Zaltbommel/ NL 1978, Nr. 7.

aufstand hatte sich vom Hochrhein und vom Hegau aus zunächst in Oberschwaben ausgebreitet, bevor er ins übrige Schwaben ausgriff. Außerdem lag Wurzach in der Grafschaft Waldburg, also im Stammland des Truchsessen Georg.

Nun gelten ja die Schwaben im allgemeinen und die Oberschwaben im besonderen als gutmütige Leute, sodass man sich fragen wird, wieso jene Revolte gerade bei ihnen ausbrach. Vermutlich eben deshalb, weil sie zu lange zu gutmütig waren und sich zu vieles gefallen ließen, denn man muss wissen: Schwaben sind meist friedfertig und mögen den Streit nicht. Wenn sie aber irgendwann merken, dass ihre Gutmütigkeit von anderen schamlos ausgenützt wird und sie gar für dumm gehalten werden, weil sie sich nicht wehren, dann kann es schon passieren, dass sie kreuz-narret werden, d. h. dass sie ein jesesmäßiger Zorn packt – und dann? Ja, dann bricht halt durch den Firnis der christlichen Kultur jene archaische Wut hervor, deretwegen die Sueben schon von den alten Römern gefürchtet wurden. Da heißt es dann: „Ih garantier fir nix!" – Das ist auch schwäbisch und überrascht nur ahnungslose Nicht-Schwaben.

Der Bauernkrieg war leider nicht das einzige Unheil, das Schwaben heimsuchte; im 17. Jahrhundert folgte bekanntlich der Dreißigjährige Krieg, der ganz Deutschland verwüstete und auch den Südwesten nicht verschonte. Der kaiserliche Feldherr Tilly eroberte 1622 Heidelberg und besiegte in der Schlacht bei Wimpfen den Markgrafen Georg Friedrich von Baden. Während des Niedersächsisch-dänischen Kriegs (1625 – 29) und zu Beginn des Schwedischen Kriegs (1630 – 35) tobten die Kämpfe anderswo, aber dann rückten die Schweden doch nach Süden vor und konnten erst durch die Schlacht bei Nördlingen (1634) zurückgeworfen werden. Kaum war diese Gefahr gebannt, kamen auch schon die Franzosen, und der mit ihnen verbündete Bernhard von Weimar eroberte 1638 Breisach und das Elsass. Französische Truppen rückten ins Innere Schwabens vor und konnten erst 1643 bei Tuttlingen durch den bayrischen General Mercy aufgehalten werden.

Da fragt man sich vielleicht, warum sich der Schwäbische Kreis nicht selbst verteidigen konnte. Der Grund ist: „Bis zum Ende des 17. Jahrhunderts gab es keine eigentlichen Kreistruppen, da die Regimenter erst im Krisenfall gebildet wurden. Der Kreisarmee stand zunächst der Kreisoberst vor, ein Amt, das vom württembergischen Herzog bekleidet wurde."[102] Dass sie den Herausforderungen des Dreißigjährigen Krieges nicht gewachsen war, leuchtet ein. Erst 1694 wurde ein stehendes Heer aufgebaut: insgesamt 1300 Mann zu Pferd und 2700 Mann Fußvolk! Selbst wenn dieses Kontingent im Kriegsfall verdoppelt oder verdreifacht werden konnte, blieb es unfähig, einer französischen Armee standzuhalten, weshalb dann auch das Elsass verloren ging.

Schon seit den Zeiten Franz I. (1515 – 1547), der in Konkurrenz zu Kaiser Karl V. stand, entwickelte die französische Politik einen starken Drang nach Osten, über die alten Grenzen an Saône und Rhône hinaus. Im Vertrag von Chambord (1552) versprach der dem Kaiser abtrünnige Moritz von Sachsen dem französischen König Heinrich II. das Vikariat über die zum Reich gehörigen Bistümer Metz, Toul und Verdun. Es dauerte zwar bis 1648, bis Frankreich diese Bistümer endgültig gewinnen konnte, aber von da an ging alles sehr schnell.

Im Westfälischen Frieden sicherten sich die Franzosen zudem den Sundgau und die Vogtei über zehn elsässische Reichsstädte, dazu die Brückenköpfe Breisach und Philippsburg. 1670 besetzten sie die Herzogtümer Lothringen und Bar und begannen schließlich mit der „friedlichen Eroberung der Rheingrenze". Ludwig XIV. setzte Reunionskammern ein, die auf alle Gebiete Anspruch erhoben, die irgendwann mit inzwischen französischen Territorien verbunden gewesen waren. Den spektakulären Höhepunkt dieser Aktionen bildete 1681 die Besetzung und Annexion der Reichsstadt Straßburg – mitten im Frieden.

So ging das Elsass, das die meiste Zeit zum Herzogtum Schwaben gehört hatte, nicht nur dem Reich, sondern auch dem schwäbischen Volk verloren. Die Elsässer sprachen freilich noch lange,

102 Matthias Ohm: Der Schwäbische Reichskreis, S. 237.

sogar bis ins 20. Jahrhundert, ihr alemannisches Elsässerditsch, gerieten aber doch immer mehr unter den Einfluss der französischen Sprache und Kultur. Nur ihre Städte und vor allem ihre Dörfer sehen noch so altdeutsch aus wie eh und je, dass man an vielen Orten den Eindruck hat, die Zeit wäre stehen geblieben.

Die Donauschwaben

Während des Dritten Reiches führte Stuttgart den seltsamen Titel „Stadt der Auslandsdeutschen“. Weiß der Himmel, wie es dazu gekommen ist, aber vielleicht meinte einer der Parteioberen, dass die meisten Auslandsdeutschen Schwaben seien. Das stimmt und stimmt auch wieder nicht, wenn man genauer hinschaut. Die Siebenbürger Sachsen, die im 13. Jahrhundert den Anfang der Ostkolonisation machten, stammten jedenfalls aus Lothringen. („Sachsen“ hießen damals im Osten wohl alle Deutschen.)

Aber es gibt eben doch die Donauschwaben, die im 17. und 18. Jahrhundert in jenen Regionen des Königreichs Ungarn angesiedelt wurden, die durch den Prinzen Eugen von den Türken befreit waren. Sie waren auch nicht alle Schwaben, wurden aber als solche betrachtet, weil sie sich in Ulm oder Donauwörth einschifften, um auf den sogenannten Ulmer Schachteln donauabwärts nach Ungarn zu fahren. Man kennt die Herkunft der Auswanderer wenigstens ungefähr, und sicher ist, dass die ersten Gruppen aus Oberschwaben stammten. Zudem war der Schwäbische Reichskreis ein wichtiger Akteur bei der Organisation der Auswanderung.

Da nun die österreichischen Herrscher – Karl VI., Maria Theresia und Joseph II. – Wert darauf legten, dass nur Katholiken nach Ungarn kamen, ergab sich, dass zunächst kaum Württemberger darunter waren; erst nach dem Toleranzedikt Josephs II. von 1781 war auch Protestanten die Ansiedlung offiziell erlaubt.

Die meisten der pauschal Schwaben genannten Kolonisten stammten aus Oberschwaben oder vom oberen Neckar (von Rottenburg aufwärts), aus Baden, dem Elsass, der Pfalz und aus Lothringen; man wird also doch behaupten dürfen, dass die Mehrheit von ihnen aus dem alten Schwaben kam. Sie siedelten im Ofener Bergland, im Ungarischen Mittelgebirge, in der „Schwäbischen Türkei“ (an der Grenze zum Osmanenreich), im Sathmar, in der Batschka und in Slawonien, d. h. über das ganze damalige Ungarn verstreut, aber doch in geschlossenen Siedlungsgebieten, in denen sich die deutsche Sprache, also oft das Schwäbische, bis zur Vertreibung nach dem 2. Weltkrieg erhalten konnte. Die Flüchtlinge, die da ins Schwabenland kamen, konnten sich mit den Einheimischen deshalb ohne weiteres verständigen.

Dass die Habsburger mit Vorliebe Schwaben ansiedelten, lag auch daran, dass diese als besonders fleißig und anständig galten. Wenn sie sich einmal etabliert hatten, zahlten sie brav ihre Steuern und machten auch sonst kaum Ärger, weil sich das für biedere Schwaben einfach nicht gehörte. So wurden sie auch ziemlich bald wohlhabend, wie man noch an deutschen Dörfern in Ungarn bis heute sehen kann.

Die Ungarn waren zwischen Bewunderung und Unverständnis hin- und hergerissen. Sie bewunderten den Fleiß und den Erfolg der Schwaben und fanden es andrerseits doch fast barbarisch, dass bei ihnen Frauen und Töchter ebenso auf dem Feld arbeiten mussten wie die Männer. Es wunderte sie auch, dass deutsche Männer im Winter ebenso spannen, strickten und nähten wie die Frauen. Aber von nichts kommt halt nichts!

„Am Fremdbild der ‚fleißigen Donauschwaben' hat sich in Ost- und Mitteleuropa bis heute nichts geändert und auch das Selbstbild blieb konstant. Die Donauschwaben schöpften bei jedem schwierigen Neuanfang aus ihrer Tugend Kraft. So machte sich in südungarischen Orten nach dem Zweiten Weltkrieg, als die Deutschen durch Vertreibung, Deportation und Enteignung entrechtet wurden, der Spruch breit: ‚Wird ein Schwabe nackt über den Zaun geworfen, fällt er wieder angezogen auf der anderen Seite hinunter'."[103]

Wenn eine Volksgruppe so tüchtig ist, wird es ihr nie an Neidern fehlen, und in dem Maß, wie im 19. Jahrhundert der Nationalismus anschwoll, wurde auch für die Donauschwaben das Leben schwerer. Ihre Lage wurde zusätzlich dadurch kompliziert, dass durch den Vertrag von Trianon 1920 das Königreich Ungarn förmlich in Stücke gerissen wurde; es verlor 67,8 Prozent seines

---

103 Márta Fata: „Schwäbische" Auswanderer im historischen Ungarn, in: Die Schwaben, S. 275 – 281, Zitat S. 281.

Staatsgebiets und 59 Prozent seiner Bevölkerung. Ungarn wie Deutsche fanden sich nun plötzlich in fremden Staaten wieder, deren Regierungen ihnen keineswegs wohlgesonnen waren: in der Tschechoslowakei, in Rumänien und in Jugoslawien. Dabei erging es ihnen in Rumänien wohl noch am erträglichsten.

„Die Banater Schwaben, vor 1918 wie alle Donauschwaben vom madjarischen Nationalismus arg beeinträchtigt, in ihrer Intelligenzschicht halb madjarisiert, aber wirtschaftlich ungemein rege, erlebten den Umbruch am Ende des Ersten Weltkriegs zunächst verwirrt, doch kurz darauf erwachte in ihnen das schon vorher von einsichtsvollen Männern angerufene Volksbewusstsein und wurde zur Flamme, die im Handumdrehen ihre Gesamtheit ergriff. Die Rumänen duldeten diese ‚Volkwerdung', denn sie verengte die ungarischen Einflüsse. So konnten die Banater Schwaben ihre Schulen wieder eindeutschen, gleichgültig ob es kirchliche oder staatliche waren."[104]

Im Retortenstaat Jugoslawien gab es unter 12 Millionen Menschen amtlich 503.000, in Wirklichkeit wohl 700.000 Deutsche, von denen zwei Drittel Donauschwaben waren. „Die Belgrader Regierung beseitigte das vielfältige deutsche Schulwesen im Westen des Landes fast ganz, verdrängte das Bürgertum, besonders die Intelligenz, nach Österreich und duldete, dass die Slowenen das ‚Deutsche Haus' in Cilli besetzten und es sich aneigneten; die berühmte deutsche Philharmonie und drei Theater ließ man erlöschen. Das Deutschtum in Bosnien, Tochtersiedlungen der Donauschwaben, schmolz bald bis auf Reste hin.

Die Donauschwaben aber, die in der Wojwodina – Batschka, Banat, Baranya und Slawonien-Syrmien – ein Viertel der Gesamtbevölkerung ausmachten, strichweis sogar die absolute Mehrheit besaßen, hatten nach der harten Madjarisierung kein deutsches Schulwesen mehr, doch sie schufen sich es nun in rascher Selbstbestimmung, errichteten auch Zeitungen, eine deutsche Partei, dazu Genossenschaften und den ‚Schwäbisch-Deutschen Kultur-

104 Heinrich Zillich: Die Deutschen in Südosteuropa, in: Die Deutschen in der Welt, Coburg 1977, S. 60 – 78, Zitat S. 69.

bund' ..."[105]

Weit weniger Selbstbestimmung genossen die Donauschwaben in Ungarn, wo nach 1919 noch etwa 550.000 von ihnen lebten. Die Ungarn führten trotz oder vielleicht sogar wegen der drastischen Verkleinerung ihres Territoriums ihre alte Madjarisierungspolitik fort. 1920 gab es nur noch vierzehn deutsche Schulen, alle in Westungarn. Immerhin gelang es in der Folgezeit, deutschen Sprachunterricht in etwa 450 Volksschulen durchzusetzen, sodass wenigstens die deutsche Sprache erhalten blieb. Aber die höhere Bildung erfolgte ausschließlich auf Ungarisch.

War das Leben in der Zwischenkriegszeit schon hart genug, so stand doch die Katastrophe am Ende des 2. Weltkriegs den Deutschen Südosteuropas noch bevor. Dabei gestaltete sich ihr Schicksal sehr unterschiedlich, je nachdem, in welchem Staat sie lebten. In Ungarn wurden alle Mitglieder des deutschen „Volksbundes" enteignet und vertrieben, während die politisch Unbelasteten bleiben durften. Dort lebten um 1977 noch 220.000 Deutsche. – Aus Rumänien gelang 1944 etwa 100.000 Volksdeutschen die Flucht vor der Roten Armee, also nur einem kleinen Teil der 786.000 Deutschen, die dort 1939 registriert waren. Als dann der Kreml im Januar 1945 von den Rumänen 100.000 Arbeiter als Reparation verlangte, schickten diese einfach Schwaben und Sachsen, die im Donezbecken fünf Jahre Zwangsarbeit leisten mussten, wobei zwanzig Prozent von ihnen umkamen. Die Überlebenden wurden teils in ihre Heimat, teils nach Deutschland entlassen.

Das schlimmste Schicksal ereilte die Volksdeutschen in Jugoslawien. Zwar gelang von den 549.000 etwa 370.000 die Flucht oder sie wurden vertrieben, von den übrigen aber sind etwa 135.000 ermordet worden oder in Hungerlagern oder auf der Flucht gestorben.[106] Nur etwa 30.000 überlebten, aber die meisten von diesen dürften inzwischen nach Deutschland übergesiedelt sein.

Als ich einmal in den 70er Jahren mit meinen beiden Söhnen

105 daselbst S. 62.

106 nach Heinz Nawratil: Die deutschen Nachkriegsverluste unter Vertriebenen, Gefangenen und Verschleppten, München 1986, Tabelle S. 75.

durch Jugoslawien fuhr, wollte ich auch sehen, wie es in der Gottschee aussieht. Aber kaum waren wir im Städtchen ausgestiegen, wurden wir von einer Horde von Jugendlichen und Kindern umringt und gezielt mit Steinen beworfen. Wir flüchteten schleunigst in unser Auto und fuhren davon, während noch Steine aufs Autodach und die Scheiben prasselten. Da wussten wir, dass Schwaben in der Gottschee nicht mehr erwünscht waren.

So sind also zweihundertfünfzig Jahre Kulturarbeit der Donauschwaben praktisch umsonst gewesen. Geblieben sind nur ihre Dörfer, die zum Teil verfallen, und ihre Felder, die nun von anderen bewirtschaftet werden. „Verloren, o verloren!" (Thomas Wolfe).

Die Napoleonische Flurbereinigung

Es muss 1801 gewesen sein, nach dem Frieden von Lunéville, durch den die Franzosen ihr altes Wunschziel, die Rheingrenze, erreicht hatten, da ließ sich der Konsul Napoléon Bonaparte eine Karte von Deutschland vorlegen, um sich über seine nächsten Schritte Klarheit zu verschaffen. Er blickte skeptisch auf das bunte Durcheinander jenseits des Rheins und fragte seinen Adjutanten in recht unfreundlichem Ton: „Was ist denn das?" – „Eine Karte von Deutschland, Herr Konsul", antwortete der Adjutant wahrheitsgemäß. – „Dieser Flickenteppich?" fragte Napoléon streng. „Das kann doch nicht im Ernst ein Staat sein! Das ist doch grotesk! Soll ich mich vielleicht mit jedem dieser Zaunkönige einzeln befassen, mit dem Grafen von Lichtenberg und dem Herrn von Mahlberg und dem Bürgermeister von Offenburg?" – „Gewiss nicht, Herr Konsul", meinte der Adjutant beflissen. – „Also muss das anders werden", erklärte der Korse mit Bestimmtheit und schlug mit der flachen Hand auf die Karte, dass es knallte und der Adjutant ein wenig zusammenzuckte. „Ich werde mit meinem Freund Dahlberg reden müssen", murmelte er, schon wieder sehr viel ruhiger, und überlegte, wie er Ordnung in die deutschen Verhältnisse bringen könne, seine Ordnung, versteht sich.

Diese Szene ist natürlich frei erfunden, aber Tatsache ist, dass Napoléon schon seit dem Frieden von Campo Formio mit Österreich (1797) entschlossen war, Deutschland umzukrempeln. Die linksrheinischen Gebiete hatte er schon an sich gebracht, aber die Deutschen konnten sich auf dem Kongress zu Rastatt (1797 – 99) nicht darauf einigen, wie die Fürsten für ihre Verluste entschädigt werden sollten. So kam Napoléon wieder zum Zug, und er wusste, was er wollte: Österreich sollte so geschwächt werden, dass es die Herrschaft über Deutschland verlor. Zur Vorbereitung sollten deutsche Mittelstaaten geschaffen werden, die zu schwach waren, Frankreich zu widerstehen, aber stark genug, sich von Österreich zu lösen. Im Grunde war das nicht neu, sondern lediglich die Fortsetzung der Politik der französischen Könige, die sich seit der Reformation immer wieder mit deutschen Fürsten gegen den Kaiser verbündet hatten, um Einfluss auf die deutsche Politik zu gewinnen. Und Napoléons Rechnung ging auf.

1803 fasste ein vom Reichstag eingesetzter Ausschuss jenen berühmten Reichsdeputationshauptschluss, der das Ende des alten Reiches einläutete. Nach französischem Vorbild wurden sämtliche geistlichen Territorien (unter dem Stichwort Säkularisierung) an die weltlichen Fürsten verteilt, ausgenommen das Hochstift Mainz, da der damalige Erzbischof Karl Theodor Freiherr von Dahlberg gute Beziehungen zu Napoléon unterhielt. Außerdem wurden 45 der 51 Reichsstätte, die meisten davon in Schwaben, und viele kleinere Grafschaften und Fürstentümer mediatisiert, d. h. größeren Herrschaften zugeschlagen. So kam Baden zu den rechtsrheinischen Gebieten der Bistümer Straßburg und Speyer, zu vielen Klöstern und Reichsstädten und zur rechtsrheinischen Pfalz; Württemberg zu den Reichsstädten Reutlingen, Hall, Gmünd und Heilbronn sowie ebenfalls zu vielen Klöstern. Im folgenden Jahr 1804 fielen außerdem sämtliche Reichsritterschaften in ihrem Gebiet an die neuen Staatsgebilde. Schließlich wurde 1805 der Herzog von Württemberg zum König und 1806 der Markgraf von Baden zum Großherzog von Napoléons Gnaden.

Die so geehrten Fürsten zeigten sich erkenntlich und schlossen mit vierzehn weiteren süd- und westdeutschen Fürsten 1806 den Rheinbund unter dem Protektorat Napoléons und verpflichteten sich zur Heeresfolge. Damit war das Hl. Römische Reich de facto aufgelöst und Kaiser Franz II. zog am 6. August die Konsequenz und legte die Kaiserkrone nieder. Vorsorglich hatte er sich allerdings schon 1804 zum Kaiser von Österreich erklärt, sodass er zumindest den Kaisertitel behielt, auch wenn das Reich verloren war.

Auf längere Sicht profitierten von diesem Umbruch vor allem die deutschen Fürsten: Baden vergrößerte seine Fläche auf 738 % der ursprünglichen und seine Bevölkerung auf 948 %, also beinahe auf das Zehnfache. Für Württemberg fiel das Ergebnis etwas bescheidener aus: 414 % der Fläche, 857 % der Bevölkerung;

allerdings waren 1796/ 1801 die Grafschaften Mömpelgard und Horburg sowie die Herrschaft Reichenweier an Frankreich verloren gegangen. (Darum müssen die Württemberg seither Württemberger trinken!)

Die Umgestaltung der Territorien geschah nicht in einem Akt, sondern zog sich über die Jahre 1803 bis 1810 hin. So kam z. B. das Fürstentum Fürstenberg erst 1806 und die Grafschaft Nellenburg erst 1810 an Baden, ähnlich Hohenlohe und Oberschwaben 1806, das Ulmer Gebiet, Bopfingen und Crailsheim 1810 an Württemberg. Unabhängig blieb allein das Fürstentum Hohenzollern, das sich in einem schmalen Streifen vom oberen Neckar über Haigerloch und Hechingen und über die Alb hinweg bis nach Sigmaringen und Krauchenwies erstreckt.

Damit hatte Schwaben ein völlig anderes Gesicht bekommen: Die bunte Vielfalt der Fürstentümer und Grafschaften, der Reichsstädte und Klöster war der Einheit moderner Flächenstaaten gewichen, die darum freilich noch lange nicht völlig gleichförmig wurden. Die Breisgauer, die so lange die Zähringer und dann die Habsburger als Herrn hatten, mussten sich mit den neuen Herren von Baden erst anfreunden, ebenso die Kurpfälzer und die Mainfranken, die historisch nie etwas mit Baden gemein hatten. Und in Württemberg fremdeln die fränkischen Hohenloher nach wie vor mit den Altwürttembergern, deren Mentalität sie halt nicht recht verstehen. Etwas gelinder fiel der Kulturschock wohl für die „schwäbischen Ostgebiete unter bayrischer Verwaltung“ aus, da man diesseits und jenseits des Lechs katholisch war und außerdem in einem eigenen Regierungsbezirk schwäbische Art und Sprache weiterhin pflegen durfte.

Da war es für die Oberschwaben, die dem vom Protestantismus, zum Teil auch vom Pietismus geprägten Württemberg zugeschlagen wurden, wahrscheinlich schwerer, sich anzupassen. Wer durch das württembergische Oberland reist, merkt ziemlich schnell, dass das eine andere Welt ist als das Neckargebiet, nicht nur landschaftlich, sondern vor allem kulturell. Es ist eine katholische und stark vom Barock geprägte Gegend. Zwar gibt es Barock auch in Niederschwaben, aber da beschränkt er sich auf die Schlösser, während die Kirchen meist noch aus der Gotik stammen. Ganz anders in Oberschwaben, wo von der prächtigen Klosterkirche Zwiefalten bis zur lieblichen Birnau zahlreiche Kirchen und Kapellen der Barockzeit Städte, Dörfer und Landschaft zieren, ganz abgesehen von den zahllosen Wegkreuzen und Bildstöcken, die daran erinnern, dass man hier katholisch ist und die sinnenfrohe Frömmigkeit des 18. Jahrhunderts immer noch liebt und pflegt.

Bei dieser Ausgangslage fragt man sich, wie es gelungen ist, in den recht willkürlich zusammengewürfelten Territorien so etwas wie ein badisches oder württembergisches Nationalbewusstsein zu entwickeln. Der Schlüssel dazu war die allgemeine Schulpflicht und das entsprechende staatliche Schulwesen. Nun wurde in Heimatkunde und in Geschichte auf die alte Kleinteilung keine Rücksicht mehr genommen, sondern badische bzw. württembergische Geschichte vermittelt und das hieß vor allem dynastische Geschichte der regierenden Fürstenhäuser.

Aus der Realschule mit Lateinabteilung Crailsheim besitze ich zufällig ein altes Lehrbuch: „Bilder aus der württembergischen Geschichte" von 1904, in dem nichts anderes als die Geschichte des Hauses Württemberg dargestellt wird, angefangen von Graf Ulrich mit dem Daumen bis zu König Wilhelm II. Das Buch war „zugleich Textheft für die 12 grossen Wandbilder zur Geschichte Württembergs und seiner Fürsten" und mit den zugehörigen Bildern aus dem Stuttgarter Neuen Schloss illustriert. Der Text ist durchsetzt mit Gedichten von Ludwig Uhland (Der Überfall in Wildbad, Die Schlacht bei Reutlingen, Die Döffinger Schlacht, Die drei Könige von Heimsen), von Gustav Schwab (Eberhard der Gütige zu Göppingen am Sauerbrunnen, Der Pfeifer von Hardt, Prinz Christophs Flucht), von Wilhelm Hauff (Ulrichslied) und etlichen anderen. Selbstverständlich fehlt auch „die schwäbische Nationalhymne" von Justinus Kerner nicht: „Preisend mit viel schönen Reden ..." Es versteht sich von selbst, dass solche Gedichte von den Schülern im 19. Jahrhundert auswendig gelernt wurden und für sie einen Schatz fürs Leben darstellten, dessen

Kronjuwel Schillers „Lied von der Glocke“ war. Viele Leute, vor allem Frauen, konnten es bis ins hohe Alter auswendig. Wahrscheinlich wurde in Baden eine ganz ähnliche Schulpolitik betrieben, sonst wäre kaum zu erklären, wie z. B. Tauberbischofsheim immer noch als eine Stadt „in Badisch Franken“ gilt.

Eine Folge der „Flurbereinigung“ war, dass nun auch die alten Stammesgrenzen überwunden und zum Teil verwischt wurden, am wenigsten in Bayern, wo bis heute den drei altbayrischen drei fränkische und ein schwäbischer Regierungsbezirk gegenüberstehen. In Württemberg und Baden dagegen haben sich die Verwaltungsgrenzen nicht an den alten Stammesgrenzen orientiert, sodass manchmal Schwaben bzw. Alemannen und Franken in Bezirken unterschiedslos zusammengefasst sind und manche von ihnen ihr Stammesbewusstsein verloren haben. Da gibt es Leute, die auf die Frage nach ihrem Dialekt erklären, sie sprächen „badisch“, es kann auch passieren, dass Leute aus Möckmühl behaupten, sie seien Schwaben, was wohl daher kommt, dass sie Altwürttemberger sind.

Diese häufige Verwechslung von Schwaben mit Württembergern ist nun ein Ärgernis, das jeden schwäbischen Patrioten verdrießen muss, denn es führt zu einer recht eigenartigen Vorstellung von „den Schwaben“, die nicht gänzlich unhistorisch, aber doch im Grunde falsch ist.

Die neuen Verhältnisse

Über alle Zeiten und alle Wechselfälle der Geschichte hinweg hatte sich im deutschen Südwesten ein Bewusstsein und ein Gefühl der Zusammengehörigkeit erhalten. Alle waren letztlich doch Schwaben. Die schwäbische Publizistik stellte sogar einen eigenen „Nationalcharakter" fest. „War das ‚schwäbische Vaterland' vor 1800 jedoch ganz im Sinne eines vorpolitischen Nationenbegriffs an kein Territorium gebunden, sondern hatte wie eine Klammer ganz unterschiedliche Herrschaften zusammengefasst, änderte sich dies nun grundlegend. Das Königreich Württemberg erhob den Anspruch, der legitime Erbe Schwabens zu sein, mehr noch: Schwaben in Idealform zu verkörpern. Das Haus Habsburg war mit dem Untergang Vorderösterreichs 1806 als Konkurrent um die Vormachtstellung in Südwestdeutschland ausgeschieden. Programmatisch formulierte 1856 die Oberamtsbeschreibung für die Hauptstadt Stuttgart: „Um auf die moralischen und intellectuellen Eigenschaften zu kommen, so spiegelt sich Schwaben in seiner Hauptstadt ab, deren Einwohner sich durch Gemüthlichkeit, tiefes und feines Gefühl, Treuherzigkeit, Geselligkeit und Arbeitsamkeit kennzeichnen."[107]

Es ist geradezu paradox: Galten bisher alle vom Rhein bis zum Lech als Schwaben, wurde der Begriff *Schwaben* plötzlich auf Württemberg reduziert, und zwar im wesentlichen auf Altwürttemberg, und konzentrierte sich gänzlich auf Stuttgart, das nun die alten Metropolen Augsburg, Ulm und Konstanz ablöste. Die westlichen Schwaben, die zu Badenern geworden waren, behaupteten nun, sie seien Alemannen, und die östlichen, die an Bayern gefallen waren, vergaßen allmählich, dass es jenseits des Regierungsbezirks Schwaben auch noch andere Schwaben gab. Zwar blieben noch ein paar Traditionalisten, die sich mit den neuen Verhältnissen nicht abfinden wollten, aber sie standen auf verlorenem

107 Wolfgang Zimmermann: Württemberg wird Schwaben, in: Die Schwaben S. 297 ff., Zit. S. 303.

Posten. „Salbungsvoll, aber letztlich erfolglos erinnerte der Standesherr Constantin Fürst von Waldburg-Zeil (1807 – 1862) 1848 nochmals an die kulturelle und politische Eigenständigkeit Schwabens: Er wolle ‚mit dem schwäbischen Stamm leben und sterben, verderben oder siegen – siegen nämlich, wenn dieser Stamm unter Einem Deutschen Oberhaupt zu seiner ursprünglichen Geltung gelangt – verderben aber, wenn es ferner bayerische, württembergische und badische Schwaben gibt!'"[108]

Das Rad der Zeit ließ sich nicht mehr zurückdrehen und die neugeschaffenen Staaten machten ihre Rechte geltend, stießen dabei anfangs allerdings auf gewisse Schwierigkeiten. „Wir haben Alt- und Neuwürttemberger, Hohenloher, Ellwanger, Vorderösterreicher, Reichsstädter und so weiter; aber wir haben kein württembergisches Volk; jeder Theil ist dem andern fremd, hat und verfolgt sein eigenes Interesse.' So analysierte Johann Daniel Georg (von) Memminger (1773 – 1840), Geograf und Begründer der württembergischen Landesbeschreibung, 1822 den Zustand des jungen Königreichs. Die formal-rechtliche Inbesitznahme der Landesteile 1803/ 1806 hatte zwar das neue Staatsgebilde begründet, es fehlte ihm jedoch der innere, emotionale Zusammenhalt. Aus der Sicht der aufgeklärten Beamtenschaft sollte dieses Defizit durch eine Verwaltungsoffensive behoben werden, um so das neue Land in den Griff zu bekommen: Erfassen, vermessen, verordnen lautete die Maxime ihres Tuns."[109]

Was hier von Württemberg gesagt ist, gilt ganz ähnlich auch für Baden. Auch hier waren Gebiete zusammengewürfelt worden, die historisch nichts miteinander zu tun hatten: das alte Baden mit dem vorderösterreichischen Breisgau und der traditionsbewussten Kurpfalz. Im Süden sprach (und spricht) man Alemannisch, im Norden Pfälzisch, einen Dialekt des Rheinfränkischen. Desto wichtiger war es, eine einheitliche Verwaltung zu schaffen und den Leuten (wie schon erwähnt) durch das Schulwesen ein badisches Nationalbewusstsein einzuimpfen. Eine pompöse neubarocke

108 daselbst S. 309.
109 daselbst S. 298.

Plastik von Hermann Volz, die auf der Schwabenausstellung präsentiert wurde, beweist eindrucksvoll das neue Selbstverständnis. „Die Bronzeplastik zeigt Baden als Schiff, das von Großherzog Friedrich I. (reg. 1856 – 1907) als Steuermann sicher geführt wird. An Bord befinden sich die Verkörperungen des Wohlstands und der Aufklärung sowie ein Krieger. Ein Riese, der für die liberale Einstellung Friedrichs steht, trägt das Schiff. Im 19. Jahrhundert entfernte sich Baden immer weiter von Württemberg, das mit Schwaben identifiziert wurde, und schuf sich seine eigene Identität."[110]

So wurden durch die modernen Staaten auch die alten Stammesgrenzen verwischt: Man war Badener, unabhängig davon, ob man Alemanne oder Pfälzer, und Württemberger, ungeachtet der Tatsache, dass man gar kein Schwabe, sondern Franke war. Besonders merkwürdig war dabei, dass sich im mittleren Neckargebiet zwischen Stuttgart und Heilbronn viele Franken im Laufe der Zeit als Schwaben fühlten, ja oft sogar als echtere Schwaben als die im Oberland oder in Bayrisch Schwaben, die ohnehin jenseits ihres Blickfelds lagen.

Wo endet das eigentliche Schwaben? Grob gesagt an der von den Franken um 500 n. Chr. gezogenen Grenze vom Donon über die Hornisgrinde zum Hesselberg. Man darf sich diese Grenze jedoch nicht als gerade Linie zwischen den einzelnen Punkten vorstellen. Zwischen Rhein und Neckar gibt es einen tiefen Einbruch des Fränkischen nach Süden bis Calw und Hirsau, sodass das Enzgebiet um Pforzheim, Mühlacker und Vaihingen schon nicht mehr schwäbisch ist.

Stellenweise kann man das Grenzgebiet gut an den Ortsnamen erkennen: Die schwäbischen enden auf –ingen, die fränkischen auf –heim, und dort, wo ursprünglich schwäbische Orte fränkisch geworden sind, hat man die Endungen kombiniert, und aus –ingen und –heim ist –igheim geworden. Die Reihe beginnt im Elsass mit Hurtigheim und Schiltigheim, hat dann eine Unterbrechung und setzt sich im Neckargebiet mit Bietigheim, Besigheim, Bön-

110 Die Schwaben (Katalog), Abb. 272, S. 308.

nigheim, Erligheim und Gemmrigheim fort. Es fällt auf, dass sich in diesem Gebiet auch ein Sachsenheim findet, wohin die Franken aufsässige Sachsen verpflanzt haben.

Im 19. Jahrhundert spielte das alles längst keine Rolle mehr. Nun galt alles, was württembergisch war, selbstverständlich auch als schwäbisch. Und man kokettierte damit. Man kennt noch die Verse von Eduard Paulus:

„Der Schelling und der Hegel,
Der Schiller und der Hauff,

Das ist bei uns die Regel,
Das fällt hier gar nicht auf."[111]

Es gibt Norddeutsche, die sich darüber aufregen, weil sie nicht merken, dass das ironisch gemeint ist. So dumm sind die Schwaben dann auch wieder nicht, dass sie sich einbildeten, sie wären lauter Genies!

Die kurze Namenliste zeigt noch etwas anderes: Der Verfasser hat nur Alt-Württemberg im Blick, und diese Blickrichtung wird im 19. Jahrhundert immer selbstverständlicher. So bemerkt Hermann Bausinger an David Friedrich Strauß: „Wenn er von den Schwaben oder Württembergern spricht, hat er fast immer nur den altwürttembergischen Teil vor Augen. Das ist eine Hypothek, die auch in der Folgezeit – und bis heute – nicht aus der Schwabencharakteristik verschwindet."[112] So kommt es, dass meist Schelling, Hegel, Schiller und Hauff, daneben selbstverständlich Uhland, Hölderlin und Mörike das Schwabentum vertreten und andere wie Wieland, Abraham a Santa Clara (bürgerlich Johann Ulrich Megerle) oder ältere Autoren wie der Mystiker Heinrich Seuse oder der Philosoph Albertus Magnus (von Ballenstedt) durchweg ignoriert werden, obwohl sie unzweifelhaft auch Schwaben sind.

„Württemberg wird Schwaben" lautet eine Kapitelüberschrift

111 Hermann Bausinger: Eine schwäbische Literaturgeschichte, Tübingen 2016, Seite 76.
112 daselbst S. 82 .

im Katalog zur Schwabenausstellung. Das hat zur Folge, dass dann Autoren wie Bert Brecht (aus Augsburg) oder Magnus Enzensberger (aus Kaufbeuren) gar nicht mehr als zugehörig wahrgenommen werden, was ein echter Verlust ist. Vielleicht sind die Stuttgarter, die kaum über ihr enges Nesenbachtal hinaussehen, doch ein wenig kurzsichtig, und falls sie die Weinsteige überwinden und auf die Fildern hinaufkommen, sehen sie allenfalls bis zur Schwäbischen Alb – und das ist halt ihre Welt: das Neckargebiet.

Ein Volk von Tüftlern und Technikern?

Der Buchdruck, der als die bedeutendste Erfindung der frühen Neuzeit gilt, ist bekanntlich nicht in Schwaben, sondern in Mainz erfunden worden. Aber die ersten, die ihn übernahmen, waren schwäbische Städte, nämlich Straßburg, Basel und Augsburg. Das deutet zumindest daraufhin, dass die Schwaben gar nicht so konservativ sind, wie ihnen oft unterstellt wird, sondern etwas Neuem keineswegs abgeneigt.

Die älteste Erfindung der Schwaben – falls man es eine Erfindung nennen mag – ist die Züchtung des Dinkels. Alle anderen gängigen Getreidearten wie Weizen, Roggen, Gerste und Hafer stammen aus dem Vorderen Orient, aus Anatolien oder Syrien, einzig der Dinkel ist europäischen Ursprungs und, seiner ersten Verbreitung nach zu urteilen, eine suebische Züchtung. Er ist zwar nicht so ertragreich wie der Weizen, da seine Ähre nur zweizeilig ist, aber widerstandsfähiger und unserem Klima besser angepasst. Er gedeiht auch noch in Lagen, wo der Weizen verkümmert, also z. B. auf der Schwäbischen Alb. Außerdem enthält sein Mehl mehr „Kleber“, d. h. Eiweiß, und eignet sich hervorragend zum Backen von Kuchen, Wecken, Seelen und Brezgen. (Auf schwäbisch heißt es nicht Brezeln!)

Spricht man von Erfindungen, denkt man natürlich in erster Linie an technische Neuerungen, und davon haben die Schwaben viele hervorgebracht, aber man sollte ihren Anteil auch nicht überschätzen. Schon in vorindustrieller Zeit, nämlich seit dem hohen Mittelalter hat Europa erstaunliche technische Fortschritte aufzuweisen, insbesondere auf dem Gebiet des Mühlenbaus, in der Fertigung von Uhren und nicht zuletzt in der Errichtung von Kathedralen, die auch nach heutigen Maßstäben Wunderwerke der Architektur und Statik sind.

Mühlen gab es auch schon in der Antike, aber in großem Maßstab als Antriebsmaschinen wurden sie erst im Mittelalter weiterentwickelt, Wassermühlen seit dem Ende des 10., Windmühlen seit dem 12. Jahrhundert. Der Topographie entsprechend wurden die einen mehr in Oberdeutschland, die andern in den Niederlanden gebaut. Die Schwaben folgten hier der allgemeinen Entwicklung.

Der Bau von Uhren entwickelte sich oft in den von der Natur benachteiligten Mittelgebirgen, wo die Leute in den langen Wintern ein Zusatzeinkommen erwirtschaften mussten. Das war so im Schweizer Jura um La Chaux-de-Fonds und Le Locle und ebenso im Schwarzwald, vor allem um Schramberg. Aber die Schwarzwälder bauten nicht einfach Chronometer, sondern ließen auch ihre Phantasie spielen und bauten deshalb die lustigen Kuckucksuhren.

Das herausragende Beispiel alemannischer Uhrmacherkunst ist die Astronomische Uhr von 1571 im Straßburger Münster. „Sie löste eine ältere Uhr ab, an der die Dreikönige umliefen und auf der bereits der krähende Hahn saß (1353); ... Die heutige Uhr ist nicht mehr die, welche von Isaak Habrecht aus Schaffhausen nach Berechnungen der Mathematiker Dasypodius und Wolckenstein erfunden und ausgeführt wurde, bereits mit den noch umstrittenen Entdeckungen des Kopernikus. Sie wurde 1842 von J. B. Schwilgué aus Schlettstadt von Grund aus durch ein erstaunliches Präzisionswerk ersetzt und im alten Gehäuse, das einst vom Werkmeister Hans Uhlberger errichtet und von Tobias Stimmer mit Gemälden verziert worden war, untergebracht.“[113] Das heutige Wunderwerk mit seinen vielen Funktionen ist also nicht mehr das von 1571, aber bemerkenswert bleibt, dass auch dieses bereits das kopernikanische System zugrunde legte, das im 16. Jahrhundert noch heftig umstritten war.

Wenn wir schon in Straßburg sind, müssen wir selbstverständlich auf das herrliche Münster eingehen. Die Gotik ist im wesentlichen eine Schöpfung der Nordfranzosen, und die Kathedralen von Chartres, Reims und Amiens sind für die folgenden Jahrhunderte immer das Maß aller Dinge geblieben. Aber die Baukunst ist nicht auf diesem Stand stehen geblieben, und im 13. und 14. Jahrhundert, zum Teil auch noch im 15., gibt es immer wieder

113 Hans Reinhardt: Das Münster zu Strassburg, Lyon o. J., S. 44.

neue, überraschende Lösungen der statischen Probleme, die teils mit der Höherentwicklung, teils mit der immer rigoroseren Auflösung der Wand zugunsten der Fenster auftraten. Manchmal ging es auch schief wie in Beauvais, dessen Hauptschiff einstürzte und nie wieder errichtet wurde.

In Straßburg ging man nicht bis an diese Grenze, sondern tastete sich in vorsichtiger alemannischer Art langsam vom düsteren Ostchor über das vom mystischen Licht der großen Fenster erfüllte Langhaus bis zum faszinierenden „Spitzenschleier" der Westfassade und zum atemberaubenden Nordturm voran, mit dem der 1176 begonnene Bau 1439 vollendet wurde. In Deutschland wird dieses Münster gern mit dem Namen Erwin von Steinbach in Verbindung gebracht, der von 1284 bis 1318 hier tätig war und als der Schöpfer der Westrose gilt. Aber vor ihm waren französische Baumeister am Werk, die Bischof Berthold von Teck berufen hatte. „Das Schiff des Straßburger Münsters, das gegen 1240 begonnen wurde, ist im reinsten Stil der Champagne erbaut. Wie die Baumeister der Kathedrale von Troyes und der Abteikirche von St. Denis in Paris hat der Architekt von Straßburg seine Ausbildung in Reims empfangen. Sein Langhaus ist von all dem, was bisher am Rhein gebaut wurde, gänzlich verschieden. Feine Stabbündel steigen zu den Gewölben empor, alle Kräfte konzentrieren sich in diesen Schäften, die Wand tritt zurück und verwandelt sich in eine ausgedehnte Glasfläche. In den weiten Öffnungen spielen die Glasgemälde eine bedeutsame Rolle."[114] Und fast ein Jahrhundert nach Erwin, von 1399 bis 1419, war ein anderer berühmter Baumeister in Straßburg tätig: Ulrich von Ensingen, zuvor Werkmeister am Ulmer Münster.

Alles in allem ist das Straßburger Münster das glänzendste Denkmal deutsch-französischer Zusammenarbeit, wie sie im Mittelalter noch selbstverständlich war und erst durch den blöden neuzeitlichen Nationalismus auf beiden Seiten des Rheins jahrhundertelang unterbrochen worden ist.

Gewissermaßen die kleinere Schwester der Straßburger Kathe-

---

114 daselbst S. 25.

drale ist das Freiburger Münster, das vor allem für seinen wunderbaren Turm berühmt ist, der erstaunlicherweise schon 1350 vollendet wurde. Neuerdings ist der Helm durch stählerne Spangen gesichert, aber noch in sechziger Jahren ragte das ungeheure steinerne Netzwerk des Oktogons und des Helms völlig frei in den Himmel, sodass einem angst und bange wurde, wenn man von der Sockelplatte des Oktogons in die Höhe blickte. Es hat bis weit ins 20. Jahrhundert hinein gedauert, bis Statiker aufgrund genauer Vermessungen des Helms herausfanden, wie es möglich war, dass dieser an seiner Basis die Pfeiler des Oktogons nicht auseinanderdrückt.

Überschreitet man von Freiburg aus den Schwarzwald und folgt dem Lauf der Donau, kommt man nach Ulm, wo ebenfalls ein berühmtes gotisches Münster steht, das aber deutlich jünger ist als die beiden andern. Der Bau wurde erst 1377 vom Rat der Stadt beschlossen und man beauftragte den vorher in Prag tätigen Baumeister Heinrich Parler aus Gmünd mit der Planung. Dieser entwarf eine riesige dreischiffige Hallenkirche für 20.000 Gläubige. 1392 übernahm Ulrich von Ensingen die Leitung der Bauhütte, dem sein Schwiegersohn Hans Kun, dann sein Sohn Matthäus und sein Enkel Moritz Ensinger nachfolgten. So ist das Ulmer Münster eine Art von Familienprojekt geworden. Als es 1405 geweiht wurde, war es bei weitem noch nicht fertiggestellt. Erst 1471 war der ganze Innenraum überwölbt und danach wurde der Westturm in Angriff genommen, doch traten, als er 70 Meter hoch war, statische Probleme auf. Deshalb musste der Augsburger Stadtbaumeister Burkhart Engelbert hinzugezogen werden, dem es gelang, das Bauwerk zu sanieren. Dann aber ging der Stadt das Geld aus und die Arbeiten wurden 1519 eingestellt.

Für Jahrhunderte stand das Münster nun mit einem notdürftig abgedeckten Turmstumpf da, ganz ähnlich dem Kölner Dom. Ohne die romantische Begeisterung fürs Mittelalter, die im 19. Jahrhundert die Deutschen erfasste, wären beide Bauten wohl nie vollendet worden. Aber da beschlossen die Preußen, den Kölner Dom, und die Württemberger, das Ulmer Münster endlich fertigzustellen. „Das Bauprojekt am Ulmer Münster erfüllte Württemberg mit Stolz. Es war Ausdruck einer Verherrlichung des Mittelalters und wurde als evangelisches Gegenstück zur Fertigstellung des katholischen Kölner Doms verstanden, welche Preußen unterstützte.“[115] Im Bemühen, den höchsten Kirchturm der Welt zu errichten, hatten die Schwaben am Ende die Nase vorn: 161 Meter! Die Kölner kamen nur auf lächerliche 157 Meter, und es half ihnen auch nicht, dass sie diese Höhe zweimal erreichten. (So ist das halt bei sportlichen Wettkämpfen!)

Mit dem Ulmer Münsterturm ist eine Geschichte verknüpft, die wir in unserer Kindheit durch ein kleines Lied kennen lernten:

„Der Schneider vo Ulm
hot ‘s Fliege probiert,
no hot en der Deifl
in d‘ Donau neigfihrt.“

Dieser Schneider von Ulm war Albrecht Johann Berblinger (1770 – 1829), der mit selbstkonstruierten Flügeln einen Flugversuch von der Plattform des Turms, also aus 70 Metern Höhe, unternahm und kläglich scheiterte.

Er war nicht der einzige schwäbische Flugpionier, sondern hatte einen Vorläufer in dem Schussenrieder Pater Caspar Mohr (1575 – 1625) und einen erfolgreicheren Nachfahren in dem Grafen Ferdinand Zeppelin (1838 – 1917), der die bekannten Luftschiffe baute, mit denen man sogar bis nach Amerika fliegen konnte und die gerade in den letzten Jahren wieder in Mode gekommen sind. – Es sieht ganz danach aus, als wären nicht alle Schwaben so bescheiden, wie man ihnen andichtet. Einige wollen doch hoch hinaus.

Wenn man das heutige Schwaben betrachtet, könnte man denken, es sei ein altes Industriegebiet; aber das täuscht. In der frühen Phase der Industrialisierung hinkte der deutsche Südwesten noch weit hinterher. „Zwischen 1750 und 1830 erfolgten die grundle-

115 Die Schwaben (Katalog) S. 304.

genden Erfindungen der Industrialisierung wie die Dampfmaschine, die mechanische Spinnmaschine oder der mechanische Webstuhl. Sie alle sind allerdings in England zu verorten – und nicht in Schwaben. Die südwestdeutschen Unternehmer waren zu dieser Zeit lediglich Anwender der in England entwickelten Hochtechnologien. Die ersten Nachahmer saßen in Belgien und Frankreich, teilweise im Elsass und in der Schweiz. Als einer der frühen Nachfolger wäre etwa der Schweizer Mechaniker Johann Georg Bodmer (1786 – 1864) aus Zürich zu nennen, der in Baden ab 1809 im säkularisierten Kloster St. Blasien (Landkreis Waldshut) zeitweise Spinnmaschinen produzierte."[116] Das Elsass und die Schweiz waren offenbar etwas früher dran als Württemberg.

„In der Regel wurden in der Frühphase der Industrialisierung von Württemberg und Baden keine innovativen Prozesse ausgelöst und auch nicht in industrielle Unternehmen umgesetzt. Die in der Region vor 1850 in überschaubarer Zahl vorhandenen Schlossereien und mechanischen Werkstätten lebten in der Regel von Aufträgen des Versorgungs- und Investitionshandwerks, oftmals von Reparaturaufträgen. Manche wurden von Unternehmern beauftragt, eine von diesen im Ausland erworbene und für den industriellen Ablauf taugliche Maschine nachzubauen, was nur wenigen Konstrukteuren gelang. Zu den Ausnahmen gehörte der 1813 in Baden-Baden geborene Emil Kessler (1813 – 1867), der 1837 in Karlsruhe eine Maschinenfabrik gründete, die erste badische Lokomotive baute und sich durch herausragende Konstruktionen von Lokomotiven weit über den Südwesten hinaus einen Namen machte. Die Entscheidung Württembergs für eine Staatseisenbahn, verbunden mit der Berufung Kesslers als Gründungsdirektor für die Maschinenfabrik Esslingen 1846 war für die Entstehung des Maschinenbaus in Württemberg eine der wichtigsten und nachhaltigsten Entscheidungen."[117] Hier wurde also in der Mitte des 19. Jahrhunderts das Fundament für den bis heute neben der Automobilindustrie wichtigsten Industriezweig Ba-

116 Gert Kollmer-von Oheimb-Loup: Tüftler und Erfinder, in: Die Schwaben, S. 131 ff., Zit. S. 132.
117 daselbst S. 133.

den-Württembergs gelegt: den Maschinenbau.

„Das Automobil wurde im Südwesten 1886 von Carl Benz (1844 – 1929) in Mannheim und Gottlieb Daimler (1834 – 1900) in Cannstatt gleich an zwei Standorten unabhängig voneinander entwickelt. Des Weiteren entwickelte Gottlob Honold (1876 – 1923) für die Firma Bosch in Stuttgart 1887 den Hochspannungsmagnetzünder, eines der wichtigsten Zubehörteile von Kraftfahrzeugen, ohne das der Siegeszug des Autos nicht möglich gewesen wäre.“[118] Zu Maschinen- und Automobilbau kam also noch die Elektrotechnik hinzu, und heutzutage kann man sich Württemberg ohne Daimler, Bosch und Porsche gar nicht mehr vorstellen.

Aber man darf nicht vergessen, dass es über das ganze Land verstreut zahlreiche mittelständische Unternehmen gibt, von denen nicht wenige Weltmarktführer auf ihrem Gebiet sind. Aus Tuttlingen, das sich „Weltzentrum der Medizintechnik“ nennt, kommt alles, was man für Operationen braucht, Heckler & Koch in Oberndorf a. N. liefern begehrte Waffen, Kärcher in Winnenden Hochdruckpumpen (mit denen ein französischer Präsident einmal die Vorstädte von Paris säubern wollte), aus Steinheim an der Murr kommen die Winkelschleifer, die allgemein nur noch Flex heißen. In Biberach und Ehingen werden von Liebherr Baukräne gebaut, die Region Heilbronn-Hohenlohe hat sich zu einem Weltzentrum für den Bau von Verpackungsmaschinen entwickelt usw. Inzwischen ist der Südwesten zur „innovativsten Region Deutschlands“ geworden. Der schwäbische Hang zum Tüfteln und Erfinden hat sich also spät, aber am Ende doch gelohnt.

---

118 daselbst S. 135.

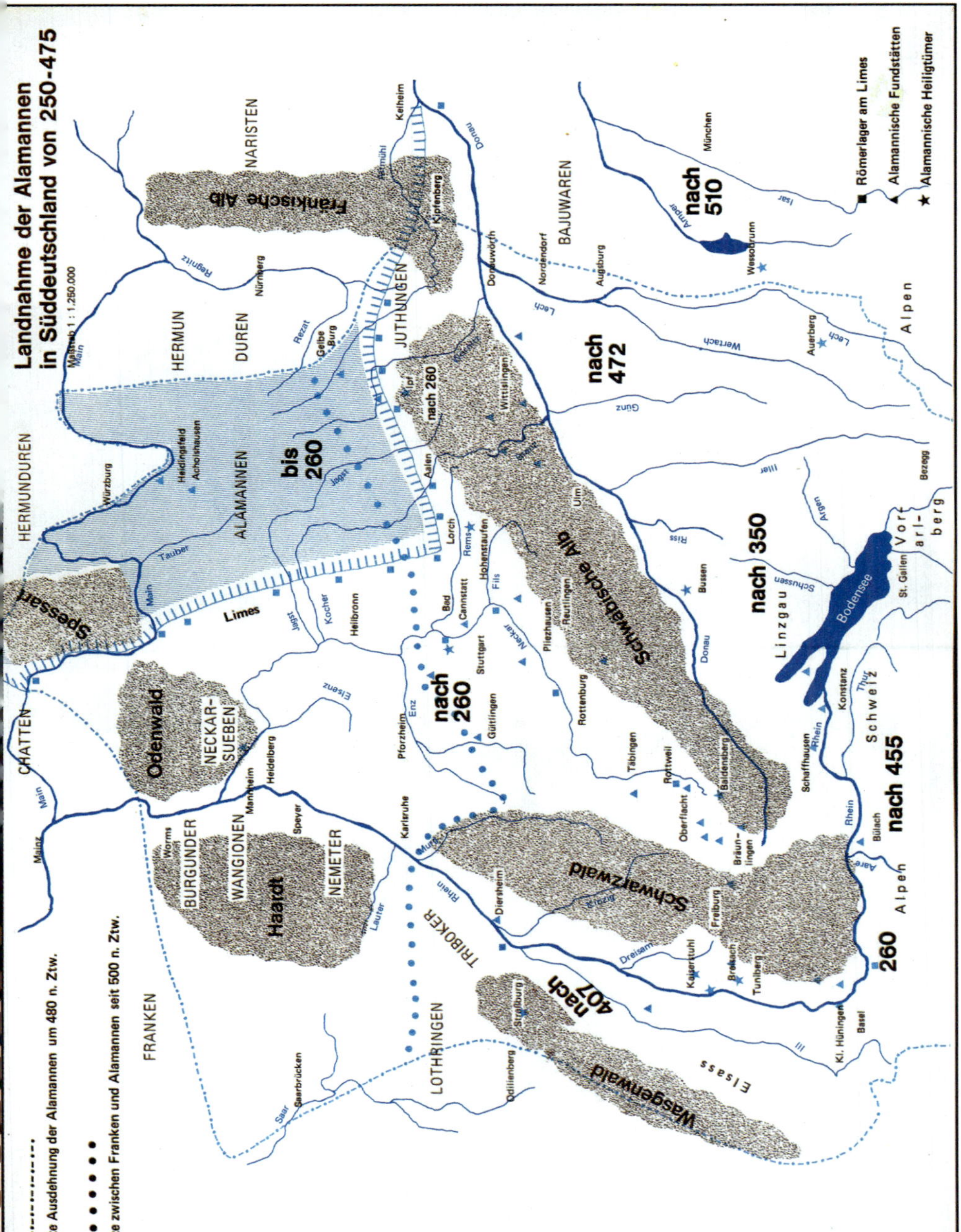

Landnahme der Alemannen, aus: H. W. Hammerbacher: Die hohe Zeit der Sueben und Alemannen, Orion-Heimreiter-Verlag Heusenstamm 1974

Helm von Gammertingen, aus: Die Alamannen,
Archäologisches Landesmuseum Baden-Württemberg
Stuttgart 1997/ Groebbels, Gammertingen

Germanische Stämme um 20 v. Chr.,
aus: Die Alamannen, nach Heilgmann/ Schober

Germanische Siedlungsgebiete um 50 n. Chr.,
aus: Die Alamannen, nach Heiligmann/ Schober

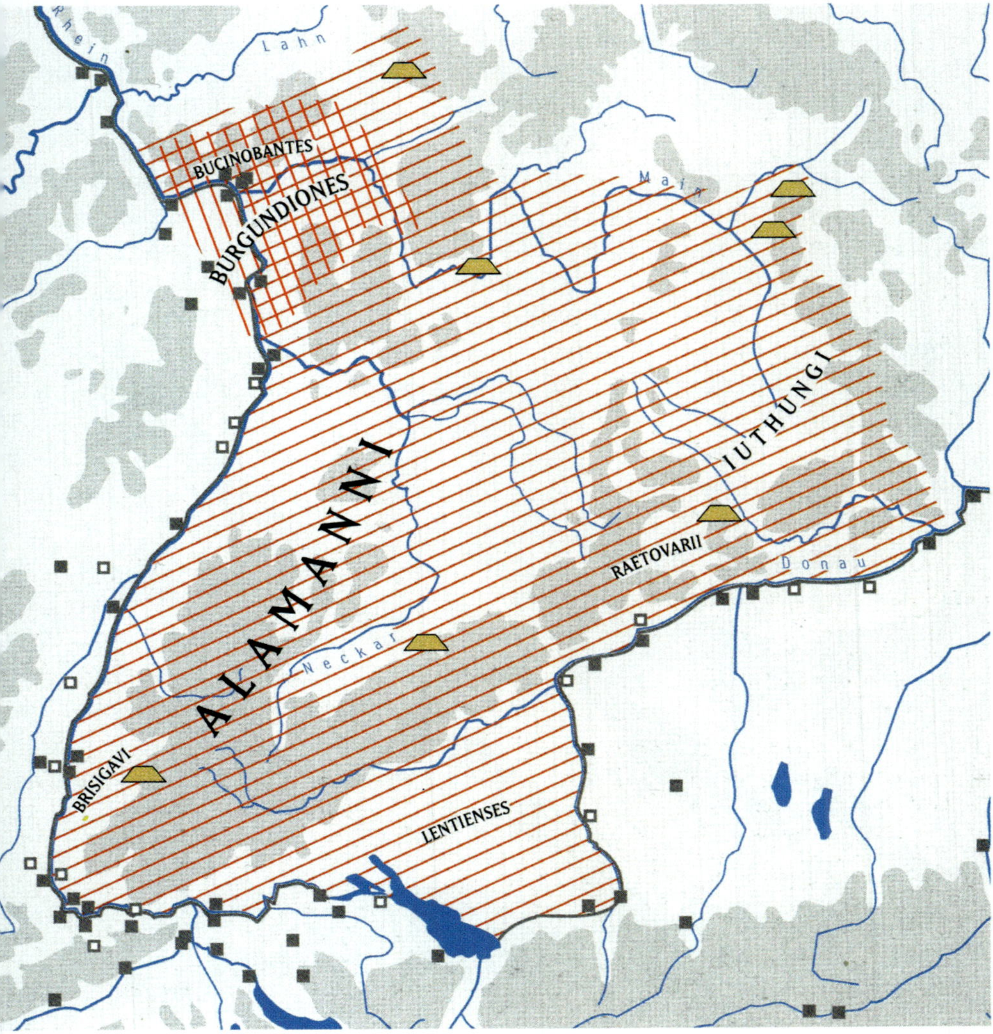

Alamannische Teilvölker im 3. Jahrhundert n. Chr. ,
aus: Die Alamannen, nach Schacht-Dönges / Schober

Fundstücke aus dem Grab von Gültingen, aus:
Die Alamannen/ Württembergisches Landesmuseum Stuttgart

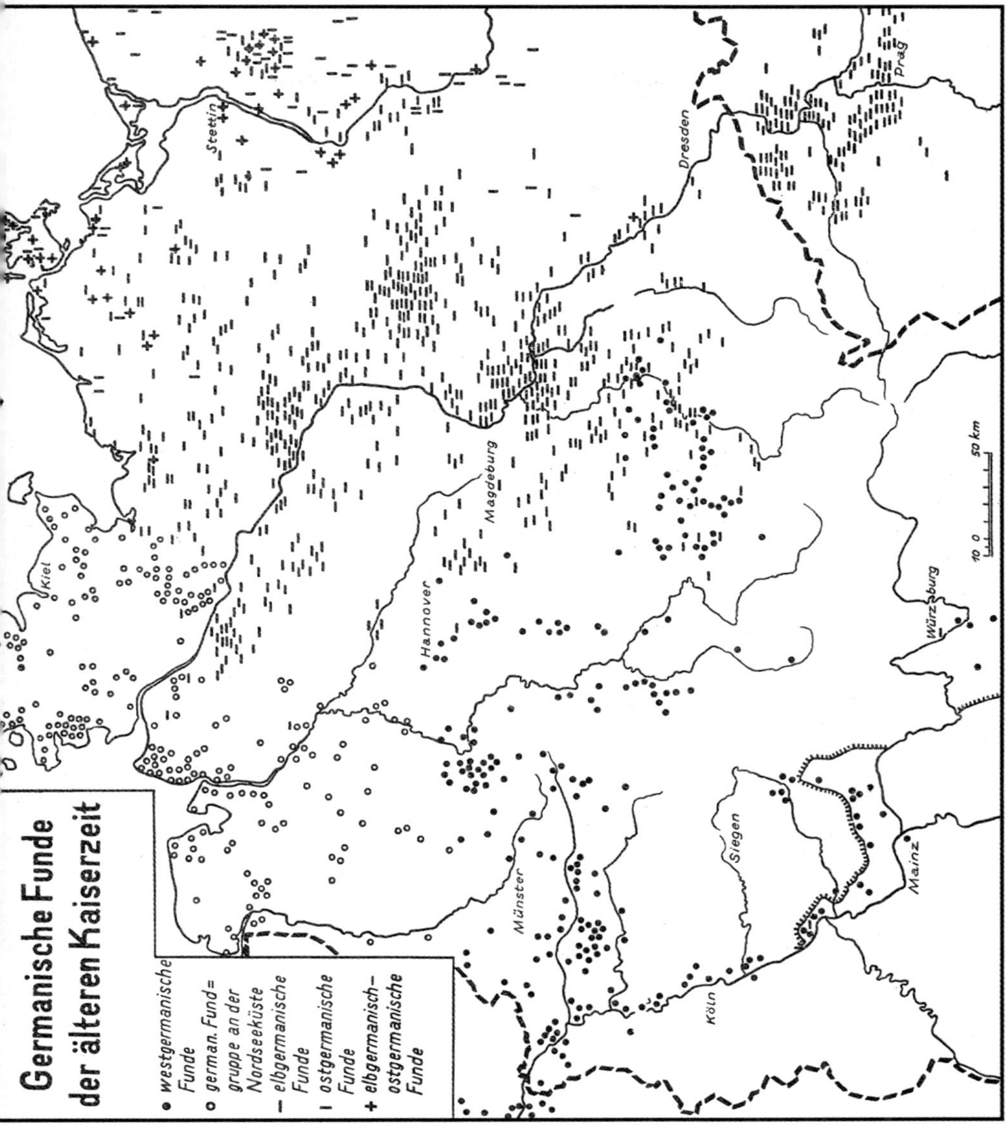

Germanische Funde der älteren Kaiserzeit, aus: Ernst Schwarz: Germanische Stammeskunde, Wissenschaftliche Buchgesellschaft Darmstadt 1972

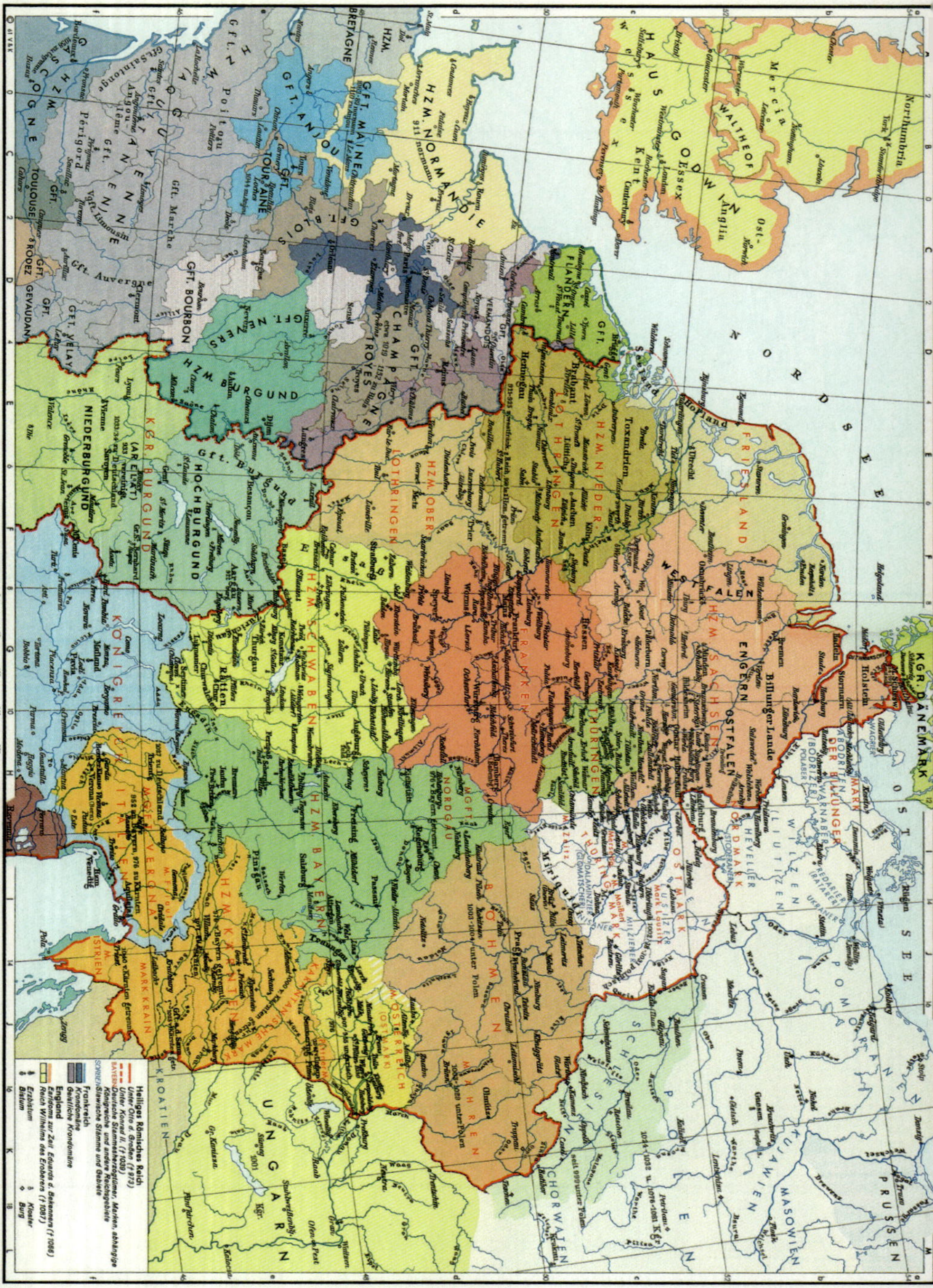

Mitteleuropa zur Zeit der Ottonen und Salier, aus: F. W. Putzger, Historischer Weltatlas, 87. Aufl. Velhagen und Klasing, Bielefeld 1965

Germane mit Suebenknoten / römischer Bronzekessel von Musov,
aus: Die Schwaben - zwischen Mythos und Marke,
Landesmuseum Baden-Württemberg / Belser Verlag Stuttgart 2016 /
Museum Musov/ Tschechien

Herzog Eberhard im Bart, aus: Die Schwaben ... Landesmuseum B-W

König Konrad IV., der Enkel Friedrichs II., genannt Konradin, Herzog von Schwaben (1254–1268), während einer Beizjagd (Codex Manesse, Universitätsbibliothek Heidelberg)

Hugo von Hohenlandenberg, Bischof von Konstanz, aus:
Die Schwaben ... / Staatliche Kunsthalle Karlsruhe

Hl. Maria Magdalena von Hans Multscher (um 1450), aus dem Kloster Heiligkreuztal, aus: Die Schwaben ... /Landesmuseum B-W Stuttgart

5 Altsiedelräume und Mundarten - Die territoriale Entwicklung Badens und Württembergs bis 1815/19

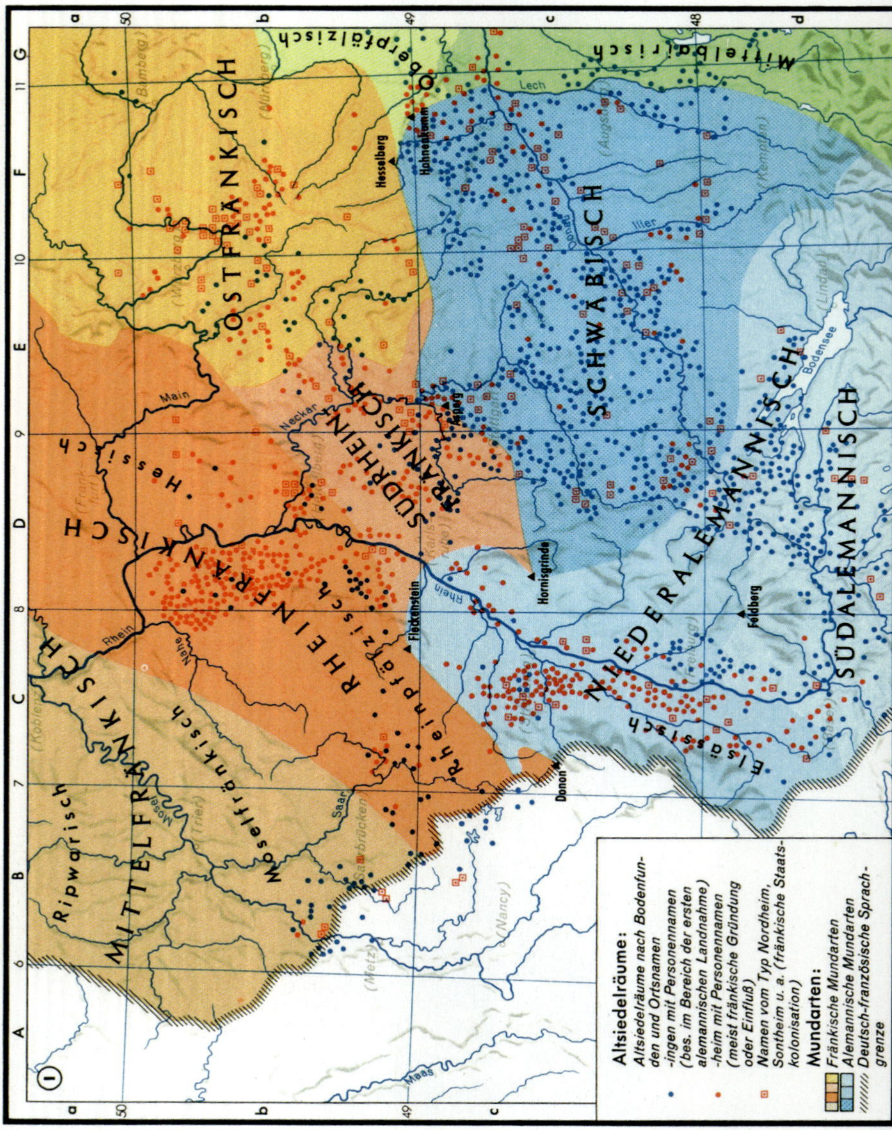

Altsiedelräume und Mundarten, Putzger-Karten zur Geschichte Baden-Württembergs, Velhagen und Klasing, Berlin und Bielefeld 1967

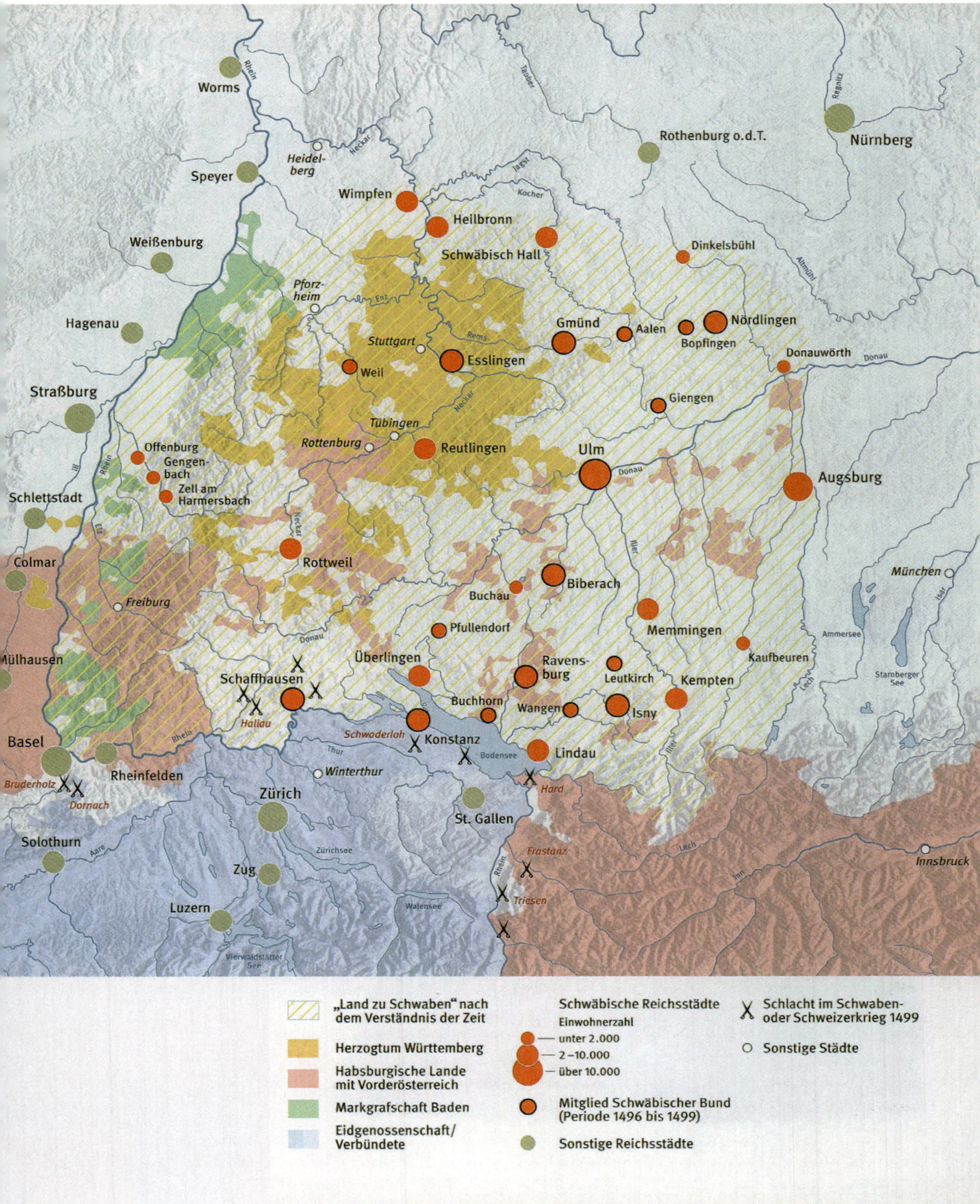

Schwäbischer Kreis um 1499, aus: Die Schwaben - zwischen Mythos und Marke (Katalog, wie Nr. 9 -12)

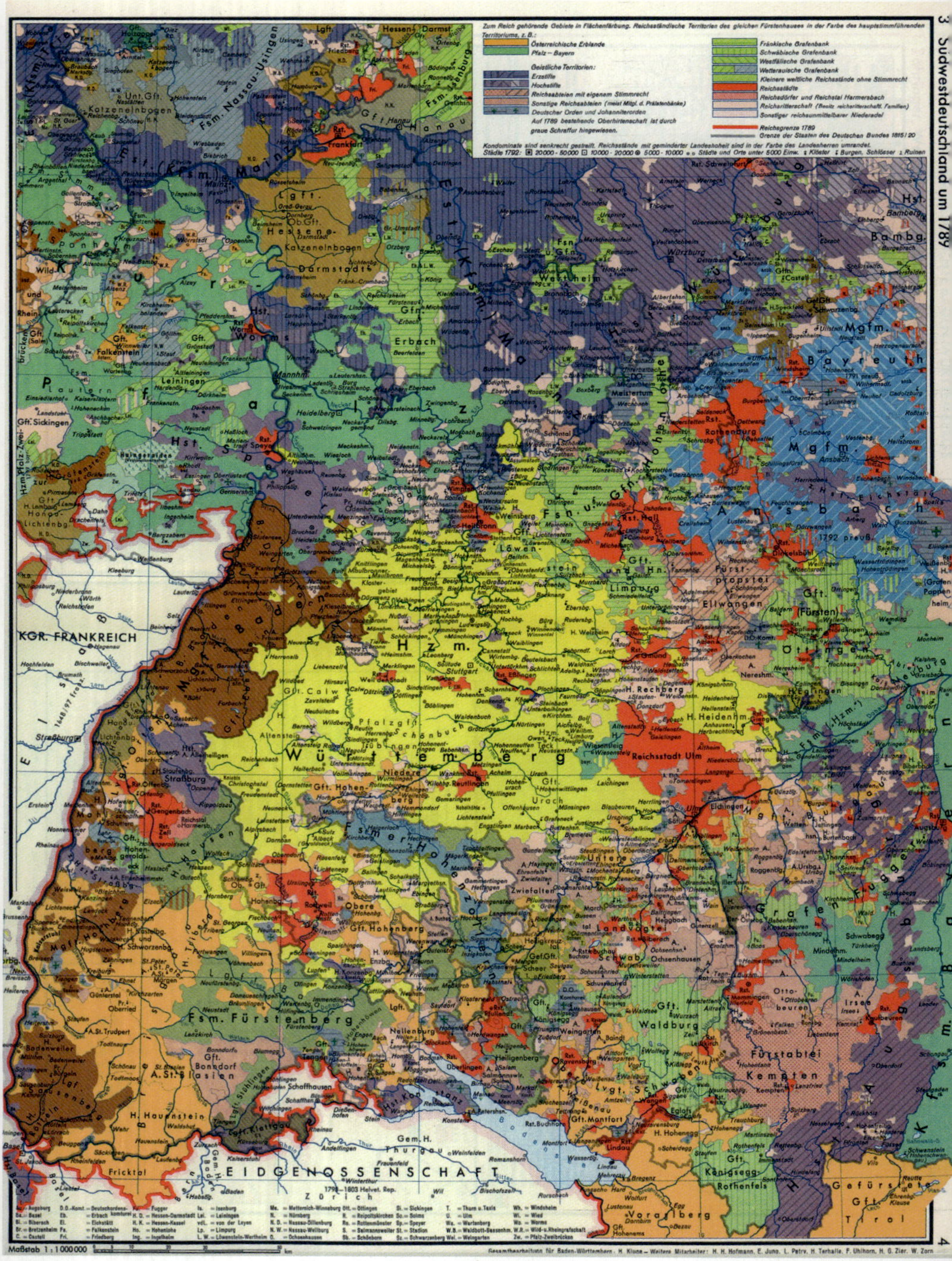

Südwestdeutschland um 1789, Putzger-Karten ... (wie Nr. 13)

Württemberg und Baden unter preußischer Vorherrschaft

Wer eine historische Karte Mitteleuropas nach 1815 betrachtet, stellt fest, dass das zunächst weitgehend ostelbische Preußen seine Krakenarme über Westfalen und die Rheinprovinzen bis nach Aachen, Trier und Saarlouis ausgestreckt hatte. Was ihm zur Abrundung fehlte, war das Königreich Hannover; aber das wurde nach dem Deutschen Krieg von 1866 auch noch verschluckt – nebst einigen Beilagen wie Schleswig-Holstein, Hessen-Kassel und Nassau. Nördlich der Mainlinie blieben nur das Königreich Sachsen und Hessen-Darmstadt verschont. Die entscheidende Frage nach der Gründung des Norddeutschen Bundes war, wie sich die verbleibenden süddeutschen Staaten entscheiden würden, für Preußen oder für Österreich.

Warum waren danach die Süddeutschen so kurzsichtig, sich den Preußen in die Arme zu werfen, mit denen sie doch nie viel zu schaffen hatten? Der nächstliegende Grund war wohl, dass Preußen aus dem Deutschen Krieg als Sieger hervorgegangen war und man es meist eher mit dem Sieger als mit dem Verlierer hält. Der tiefer liegende Grund war aber doch der unbefriedigte deutsche Nationalismus, der nach einem Nationalstaat strebte, und den herzustellen schien Preußen besser geeignet als der Vielvölkerstaat Österreich-Ungarn. Bismarck war zwar bisher ein preußischer Nationalist gewesen, nun aber schlau genug, die deutsch-nationale Karte auszuspielen und damit die Österreicher auszustechen.

Da ein Unglück selten allein kommt, wollte es das deutsche Verhängnis, dass Bayern von dem gemütskranken Ludwig II. regiert wurde, dem nichts wichtiger war als der Bau seiner romantischen Traumschlösser, die freilich reales Geld kosteten. Da konnte nun Bismarck mit seinem „Reptilienfonds" einspringen und dem armen König finanziell unter die Arme greifen. Das bewirkte, dass dieser die „Saupreißn" gar nicht mehr so unsympathisch fand und dem preußischen König noch vor dem Deutsch-französischen

Krieg offiziell die Kaiserkrone anbot.

Entscheidend war freilich, dass die süddeutschen Staaten aufgrund geheimer Schutz- und Trutzbündnisse mit Preußen (1866) an diesem Krieg teilnahmen, der so zu einem nationalen Krieg der Deutschen gegen die Franzosen aufgewertet wurde. Im großen Begeisterungssturm nach dem Sieg „bei Sédan wohl auf den Höhen" und der Einnahme von Paris wurden alle Bedenken gegen ein preußisch-deutsches Reich weggespült und alle erwarteten, dass es nun endlich errichtet würde.

Es kam also der glorreiche Tag der Kaiserproklamation Wilhelms I., der 18. Januar 1871. Eigentlich sollte der Preußenkönig zum „Deutschen Kaiser" ausgerufen werden, was diesem jedoch nicht gefiel; er wäre lieber „Kaiser von Deutschland" geworden, vielleicht weil er nicht mit den alten deutschen Kaisern verwechselt werden wollte. So brachte der Großherzog von Baden sein Hoch auf „Kaiser Wilhelm" aus. Das war aber nicht die einzige Panne bei dieser Veranstaltung, viel gravierender war, dass die Zeremonie ausgerechnet im Schloss Ludwigs XIV. , im Spiegelsaal von Versailles stattfand. Vielleicht wollten die instinktlosen Preußen die geschlagenen Franzosen damit besonders demütigen, aber der Effekt war nur, dass diese von dem Tag von Versailles an desto entschiedener an Rache dachten, nach der Parole: „Niemals davon reden, immer daran denken!"

Ein Reich, das auf einem so schiefen Fundament erbaut war, konnte wohl nicht lange Bestand haben. Wie wir wissen, dauerte es nur 47 Jahre, bis es mit Pauken und Trompeten zugrunde ging, und das ist mit dem Maßstab der Weltgeschichte gemessen eine geradezu lächerliche Zeitspanne.

Wie erging es nun den süddeutschen Staaten? Schon 1866 hatte Bismarck klugerweise keine Gebietsabtretungen von ihnen verlangt, und nun behielten sie auch im neuen Reich einige „Reservatrechte" im Militär-, Steuer- und Postwesen. Es gab bis zum 1. Weltkrieg sogar eine bayrische und eine württembergische Armee, die aber nach Artikel 63 der Reichsverfassung dem Kaiser als Oberbefehlshaber unterstanden.

„Nach dem Wortlaut der Verfassung von 1871 war das Deutsche Reich ein Bund der 22 souveränen deutschen Fürsten und der drei freien Hansestädte. Das Präsidium des Bundes hatte der König von Preußen inne, der den Titel ‚Deutscher Kaiser' führte. Die Staatsgewalt im Reich beruhte somit auf der Fürstensouveränität, nicht auf der Volkssouveränität. Die Fürsten nahmen ihre Souveränität im Bundesrat über weisungsgebundene Vertreter wahr. Der Reichskanzler, in der Regel zugleich preußischer Ministerpräsident, hatte den Vorsitz. Mit 14 seiner 17 Stimmen konnte Preußen im 58 Mitglieder zählenden Bundesrat jede Verfassungsänderung verhindern. Die Gesetzentwürfe des Bundesrates, der zusammen mit dem Reichstag die Reichslegislative bildete, wurden meist in den preußischen Ministerien erarbeitet. Preußen hatte somit faktisch eine hegemoniale Stellung im Reich, obwohl dieses föderalistisch aufgebaut war. Den Einzelstaaten waren hauptsächlich Hoheitsrechte in der inneren Verwaltung und im Kultusbereich verblieben."[119]

Da Preußen 65 % der Fläche und 62 % der Bevölkerung stellte, war sein Gewicht für alle anderen geradezu erdrückend. Dieses kleindeutsche Reich war in Wirklichkeit nichts anderes als ein Groß-Preußen; man konnte es auch als den erweiterten Norddeutschen Bund betrachten. Selbst der zweitgrößte Bundesstaat, das Königreich Bayern, wurde dagegen fast bedeutungslos und die viel kleineren Württemberg und Baden ohnehin.

Zwar wurde das Reich, der deutschen Tradition entsprechend, kein Einheitsstaat, aber die Vereinheitlichung von Recht und Wirtschaft führte doch dazu, dass die regionalen Unterschiede allmählich eingeebnet wurden. Schon 1873 wurden einheitliche Maße, Gewichte und Münzen eingeführt, 1879 folgte eine einheitliche Gerichtsorganisation mit Amts-, Land- und Oberlandesgerichten und dem Reichsgericht in Leipzig. Den Abschluss dieser Entwicklung stellte das Bürgerliche Gesetzbuch (BGB) von 1900 dar.

Da sich das neue Reich nach Bismarcks Vorstellung als protestantisches Kaiserreich (im Gegensatz zum katholischen Österreich) profilieren wollte, geriet es auch in Gegensatz zur Katholi-

---

119 Anton Egner u. a.: Revolutionen und Reformen, Hannover 1984, S. 79.

schen Kirche, was zum bekannten „Kulturkampf" ausartete, der sich von 1871 bis 1886 hinzog. Er führte auch dazu, dass sich die mehrheitlich katholischen Süddeutschen lange Zeit nicht mit den neuen Verhältnissen anfreunden konnten.

Dazu kam, dass sich die Preußen auch kulturell überlegen fühlten und auf die Schwaben und Bayern, die immer noch ihre Mundarten sprachen, recht hochnäsig herabsahen. Nun wurde von den Preußen bestimmt, was „Hochdeutsch" sei, obwohl es für sie mit ihrer niederdeutschen Herkunft nur die Zweitsprache war. Zwar wurde die Rechtschreibung durch eine Orthographische Konferenz von 1901 auch durch die Österreicher und Schweizer mitbestimmt, aber die „Deutsche Bühnenaussprache" legte 1898 ein gewisser Theodor Siebs aus Bremen fest und setzte eine im wesentlichen norddeutsche Artikulation durch. Diese seltsame Art, das Hochdeutsche auszusprechen, ist durch die preußische Vorherrschaft so sehr zum Standard geworden, dass sich die Norddeutschen jetzt allen Ernstes einbilden, sie sprächen das bessere Hochdeutsch. (Und die dummen Schwaben nehmen es ihnen auch noch ab!)

Einschneidender als für die Süddeutschen war das Jahr 1871 für die Elsässer und Lothringer, sie seit rund zweihundert Jahren zu Frankreich gehört und in vieler Hinsicht den Anschluss an die französische Kultur gesucht und gefunden hatten. Zwar sprachen sie in den Familien meist noch ihr Elsässerditsch bzw. Lothringisch, aber als Bürger Frankreichs brauchten sie auch das Französische; so waren zumindest die Gebildeten unter ihnen zweisprachig. Außerdem hatten sie die Französische Revolution und die Napoléonische Zeit hautnah miterlebt und vertraten die Ideen von liberté, égalité, fraternité. Man vergesse nicht, dass sogar die Marseillaise 1792 in Straßburg entstanden ist.

Elsass-Lothringen bekam nun nicht den Status eines deutschen Bundesstaates, sondern den Sonderstatus eine Reichslandes. Aber es gab „erstaunlich tolerante Übergangsbestimmungen": „Selbst die reichsten Straßburger konnten ihren gesamten Besitz behalten, wenn sie für Frankreich optierten, also französische Staatsbürger werden wollten. Erst als sich aus dem ganzen Elsass unerwartet viele Familien vornehmlich begüterter Bürger für die französische Staatsbürgerschaft entschieden, dekretierten die Sieger, dass dieser ungestörte Besitz nur gelte, wenn dem Bekenntnis zu Frankreich auch die Übersiedlung nach Frankreich folge.

Der Exodus war die zweite Überraschung, da es natürlich keine 50.000 französisch sprechenden Elsässer gewesen waren, die dies auf sich genommen hatten: Sie wanderten aus, obwohl sie zu Hause deutsch gesprochen hatten, ein Phänomen, das sich allerdings teilweise dadurch erklärt, dass viele Juden unter den Frankreich-Optanten waren, sprachgewandte, begüterte, Veränderung nicht scheuende Stadtbürger. Bis zum 1. Oktober 1872 gab es nach Lucien Sittler 50.000 tatsächlich durchgeführte Abwanderungen nach Westen, eine Zahl, die stark anstieg, als die Bewohner der Reichslande zum deutschen Militärdienst herangezogen wurden: Soldaten wurden sie lieber in Frankreich.

Um 1900 ergab sich, nach drei Jahrzehnten einer gewissen Beruhigung, dass von 1,6 Millionen Bewohnern des Reichslandes nicht einmal 200.000 Französisch als Muttersprache angaben, und als zweites Faktum, dass die Elsässer israelitischer Religion nur noch zwei Prozent ausmachten, und dies ‚in steter Abnahme'."[120]

1879 erreichte das Reichsland „ein eigenes Statut mit einem neuen Statthalter, der als besonderer Glücksgriff bezeichnet werden kann. Edwin Hans Karl Freiherr von Manteuffel aus dem alten, in Pommern und Westpreußens kaschubischen Gebieten begüterten Geschlecht, war vermutlich der intelligenteste Heerführer des Siebzigerkriegs. Er drängte die Volksarmee des Generals Bourbaki im Februar 1871 über die Schweizer Grenze ab, 80.000 halbverhungerte, frierende Soldaten eines letzten Aufgebotes, die dadurch verschont wurden und überlebten.

Die vielen Abwanderungen hatten vor allem in den gebildeten Kreisen Straßburgs, unter Ärzten, Juristen und Gelehrten, freie Stellen und neue Möglichkeiten geschaffen, die von nach Straß-

---

120 Hermann Schreiber: Straßburg zwischen den Zeiten, zwischen den Völkern, Gernsbach 2006, S. 265 f.

burg ziehenden deutschen Bewerbern wahrgenommen wurden. Das solchermaßen in der Stadt sich laufend verstärkende deutsche Element hatte wenig Verständnis für Manteuffels Bemühungen, die anhaltenden Elsass-Protestierer mit der neuen Lage zu versöhnen. Französische Historiker wie Lucien Sittler zollen Manteuffels Geschick, seiner Konzilianz und seinen Bemühungen, die ihn durch das ganze Reichsland führten, höchstes Lob. In Straßburg selbst schuf er sich hingegen eben damit nur Kritiker."[121] Das führte zu seiner Ablösung durch den Fürsten Chlodwig von Hohenlohe. Dieser ermöglichte durch ein Edikt vielen Menschen die Rückkehr ins Elsass. Die Einwohnerzahl Straßburgs stieg von 105.000 um 1880 auf 200.000 vor Beginn des 1. Weltkriegs. Außerdem baute das Reich einen modernen Hafen, den Straßburg bis dahin nicht besaß.

Im Jahr 1909 veröffentlichte der Straßburger Professor der Nationalökonomie Dr. Werner Wittich eine Schrift mit dem Titel: „Kultur- und Nationalbewußtsein im Elsaß".

Darin führte er aus: „Wie lagen die Verhältnisse zur Zeit der Einverleibung in das Deutsche Reich? – Auf Grund der bewußten Hingabe der Bevölkerung an Frankreich war auch die kulturelle Annäherung eingetreten. Aber der Bestand der Kultur war nicht gleichartig in der Bevölkerung, sondern sowohl nach sozialen Klassen wie nach Kulturelementen verschieden. Die Masse des Volkes, Bauern, Industriearbeiter und Handwerker, hatten sich mit der deutschen Muttersprache, mit deutschen moralischen und religiösen Anschauungen die hergebrachte deutsche Geisteskultur bis auf einen wichtigen Bestandteil erhalten. Ihre deutsche Geistesbildung war aber insofern eigenartig, als sie infolge des Abschlusses vom geistigen Leben in Deutschland einen sehr altertümlichen Charakter bewahrt und zuletzt durch den Unterricht, der in der Hauptsache in französischer Sprache erteilt wurde, wenig oder gar keine Nahrung mehr empfangen hatte ...

Für die höheren Klassen der Industriellen, Kaufleute, Geistlichen, Lehrer, Gutsbesitzer und eingeborenen Beamten war, soweit

121 daselbst S. 266 f.

sie im Lande blieben, die vielberufene Doppelkultur bezeichnend. Auf deutschen moralischen und geistigen Anlagen erhob sich die französische Kultur in Sprache, Geschmack, wirtschaftlichen Gewohnheiten und politischen Anschauungen. Die französische Kultur war überall im Vordringen gegenüber den deutschen Sitten und Gewohnheiten. Aber sie überdeckte sie mehr, als daß sie sie beseitigte; wichtige Grundlagen des ganzen Gebäudes waren noch deutsch geblieben."[122]

Vielleicht wären die Elsässer sogar wieder Deutsche geworden, aber zehn Jahre nach der Veröffentlichung dieser Schrift waren sie schon wieder Franzosen! In der Zwischenzeit jedoch hatten sie einen bedeutenden Beitrag zur deutschen Kultur geleistet. Hans Arp aus Straßburg war Mitbegründer des Dada 1916 in Zürich und wurde vor allem als Bildhauer berühmt; Ivan Goll aus Saint-Dié, Sohn eines Elsässers und einer Lothringerin, schrieb auf deutsch und auf französisch; der weniger bekannte Hans Koch (alias Johannes Leonardus) gründete 1902 in Straßburg gemeinsam mit Ernst Stadler, René Schickele und Otto Flake die Zeitschrift „Der Stürmer". René Schickele aus Oberehnheim im Elsass, der einen deutschen Vater und eine französische Mutter hatte, war zweisprachig aufgewachsen und verstand sich immer als Vermittler zwischen beiden Nationen; er arbeitete nicht nur am „Stürmer" mit, sondern gab ab 1905 in Berlin das „Neue Magazin für Literatur" und ab 1915 in Zürich die „Weißen Blätter" heraus. Ernst Stadler aus Colmar, ein bedeutender expressionistischer Lyriker, fiel zu Beginn des 1. Weltkriegs, im Oktober 1914, bei Ypern.

Als „la grande guerre", dieser deutsch-französische Schicksalskrieg zu Ende war, fiel das Elsass wie auch das nördliche Lothringen um Metz wieder an Frankreich. So ging dieses schöne und reiche Land, ungeachtet der tragischen Episode von 1940 – 44, endgültig nicht nur den Schwaben, sondern allen Deutschen verloren, wenn es auch den meisten von ihnen heutzutage kaum noch bewusst ist.

122 Werner Wittich: Kultur- und Nationalbewußtsein im Elsaß, Straßburg 1909, zitiert bei Reinhard Wittram: Die Nationalitätenkämpfe in Europa und die Erschütterung des europäischen Staatensystems 1848 – 1917, Stuttgart o. J., Seite 39 f.

Schwäbisch-alemannische Wiedervereinigung

Seit dem Beginn des 19. Jahrhunderts war die Einheit Schwabens scheinbar für alle Zeit dahin. Die einen wurden Württemberger und hielten sich für die Crème des Schwabentums, die andern Badener und wollten partout keine Schwaben mehr sein, sondern Alemannen, die dritten aber gehörten nun eben zu Bayern und richteten sich gemütlich in ihrem Regierungsbezirk Schwaben ein. Die Reichsgründung änderte an diesen Verhältnissen nichts. „Dieser Zustand änderte sich erst über den zweiten Schub der Verbreitung von Johann Gottfried Herders (1744 – 1803) Konzept des ‚Volksgeistes' und unter dem Einfluss des Kulturhistorikers Wilhelm Heinrich Riehl (1823 – 1897) im Rahmen der Industrie- und Fortschrittskritik des ausgehenden 19. Jahrhunderts. Die antimoderne und völkisch getränkte Heimatbewegung entdeckte in diesem Zuge Schwaben neu. Die alemannische Besiedelung wurde zum Fluchtpunkt: In dieser Zeit habe der ‚Stamm der Schwaben' die Region besiedelt, der sich nach einer Blüte unter den Staufern und auch im Schutze des Reiches gut entwickelt habe, dann durch die Glaubensspaltung nach Reformation und Dreißigjährigem Krieg sowie durch den Niedergang des Reiches zersplittert worden sei und sich selbst erst durch die Reichseinigung 1871 wieder konsolidiert habe. Bereits um 1900 gab es neue Vorschläge für die Bestimmung eines schwäbischen Kulturraums, der die bestehenden territorialen Grenzen überschritt."[123]

Solange das Wilhelminische Deutschland bestand, war an die Verwirklichung solcher Träume nicht zu denken, aber als es 1918 zusammenbrach, bot sich eine reale Möglichkeit, die Idee von „Großschwaben" zu verwirklichen. „Am 9. März 1919 veröffentlichte der ‚Neu-Ulmer Anzeiger' einen aufrüttelnden Leserbrief: ‚Schwaben – los von Bayern' hieß es da. ‚Schon bricht sich die

123 Marita Krauss: Vom Großschwabentraum zu den süddeutschen Bundesländern, in: Die Schwaben S. 329 ff, Zitat S. 330.

Erkenntnis von der Notwendigkeit einer Lostrennung von dem Bayern einer Revolverdiktatur allenthalben in Schwaben Bahn, lasst den Gedanken nicht mehr ruhen, tretet mannhaft ein für euer neues Recht der Selbstbestimmung. Schließt euch mit euren Stammesgenossen zusammen zu einem kraftvollen, freien, schwäbischen Volksstaat. (...) Ein einig Schwabenvolk, ein einig Schwabenland, hie gut Schwaben allewege!‘ Zu diesem neuen ‚Reichsland Schwaben‘ sollten nach den Vorstellungen der radikalsten Aktivisten wie des Ulmer Studiendirektors Karl Magirus (1856 – 1939) das Elsass, die deutschsprachige Schweiz, Vorarlberg, Liechtenstein, das südliche Baden, Hohenzollern, Württemberg sowie Bayerisch-Schwaben gehören. Endlich sei nun die Chance gegeben – so die Argumentation - , die ‚politische Zerstückelung‘ Schwabens rückgängig zu machen.“[124]

Das waren selbst in dieser Zeit des Umbruchs Phantastereien, die kaum Aussicht auf Verwirklichung hatten. Aber es gab auch die realistischeren Vorstellungen, wenigstens Württemberg und Baden zu vereinigen. Dafür sprachen vor allem wirtschaftliche Gründe, weshalb die Handelskammern und die Interessenverbände der Industrie dafür waren. Auch Vertreter der DDP und der SPD sprachen sich für diese „klein-schwäbische Lösung“ aus. Der 1924 gegründete „Schwäbische Museumsverband“ in Bayrisch-Schwaben plädierte sogar für einen Anschluss dieser Region. Aber dann erwiesen sich die Beharrungskräfte der alten Länder doch als stärker, und mit der Gleichschaltung der Länder mit dem Reich anno 1934 war das Thema vorläufig erledigt.

Erst mit dem zweiten Zusammenbruch Deutschlands 1945 taten sich neue Perspektiven auf. Der Konstanzer Historiker Otto Feger verfasste eine Programmschrift mit dem Titel „Schwäbisch-alemannische Demokratie“ und forderte die Selbstbestimmung für den deutschen Südwesten. Ihm schwebte ein Staat auf dem Territorium des mittelalterlichen Herzogtums Schwaben vor, der nun Alemannien heißen sollte. Direkt nach dem Krieg war aber keine Selbstbestimmung möglich, da nun die Siegermächte

124 daselbst S. 333.

über Deutschland bestimmten. Und der Südwesten stand unter der Militärverwaltung der Franzosen und Amerikaner.

Diese errichteten ohne Rücksicht auf die Geschichte drei neue Länder: Württemberg-Baden (amerikanisch), Baden und Württemberg-Hohenzollern (französisch), außerdem Rheinland-Pfalz (ebenfalls französisch), woraus das heutige Bundesland dieses Namens entstanden ist. Wie es mit dem Südwesten weitergehen sollte, war in den nächsten Jahren unklar. „Ein Zusammenschluss der drei neuen Länder war in dieser Zeit des Elenddaseins kein dringendes Problem. Dennoch entschloss sich im Herbst 1946 die württemberg-badische verfassunggebende Landesversammlung, zu einem entscheidenden Schritt. Nach Artikel 107 der neuen Verfassung sollten Verfassungsänderungen aus Anlass einer Vereinigung mit Südwürttemberg und Südbaden nicht mit zweidrittel Mehrheit, sondern mit einfacher Mehrheit beschlossen werden können. Für die Wiederherstellung der alten Länder wäre die Teilung Württemberg-Badens notwendig gewesen. Sie hätte eine Zweidrittelmehrheit erfordert. Ob alle Abgeordneten die Bedeutung dieser Bestimmung übersehen haben, weiß man nicht. Sie wurde aber einstimmig angenommen.“[125]

Durch das von den Amerikanern geschaffene Land Württemberg-Baden wurden somit die Weichen in Richtung auf einen Südweststaat gestellt, doch war von vorn herein klar, dass die Südbadener, die jetzt ihr eigenes Land Baden hatten, diesem Zusammenschluss niemals zustimmen würden.

Im August tagten auf Einladung des württemberg-badischen Ministerpräsidenten Reinhold Maier Vertreter der drei Länder auf dem Hohenneuffen und beschlossen, „die Vereinigung sollte auf der Grundlage eines Staatsvertrages zwischen den drei Ländern erfolgen. An ihn wäre die Verfassunggebende Versammlung des neuen Gesamtlandes gebunden gewesen.“[126] Aber dem badischen Staatspräsidenten Leo Wohleb gelang es, den Abschluss dieses

125 Theodor Eschenburg: Die Entstehung Baden-Württembergs, in: Baden-Württemberg. Eine politische Landeskunde, 2. Aufl. 1981, S. 41 – 63, Zitat S. 46.
126 daselbst S. 49.

Vertrags immer weiter hinauszuschieben, da er ein entschiedener Gegner der Vereinigung war. Der Hauptstreitpunkt war das Abstimmungsverfahren bei einer in jedem Fall notwendigen Volksabstimmung. Würde in den alten Ländern abgestimmt, bestand die Wahrscheinlichkeit, dass sich auch in Gesamtbaden eine Mehrheit gegen den Zusammenschluss mit Württemberg entscheiden würde.

Auf einer Ministerpräsidentenkonferenz im Oktober 1948 konnte darüber wieder keine Einigung erzielt werden und so legte man das Problem den beiden Militärgouverneuren vor. Damit kam die Frage nach dem Südweststaat gar auf die internationale Bühne. Eine Außenministerkonferenz in Washington im April 1949 wollte sich jedoch auch nicht festlegen und überließ die Lösung des Problems der Bundesrepublik Deutschland, die damals gerade im Entstehen war.

„In dieser Situation schlug der Staatspräsident Gerhard Müller im Einvernehmen mit dem Ministerpräsidenten Reinhold Maier dem Parlamentarischen Rat die Aufnahme einer Sonderregelung für die Neugliederung des Südwestens im Grundgesetz vor. Der Parlamentarische Rat übernahm am 12. Mai, ganz kurz vor Verabschiedung des Grundgesetzes, im Artikel 118 den von Gebhard Müller vorgeschlagenen Text: ‚Die Neugliederung in dem die Länder Baden, Württemberg-Baden und Württemberg-Hohenzollern umfassenden Gebiet kann abweichend von den Vorschriften des Artikels 29 durch Vereinbarung der beteiligten Länder erfolgen. Kommt eine Vereinbarung nicht zustande, so wird die Neugliederung durch Bundesgesetz geregelt, das eine Volksbefragung vorsehen muss.‘“[127] Genau so steht es im Grundgesetz, das wenig später, am 23. Mai 1949, vom Parlamentarischen Rat beschlossen wurde.

Nach wie vor unklar blieb jedoch der Abstimmungsmodus. Man wandte nun einen alten Trick an, den man auch aus Amerika kennt: Man muss die Stimmbezirke so zuschneiden, dass in möglichst vielen das gewünschte Ergebnis zustande kommt.

---

127 Grundgesetz für die Bundesrepublik Deutschland, Karlsruhe 1950.

Man legte also nicht die historische Einteilung in Württemberg, Baden und Hohenzollern zugrunde, sondern teilte die großen Länder jeweils in zwei Stimmbezirke auf und legte außerdem fest: Wenn drei von vier Stimmbezirken zustimmen, wird die Vereinigung vollzogen. Die Volksabstimmung vom 9. Dezember 1951 ergab:

Nordwürttemberg:	93,5 %	Jastimmen,
Südwürttemberg-Hohenz.	91,4 %	„
Nordbaden:	57,1 %	„
Südbaden:	37,8 %	„

Damit waren die Badener besiegt, wenn auch auf äußerst unfaire Weise. Zählte man nämlich ihre Stimmen zusammen, ergab sich:

Stimmen	für die Vereinigung	gegen die Vereinigung
Südbaden	233.245	383.440
Nordbaden	382.017	383.440
Summe	615.262	671.009
Differenz	55.747 zugunsten der Wiederherstellung des Landes Baden!	

Jahrzehnte später bestätigte ihnen das Bundesverfassungsgericht, dass sie betrogen worden waren, und sie durften noch einmal abstimmen. Aber inzwischen hatten sie sich an die Zweisamkeit mit den wenig geliebten Württembergern soweit gewöhnt, dass sie sich in ihr Schicksal ergaben. Fazit: Baden wurde nicht wiederhergestellt.

Im Katalog der Schwabenausstellung wird die Sache so dargestellt: „Die letztlich für den Südweststaat erfolgreiche Volksabstimmung von 1951 war wegen der südbadischen Gegnerschaft bis zum Schluss problematisch und spannungsgeladen und zeigte erneut die tiefgehende Zersplitterung des Gebietes. Dennoch konnte 1952 das Bundesland Baden-Württemberg ins Leben treten.“[128] So kann man es natürlich auch darstellen, aber „ein Gschmäckle“ hat's dann doch.

Es gab auch heftige Auseinandersetzungen um den Namen. Nicht wenige hätten den alten Namen *Schwaben* bevorzugt, aber nachdem der schon eine Weile als Synonym für Württemberg gebraucht wurde, war er für die Badener unannehmbar. Es gab groteske Vorschläge wie *Hohentwielen* , was wohl aus Singen kam. Schließlich einigte man sich auf den sperrigen Doppelnamen und ließ dabei den Badenern den Vortritt, was nun wenigstens den Vorteil hat, dass Baden-Württemberg bei der alphabetischen Aufzählung der Bundesländer immer an erster Stelle steht. Da gehört es ja auch hin!

128 Marita Krauss: Vom Großschwabentraum ..., S. 335.

Teil II

Kultur, Sprache und Nationalcharakter

Alamannisches Leben der Frühzeit

Man erfährt aus mittelalterlichen Quellen kaum etwas über das Leben der einfachen Menschen, aus den Annalen ohnehin nicht. Aber es gibt Rechtstexte, die einen überraschend tiefen Einblick eröffnen, darunter sogar zwei über die Alamannen der Merowingerzeit: den Pactus Alamannorum (PA) , der meist der Zeit König Dagoberts I. (629 – 639) zugeschrieben wird und nur unvollständig überliefert ist, und die Lex Alamannorum (LA) aus der Zeit Chlothars IV. (718/ 19) und Herzog Lantfrids (709 – 730). Beide geben Aufschluss über die Kultur Alamanniens zwischen seiner Einverleibung ins Frankenreich und dem Aufstand von 730, der von Karl Martell niedergeschlagen wurde.

„Das Volkstum Alamanniens, kirchliches, staatliches und wirtschaftliches Leben, und nicht zuletzt der Kampf ums Recht tritt darin lebensnah vor unser Auge. Der Alltag auf den großen Herrenhöfen und den Hofgütern adel-bäuerlichen Zuschnitts, die Wirklichkeit in Haus und Feld, Arztkunst und Aberglaube, Blutrache und Bestattungssitte, Streit unter Männern und der unbeherrschte Zugriff nach dem Weib: das und noch anderes spiegelt sich hier recht eindrucksvoll.“[129]

Im Einzelnen geht es dabei zunächst um die Rechte der Kirche und die des Herzogs, dann aber in der Hauptsache um das Gerichtsverfahren. Hier erfährt man aufgrund der Strafen, die für bestimmte Verfehlungen vorgesehen waren, recht anschaulich, was in jener noch fast archaischen Welt alles vorkam. Als Kapital-

129 Franz Beyerle: Das Kulturporträt der beiden alamannischen Rechtstexte: Pactus und Lex Alamannorum, in: Zur Geschichte der Alamannen, hsg. v. Wolfgang Müller, Darmstadt 1975, S. 126 – 150, Zitat S. 127.

verbrechen galten nach alamannischem Recht lediglich drei Tatbestände: Hochverrat, Landesverrat und Friedensbruch im Heeresaufgebot, d. h. wenn jemand im Heer einen Streit verursachte, der mit Waffengewalt ausgetragen wurde und für einen oder mehrere tödlich endete.

Dass ein Komplott gegen das Leben des Herzogs mit dem Tode bestraft wurde, verwundert nicht weiter, aber es gab eine Ausnahme: Machte der eigene Sohn einen Aufstand gegen den Herzog, so wurde er entweder verbannt oder dem König überstellt, dem er danach zu dienen hatte; und er verlor seinen Erbanspruch. Das ist aber nicht typisch alamannisch, sondern allgemeingermanisch, dass ein Aufstand eines Sohnes gegen seinen Vater nicht so tragisch genommen wurde; der Junge musste doch irgendwie seine Tatkraft beweisen!

Dieses Muster findet sich sowohl bei den Karolingern als auch bei den Ottonen wieder. Ludwig der Deutsche wie Otto d. Gr. sahen sich mehrmals mit Aufständen ihrer Söhne konfrontiert. Bei solchen innerfamiliären Konflikten galten gewisse Spielregeln: „Dazu gehört die väterliche Langmut gegenüber den immer neuen Rebellionen eines Sohnes oder mehrerer Söhne, wobei der Aufstand meist nicht bestraft, sondern oft genug mit der Verleihung zusätzlicher Würden ‚belohnt' wurde."[130] Das bezieht sich auf eine spätere Zeit, aufs 9. und 10. Jahrhundert, aber man erkennt darin, dass das alte germanische Kriegerethos, das auch in der Lex Alamannorum zum Ausdruck kommt, noch lebendig war.

„Männerhändel" wie etwa Totschlag wurden nicht mit dem Tode bestraft, sondern es musste Wergeld bezahlt werden (germ. wer = lat. vir, d. h. Mann). Selbst Blutrache war noch üblich. LA 44 sieht vor: „Kommt es zum Streit zwischen zwei Männern, ob nun auf der Straße oder im Feld draußen, und schlägt einer den andern tot: verfolgen die Gesippen (pares) des Toten den Täter in sein Haus hinein und tötet ihn einer da, so kostet das ein Wergeld." Ein Forscher kommentiert: „Das heißt natürlich nur: Wergeld wird gegen Wergeld aufgerechnet. Man könnte zweifeln, ob

130 Wilfried Hartmann: Ludwig der Deutsche, Darmstadt 2002, S. 76.

mit ‚Pares' die Gesippen und nicht einfach ‚Seinesgleichen' gemeint sind. Doch wer die Sagas kennt, der weiß, dass niemand sich zur Teilnahme an einem Racheakte drängte, der ihn nichts anging. Die Rache war zwar Ehrenpflicht der Sippe, allein wer nichts dabei zu suchen hatte, blieb abseits."[131]

Neben Totschlag und Blutrache findet sich ein „reicher Katalog aller erdenklichen Hiebe, Verwundungen, Verstümmelungen und Lähmungen. Hier bringt der PA manche schätzbare Ergänzung. Beide setzen bei schweren Wunden den Wundarzt in Aktion voraus. Doch nicht, dass man sich gegenseitig den Schädel einschlägt, den Brustkorb oder Bauch durchsticht, Arm oder Bein abhaut oder doch lahmschlägt, kann überraschen: das ist in dieser waffenkundigen, unbürgerlichen Welt ganz selbstverständlich. Was uns belangt ist vielmehr Maßstab und Typisierungskunst. Es heißt etwa in LA 57,4: Hat einer dem andern ein Stück der Schädeldecke herausgeschlagen, das noch (vernehmbar) klingt, wenn man es über eine 24 Fuß (ca. 7 m) breite Straße in einen Schild wirft, so kostet das 6 Schillinge."[132]

Die ärztliche Kunst jener Zeit stand auf einem viel höheren Niveau, als man sich das meist vorstellt. Da heißt es z. B. in LA 57,6: „Liegt das Gehirn offen, so dass der Arzt es mittels Sonde (pinna) oder Tampon (pannus) abtupft, so kostet solch ein Hieb 12 Schilling Buße. Tritt das Gehirn heraus, wie das so vorkommt: schiebt es der Arzt dann mit Arzenei und Seidentupfer (siricum) zurück und heilt die Wunde nachher ab: 40 Schilling." Kommentar: „Ähnlich verblüffend mutet es den Leser an, wenn ein Stich durch Bauchfell und Darm, so das faeces austreten – auf Alamannisch gorawunt genannt (gora = Kot) – nicht als Tötung, vielmehr mit 40 Schilling gebüßt wird: LA 57,57. Offenbar war hier nach damaliger Erfahrung Heilung möglich."[133]

Ziemlich wild ging es auch bei „Weibergeschichten" zu, wozu immer noch der Frauenraub gehörte. „Nicht nur unversprochene Mädchen, auch Bräute und selbst Ehefrauen wurden entführt.

131 Franz Beyerle: Das Kulturporträt ..., S. 134.
132 daselbst S. 135.
133 daselbst S. 136 f.

Wer die Frau eines anderen rechtswidrig, also ohne voraufgegangene gütliche Trennung oder Verstoßung durch den ersten Mann, heimführte, musste sie herausgeben und 80 Schilling Buße zahlen. Behalten konnte er das Weib nur, wenn der legitime Gatte damit einverstanden war; er musste dann allerdings das Frauenwergeld von 400 Schilling erlegen."[134] Wenn man einem andern nicht die Ehefrau, sondern die Verlobte wegnahm, musste man sie ihm ebenso zurückgeben oder 200 Schilling bezahlen, also nur die Hälfte.

Die ehelichen Verhältnisse waren auch noch völlig anders geregelt als nach der Christianisierung. Der Regelfall war die Muntehe: Ein Mann erwarb eine Frau von ihrem Vater durch Zahlung der gesetzlichen „Widem" von 40 Schillingen; so ging sie aus der Munt, d. h. Hausgewalt, des Vaters in die des Ehemannes über. Dieser konnte seine Frau auch wieder verstoßen, musste dafür 40 Schillinge bezahlen und der Verstoßenen alles das wiedergeben, was sie aus dem Elternhaus mitgebracht hatte, wohin sie wieder zurückkehrte. Bemerkenswert ist, dass er zusätzlich eine Ehrenerklärung abgeben musste; er schwor mit zwölf Eidhelfern, „er habe weder eine Fehl an ihr gefunden noch verschmähe er sie; (nein) keinen Fehler habe er an ihr entdeckt, vielmehr habe die Liebe zu einer anderen ihn bestimmt, diese im Stich zu lassen und jene andere zum Weib zu nehmen" (PA III 3).[135] Das kommt uns Heutigen in einem nachchristlichen Zeitalter doch wieder bekannt vor!

Die Liebe als große Macht, wenn auch nicht als Himmelsmacht wie in der Operette, war auch insofern anerkannt, als es außer der Ehe noch die „Friedelschaft" (d. h. Liebschaft) als feste Einrichtung gab. „Kennzeichnend für die Sitte der Friedelschaft ist auch die Morgengabe, weshalb bekanntlich später Ehen minderen Rechts (wegen Unebenbürtigkeit) als morganatische bezeichnet wurden. Gesetzliche Höhe der Morgengabe sind zwölf Schillinge: ob nun in Gold und Silber, in einer dienstbaren Person oder

---

134 daselbst S. 137.

135 ebenda.

in einem Reittier dargebracht: LA 54,2. Weil morgens nach der Brautnacht und daher wohl meist ohne Zeugen gegeben, durfte das Weib sie mit einem Eid auf Brust und Zopfflechten beschwören, auf Alamannisch Nasteid geheißen."[136] Eine Liebschaft galt demnach als Ehe minderen Rechts, wurde aber doch durch Eid und Morgengabe als Ehe anerkannt. Da sind also zumindest im 7. Jahrhundert altgermanische Sitten noch voll erhalten.

Germanisch ist auch die überragende Bedeutung der Sippe. Ein Herzog oder wer sonst ein Volksheer organisierte, musste die Sippenordnung respektieren. Die Sippen waren auch zur Totenwache und Bestattung eines der Ihren verpflichtet. Vor allem aber die Aufteilung des Landes erfolgte an die Sippen. Und gab es Streit um einen Grenzstreifen, stellte jede Sippe einen Kämpfer, die im Beisein eines Grafen einen Zweikampf ausfochten. Der Ausgang dieses „Kampfordal" entschied dann über den Besitz.

Die Gesellschaft insgesamt war noch nicht feudal organisiert. Es gab zwar unter den Freien drei Schichten: die Fürsten (principes, primi, meliorissimi), die Mittelfreien (medii, mediani) und die „Minderflätigen" (minofleti), aber alle waren freie Herren, Adelbauern oder Gefolgsleute von Herzog oder Graf. Daneben kannte man auch Unfreie oder Leibeigene, wie es in der ganzen antiken Welt Sklaven gab. Daran hat sich lange nichts geändert.

Sehr detailtreu und lebendig tritt uns in der Lex Alamannorum jene bäuerliche Welt vor Augen, welche noch die fast aller Alamannen war. Da von Bauernstellen innerhalb von Dörfern fast gar nicht die Rede ist, muss man annehmen, dass die Höfe im Regelfall noch Einöden (Einzelhöfe) waren. Sie bestanden aus einem Wohnhaus, das auch Saal (sala) genannt wurde, einer Scheuer (scuria), womit der Stall mit Heuboden gemeint war, einem Speicher (spicarium), der Fruchtschütte (granica) und einem Keller (cellaria). Dazu kamen Schaf- und Schweinestall (staba ovilis, domus porcaritia) und im Wald noch ein Verschlag (buria) für Schweine und Rinder. So war jeder Hof eigentlich schon eine kleine Siedlung, aber nur für eine Familie.

136 Franz Beyerle ... S. 140.

Um das Bild abzurunden werfen wir noch einen Blick auf das lebende Inventar eines solchen Hofes. Da gab es Pferde verschiedener Art, vom Streitross (marah) bis zum Karrengaul, Rinder, Schweine, Schafe, Ziegen und sogar domestizierte Bären. An Geflügel werden genannt: Kraniche, Gänse, Enten, Häher, Schwäne, Raben, Krähen, Tauben und Kuckucke, daneben zur Jagd abgerichtete Habichte. Man kannte auch zehn verschiedene Hunderassen. – Was für eine Welt! Verglichen mit der jämmerlichen modernen Landwirtschaft, wo der eine Bauer nur Rinder hält, der andere nur Schweine, und zwar entweder nur Zuchtsauen oder nur Mastschweine, leisteten sich alamannische Großbauern eine ganze Menagerie.

Dafür brauchten sie natürlich Personal: Eigenleute, vor allem Ackerknechte, dann Handwerker, Schmiede, sogar Schwert- und Goldschmiede, und alle Arten von Hirten. Diese Dienstleute wurden von einem Seneschalk und einem Marschalk angeführt. An weiblichem Personal sind die Beschließerin, die Kammerfrau, die Zofe und sonstige Dienerinnen genannt. Das gesamte Personal wiesen wohl nur die Höfe der Adelbauern auf, während die der gewöhnlichen freien Bauern (der Huber) mit weniger auskommen mussten, aber auch sie profitierten davon, dass die Alamannen eine gallo- und rätoromanische Zinsbauernschicht im Land vorgefunden hatten, die ihnen nun als unfreie Leute zu Diensten standen.

Bedenkt man, in was für einer Welt die Kinder jener Zeit aufwuchsen, könnte man neidisch werden. Aber das Leben war trotz allem hart und die Kindersterblichkeit hoch. Ein Paradies war es also nicht, aber so erbärmlich, wie man sich das frühe Mittelalter oft vorstellt, so weit zurückgefallen hinter die Glanzzeit der römischen Hochkultur war es auch wieder nicht. Es war die Grundlage, auf der die Karolingerzeit schon wieder eine beachtliche Kultur schaffen konnte.

Das schwäbische Zeitalter

Die Geschichte des hohen Mittelalters lässt sich in vier Epochen einteilen: in die der Karolinger (8. /9. Jh.), die der Ottonen (10./ 11. Jh.), die der Salier (11./ 12. Jh.) und die der Staufer (12./ 13. Jh.). Dabei wechselten aber nicht nur die Dynastien, sondern es verschoben sich auch die administrativen und kulturellen Zentren des Reichs. Und je nachdem, welchem Stamm die herrschenden Familien angehörten, rückte auch dieser ins Zentrum der Macht: erst die Westfranken, dann die Sachsen, danach die Ostfranken und schließlich die Schwaben.

Zu Zeiten Karls d. Gr. lag der Schwerpunkt des Reiches, das freilich noch nicht das Deutsche, sondern das Frankenreich war, zwischen Rhein und Maas. Der Lieblingssitz Karls war die Pfalz zu Aachen mit ihrer berühmten Hofschule. „Eine entscheidende Rolle im späten 8. Jahrhundert spielten die am Königshof versammelten Gelehrten aus verschiedenen Ländern wie die Franken Angilram, Wigbod, Einhard und Angilbert, der Engländer Alkuin aus York, der Westgote Theodulf aus Septimanien, der Langobarde Paulus Diaconus, Paulinus von Aquileja und Petrus von Pisa, die Iren Joseph, Dicuil und Dungal und viele andere."[137] Die anderen Pfalzen, von denen aus Karl sein riesiges Reich verwaltete, waren Herstal, Nimwegen, Ingelheim, Diedenhofen, Attigny und Quierzy, alle im alten fränkischen Stammesgebiet.

Im Zeitalter der Ottonen verlagerte sich das Zentrum des Westreichs in die Champagne (um Reims) und die Ile de France (um Paris), die des Ostreichs hingegen ins südliche Sachsen: nach Goslar, Hildesheim, Halberstadt und Magdeburg. Zeugen der erstaunlichen Kultur dieser Zeit sind vor allem die Bronzetüren und die Bernwardsäule im Dom zu Hildesheim, die Kirche St. Michael mit ihrem herrlichen Deckengemälde, die Pfalz zu Goslar (die Heinrich II. errichten ließ), der Dom zu Quedlinburg mit seinem

137 Rosamond Mc Kitterick: Die karolingische Renovatio, in: 799. Kunst und Kultur der Karolingerzeit, Paderborn 1999, S. 671.

berühmten Domschatz, die Dome zu Merseburg und vor allem Naumburg, dessen Stifterfiguren zu den bedeutendsten Plastiken des Mittelalters zählen. Es ist ganz erstaunlich, in welch kurzer Zeit das Herzogtum Sachsen, das sich so lange dem Christentum widersetzt hatte, eine so hohe christliche Kultur entwickeln konnte.

In der folgenden Epoche der Salier verschob sich die Achse des Reichs wieder an den Rhein, d. h. an den nördlichen Oberrhein um die alten Bischofssitze Speyer, Worms und Mainz. Schon Kaiser Konrad II. begann mit dem Bau des größten Gotteshauses nördlich der Alpen, dem Dom zu Speyer, den unter seinem Enkel Heinrich IV. Benno von Hildesheim vollendete und dessen Ostwerk bis heute als höchstes Meisterwerk der romanischen Baukunst gilt. Konrad stiftete auch das Kloster Limburg a. d. Hardt, das nun seit langem in Trümmern liegt. In der Zeit, in der Heinrich IV. seine Krone gegen Papst und Fürsten verteidigen musste, waren es die Städte am Rhein, vor allem Worms, die ihm unverbrüchlich die Treue hielten.

Dass die Krone nach dem Tod des kinderlosen Heinrichs V. und der Herrschaft Lothars von Supplinburg (1125 – 1137) an den Staufer Konrad III. (1137 – 1152) überging, geht vor allem darauf zurück, dass er ein Enkel Heinrichs IV. war, dessen Tochter Agnes mit Herzog Friedrich von Schwaben vermählt war. Diese Wahl führte jedoch auch zu dem langen und verhängnisvollen Konflikt zwischen Staufern und Welfen, der die ganze folgende Epoche belastete. Das änderte letztlich aber nichts daran, dass die Staufer mehr als ein Jahrhundert lang, von 1137 bis 1254, das Reich regierten.

Der Schwerpunkt verschob sich also aufs neue, und zwar nach Schwaben und schließlich – was uns heutzutage geradezu absurd erscheint – bis nach Sizilien, wo Kaiser Friedrich II. (1215 – 1250) die meiste Zeit seines Lebens verbrachte und seine Hauptstadt Palermo ausbaute. Aber davor regierte ja Kaiser Friedrich Barbarossa, ohne Zweifel einer der ganz großen Könige, auch wenn man ihm nicht den Beinamen „der Große" verliehen hat. Immerhin ist er, wie König Theodrich vor ihm, sogar zu einer Sagengestalt geworden, zum König im Berg, auf dessen Wiederkunft das Volk wartet.

Ein berühmtes Bildnis Friedrichs in der Weingarter Welfenchronik zeigt ihn als *pater imperialis,* als kaiserlichen Vater, zwischen seinen beiden Söhnen Heinrich und Friedrich. Er sitzt mit seinen königlichen Insignien auf einem Thron, während die Söhne stehen und so seine Autorität anerkennen. Es ist kein Zufall, dass sich diese Darstellung in der Welfenchronik findet, denn Friedrich war nicht nur Staufer, sondern auch der Sohn der Welfin Judith.

Höchst merkwürdig ist das schon, dass sowohl die maßgeblichen Geschlechter des hohen Mittelalters, die Staufer und die Welfen, als auch die der Neuzeit, die Habsburger und die Hohenzollern, schwäbische Geschlechter sind: die Staufer vom Albtrauf bei Göppingen, die Welfen aus Oberschwaben (Ravensburg und Weingarten), die Habsburger aus dem Aargau und die Hohenzollern wiederum vom Albtrauf, nur weiter westlich, bei Hechingen. Man könnte einwenden, dass die Welfen ursprünglich aus Burgund stammen und die Habsburger wahrscheinlich aus dem Elsass, aber in der deutschen Geschichte spielen die burgundischen Welfen keine Rolle, und die mutmaßliche Herkunft der Habsburger aus dem Elsass bedeutet letztlich, dass sie doch Schwaben sind.

Friedrich Barbarossa regierte sein Reich meist von Konstanz oder von Ulm aus, wenn er auch häufig in Italien zu tun hatte, wo ihm bekanntlich die Lombarden viel zu schaffen machten. Und dass er schließlich auf einem Kreuzzug in Kleinasien ums Leben kam, ist auch bekannt, unbekannt hingegen seine letzte Ruhestätte.

Den Höhepunkt seiner Regierungszeit bildete (nach Meinung seiner Zeitgenossen) „das von den Dichtern verherrlichte große Mainzer Pfingstfest von 1184: eine Feier des Herrscherhauses, die Schwertleite der beiden ältesten Söhne Barbarossas, verbunden mit einer Festkrönung des Kaiserpaares und des jungen König Heinrich, der von nun an als Mitregent seines Vaters in Deutschland erscheint, war erhoben zu einem Nationalfest, in der Beherbergung, Verköstigung und Ordnung von mehreren Zehntausenden der Gäste trotz eines störenden Unfalls eine staunenerregende organisatorische Leistung, eine furchtgebietende Heerschau der deutschen Ritterschaft, und mehr als alles das: die Verkörperung einer neuanbrechenden, großen Kulturepoche. Der Händedruck, den dort der Troubadour Herr Guiot von Provins und der deutsche Dichter Heinrich von Veldeke miteinander austauschten, versinnbildlichte gleichsam das Hineinfluten der ritterlichen Kultur Frankreichs in das Reichsgebiet. Sie bedeutete ein erstes Schönheitsideal des Lebens seit den Tagen des Altertums, ein erstes Erwachen sinnlicher Weltfreude neben den strengen Forderungen christlicher Moral, eine erste Laienbildung."[138]

Während die Kultur der Epochen von den Karolingern bis zu den Saliern fast völlig von der Religion, d. h. von der Kirche und ihren Klöstern, beherrscht war, trat nun zum ersten Mal seit der Antike wieder eine weltliche Kultur in den Vordergrund, getragen vom Rittertum, das sich inzwischen so viele Kenntnisse angeeignet hatte, dass es, frei und unabhängig von der Kirche, seine eigenen Sitten und Künste pflegen konnte. Hartmann von Aue (um 1165 – 1215) hat das sehr hübsch in seinem Vorwort zum „Armen Heinrich" zum Ausdruck gebracht:

Ein ritter sô gelêret was
daz er an den buochen las
swaz er dar an geschriben vant:
der was Hartman genannt,
dienstman was er z Ouwe,
er nam im manige schouwe
an mislîchen buochen:
dar an begunde er suochen
ob er iht des vunde
dâ mite er swaere stunde
möhte senfter machen,
und von sô gewanten sachen

---

138 Karl Hampe: Deutsche Kaisergeschichte in der Zeit der Salier und Staufer, 11. Aufl. Heidelberg 1963, S. 205.

daz gotes êren töhte
und dâ mite er sich möhte
gelieben den liuten.

Die „verschiedenen Bücher", die er las, waren lateinische und vor allem französische, nämlich die Artusromane des Chrétien de Troyes, denen er in seinen Versepen „Erec" (um 1185) und „Iwein" (um 1202) eine völlig neue Gestalt gab, sprachlich wie inhaltlich: Seine Personen sind seelisch verfeinert und zugleich idealisiert, seine Sprache ist von vorbildlicher Klarheit, seine Reimkunst makellos. So ist er zum eigentlichen Schöpfer der mittelhochdeutschen Literatursprache geworden und alle folgenden Dichter, ob sie nun wie er aus Schwaben stammten oder nicht, haben sie so sehr übernommen, dass man ihre Herkunft meist nicht mehr erschließen kann. Von Wolfram wissen wir zwar, dass er aus dem fränkischen Eschenbach, von Gottfried, dass er aus Straßburg stammt, aber an ihrer Sprache können wir es nicht ablesen. Und ob Walther wirklich aus Südtirol stammt, wie man annimmt, ist völlig ungewiss. Kurzum, Hartmann von Aue hat für die mittelhochdeutsche Sprache ungefähr dieselbe Bedeutung, die man Luther für die neuhochdeutsche Schriftsprache einräumt. (Wer ihn heute noch im Original lesen will, sollte am besten Alemanne sein, denn die alemannischen Mundarten haben bis heute die größte Nähe zum Mittelhochdeutschen.)

Wenn auch die Kultur der Stauferzeit stark von Frankreich beeinflusst war, sollte man doch die original deutschen Wurzeln nicht übersehen. Die frühesten Minnelieder der berühmten Sammlung „Des Minnesangs Frühling"[139] sind ganz deutsch und zeigen noch keinen Einfluss der französischen Lyrik. Das gilt vor allem für die namenlosen Lieder, aber ebenso für den Kürenberger, den Burggrafen von Regensburg, Dietmar von Eist und sogar Kaiser Heinrich, von dem drei außerordentlich schöne Lieder überliefert sind.

---

139 Des Minnesangs Frühling. Nach Karl Lachmann, Moritz Haupt und Friedrich Vogt, neu bearb. v. Carl von Kraus, 32. Aufl. Stuttgart 1959.

Nebenbei bemerkt, waren auch die provençalischen Dichter im Stauferreich keine Ausländer. Burgund, das auch die Provence umfasste, gehörte ja seit Konrad II. zum Reich und war durch die Vermählung Friedrich Barbarossas mit Beatrix von Burgund (1156) auch dynastisch verbunden. Das mittelalterliche Kaiserreich erstreckte sich im Westen bis an die Rhône und im Süden bis an den Tiber, ja sogar bis Benevent, ganz abgesehen davon, dass unter Heinrich VI. auch noch das Königreich Sizilien staufisch wurde. Verglichen mit der Weite dieser Welt ist das preußisch-deutsche Reich von 1871 doch ein recht provinzielles Gebilde!

An Baudenkmälern ist uns aus jener glänzenden Zeit weniger erhalten geblieben als an Literatur, und doch auch mehr, als man oft denkt. In Schwaben selbst ist die Kaiserpfalz von Wimpfen sicherlich das spektakulärste Denkmal, als zweites ist das staufische Hauskloster Lorch (bei Schwäbisch Gmünd) zu nennen, das als Grablege der Staufer gedacht war, wo aber nur Herzog Friedrich begraben liegt. Bedeutender als Lorch ist jedoch das Zisterzienserkloster Maulbronn, dessen erste Bauphase (1147 – 1180) in die Regierungszeit Barbarossas fällt. Die strengen, monumentalen Bauten der Kirche und des Klausurbereichs einerseits und die schönen Fachwerkgebäude des Wirtschaftsbereichs andererseits bilden ein Ensemble mittelalterlicher Architektur, wie man es nur noch selten in so gutem Erhaltungszustand findet.

Es gibt aber außerhalb Schwabens eine Reihe außerordentlich großer und schöner Kirchen der Stauferzeit, an erster Stelle den Bamberger Dom. Nach einem verheerenden Brand des ottonischen Baus 1185 entschloss sich Bischof Ekbert von Andechs-Meranien zu einem monumentalen Neubau im hochromanischen Stil, der 1237 geweiht wurde. Obwohl um diese Zeit die Gotik bereits bekannt war, wollte man doch die als „kaiserlichen Stil“ anerkannte Romanik beibehalten, und in der Tat ist hier das letzte, aber zugleich eines der schönsten Beispiele dieses Stils entstanden. Dabei war man keineswegs blind für die neuen Entwicklungen in Frankreich und gestaltete die hohen, ziemlich schlanken Türme nach dem Vorbild der Kathedrale von Laon. In Marburg aber ging man zur selben Zeit einen großen Schritt weiter und baute die erste rein gotische Kirche Deutschlands zu Ehren der hl. Elisabeth von Thüringen.

Wenig später (zwischen 1235 und 1260) entstand in Trier neben dem Dom die Liebfrauenkirche, die „sowohl in der Raumkonzeption und ihrem Baukörper wie auch in ihrer Ikonologie von Architektur und Skulptur ein Unikum in der europäischen Gotik" darstellt.[140] Einmalig ist vor allem der Grundriss: ein Zentralbau mit zwölf Konchen, von denen nur die östliche zu einem Chor verlängert ist. Betrachtet man den Bau von innen, erscheint er wie ein griechisches Kreuz, bei dem in die Winkel der Kreuzarme je zwei Konchen (oder Apsiden) eingefügt sind. Es gibt kantonierte Pfeiler wie in Chartres und Rippengewölbe von verwirrender Vielfalt (aufgrund des irregulären Grundrisses); wahrhaftig ein Bau „von absolut einmaligem Charakter" und zugleich eine Kirche, die mit ihrer Atmosphäre zum Gebet einlädt, ja geradezu dazu zwingt.

Dann gibt es aber noch eine fast unübersehbare Anzahl staufischer Burgen. Das Register der Monographie von Walter Hotz[141] umfasst (wenn ich richtig gezählt habe) sage und schreibe **478** Pfalzen und Burgen! Zwar werden von dieser Aufstellung auch einige Kreuzfahrerburgen im Orient umfasst, aber die allermeisten finden sich doch in Deutschland und Italien.

Alle Staufer, angefangen von Konrad III., waren zwar eifrige Burgenbauer, aber von Friedrich II. ist überliefert, dass er eigenhändig Entwürfe für seine Burgen zeichnete und sie nach seinen sehr genauen Vorgaben ausführen ließ. So heißt es über das Brückenkastell von Capua: „quod ipse (sc. Imperator) manu propria consignavit" (welches der Kaiser selbst eigenhändig aufgezeichnet hat). „Der Monarch, der von anderen Biographen *artifex peritus,* ‚erfahrener Künstler' genannt wird, dessen Naturbeobachtungen im Buch über die Falkenjagd niedergelegt waren, dem sieben Sprachen in Wort und Schrift zu Gebot standen, konnte gewiss auch zeichnen."[142]

140 Franz Romig: Die Trierer Doppelkirchenanlage Dom und Liebfrauen, in: Unser Weltkulturerbe, Köln 1998, S. 37 – 43, Zitat S. 42.
141 Walter Hotz: Pfalzen und Burgen der Stauferzeit, Darmstadt 1981.
142 daselbst S. 330.

Die berühmteste Burg Friedrichs, Castel del Monte, ist sicherlich auch von ihm selbst entworfen worden: ein großes Achteck, das an jeder der Ecken wiederum durch einen achteckigen Turm verstärkt wird, ein Werk von geometrischer Vollkommenheit, wie es kaum ein zweites gibt, und zugleich von großer Symbolik: Achteckig ist auch Karls Pfalzkapelle in Aachen, achteckig die Krone des deutschen Reiches. – Es ist eine Tragödie, dass dieses Reich kurz nach dem Tod des großen Staufers durch die Machtgier der Päpste so ruiniert worden ist, dass es nie mehr zu seiner alten Herrlichkeit zurückgefunden hat.

Die Schwaben und das Nibelungenlied

Vom Nibelungenlied, das um 1200 gedichtet worden ist, gibt es etwa drei Dutzend Handschriften, deren älteste, die Handschrift B, um 1200 geschrieben und in St. Gallen aufbewahrt ist. Die Handschrift A, um 1270 entstanden, stammt aus Hohenems und liegt seit 1810 in der Staatsbibliothek zu München, die Handschrift C, ebenfalls aus Hohenems, eine Überarbeitung des Originals, befindet sich in Donaueschingen. Es fällt auf, dass sich gerade die ältesten und vollständigsten Handschriften im deutschen Südwesten finden. Was war es denn, was gerade die Schwaben und Alemannen so an dieser Dichtung faszinierte, dass sie Abschriften davon besitzen wollten?

Auf den ersten Blick könnte man vermuten, dass es an der Nachbarschaft liegt; denn seit sich die Burgunder um 410 n. Chr. in der Gegend um Worms und Mainz ansiedelten, waren sie immer direkte Nachbarn der Schwaben. Daran änderte sich auch nicht viel, als sie sich nach der verheerenden Niederlage gegen die Hunnen 436 im Gebiet zwischen Rhone und Genfer See niederließen, denn die Alemannen besiedelten seit der Mitte des 5. Jahrhunderts auch das Gebiet der heutigen Schweiz, sodass ihre Wohnsitze wieder an die burgundischen stießen. Nach der Neugründung des burgundischen Reichs durch Graf Bosco von Vienne 879 gehörten die Gebiete von Basel bis Bern und sogar der Aargau zu diesem Reich.

Aber es muss wohl tiefere Gründe gegeben haben, warum das Nibelungenlied den Schwaben so wichtig war. Als das erste Burgunderreich durch die Hunnen vernichtet wurde, erinnerte sie das an ihr eigenes Schicksal. Auch sie hatten einst im 1. Jahrhundert v. Chr. versucht, in Gallien fußzufassen; 72 v. Chr. waren sie unter Ariovist den Sequanern gegen die Häduer zu Hilfe gekommen und hatten dafür Wohnsitze an der Loire beansprucht. Als dann Caesar daranging, Gallien für die Römer zu erobern, hatten sie 58 v. Chr. jene schreckliche Niederlage im Sundgau erlitten. Ähnlich war es nun den Burgundern ergangen, die im Jahr 435 n. Chr. versucht hatten, Belgien zu erobern und danach vom römischen Reichsfeldherrn Aetius mit Hilfe der Hunnen schrecklich bestraft worden waren. Die Parallele war offenkundig: Der Versuch eines germanischen Volkes, sich in Gallien niederzulassen, wurde von den Römern mit Waffengewalt verhindert. Erst als deren Machtstellung auch in Gallien allmählich zusammenbrach, gelang es den Franken unter Chlodwig, sich Nordgallien anzueignen.

Die historischen Voraussetzungen sind soweit klar, aber die Frage bleibt offen, wie dieser Stoff in die Literatur gelangt ist. Man weiß, dass die Germanen Heldenlieder kannten, von denen in deutscher Sprache allein das Hildebrandslied erhalten ist und nicht einmal dieses vollständig. Aber anhand der Lieder-Edda aus Island lässt sich ein Bild von solchen Dichtungen machen. Dass die Burgunder ein so einschneidendes Ereignis wie die Hunnenschlacht von 436 nicht in Liedern besungen hätten, ist unwahrscheinlich. Die große Frage ist nur, warum diese Lieder völlig verschwunden sind und ein später Nachhall von ihnen erst um 1200 wieder zu hören ist, teils in der nordischen Edda, teils im deutschen Nibelungenlied.

Man wird sich die Entwicklung folgendermaßen vorstellen müssen: Die burgundischen Lieder waren nach germanischer Sitte stabgereimt. Diese Form konnte nur so lange erhalten bleiben, wie auch die Sprache germanisch blieb. Nun nahmen jedoch die Burgunder in der Folgezeit die galloromanische Sprache an. Im späten 5. und im 6. Jahrhundert bildete sich nämlich allmählich die germanisch-romanische Sprachgrenze aus und Burgund lag auf der romanischen Seite. Dazu kommt, dass die Burgunder, die bisher Arianer waren, 516 den katholischen Glauben annahmen und sich dadurch noch weiter von ihren germanischen Ursprüngen entfernten. Die Schwaben aber waren im 6. Jahrhundert noch Heiden. Es ist also nicht unwahrscheinlich, dass bei ihnen um diese Zeit noch Heldenlieder gesungen wurden. Wenn es nun nicht nur ein isländisches, sondern sogar ein grönländisches Atlilied gibt, wird man annehmen dürfen, dass sich die Schwaben, die dem Schauplatz des Ereignisses so viel näher standen, erst recht damit befassten.

Warum aber ist nichts davon erhalten? Erstens, weil diese Lieder nur mündlich überliefert wurden, und zweitens, weil sich auch die Schwaben im 7. Jahrhundert zum Christentum bekehrten und allmählich das Interesse an den heidnischen Sagenstoffen verloren. Karl d. Gr. soll als letzter eine Sammlung von germanischen Heldenlieder veranlasst haben, die leider nicht erhalten ist; und ein Epos von der Art unseres Nibelungenliedes gab es noch nicht. Die Gebrüder Breuer, deren bahnbrechende Arbeit von 1995 die Nibelungenforschung auf eine völlig neue Grundlage gestellt hat, schreiben dazu: „Eine Nibelungendichtung ist aus karolingischer Zeit nicht überliefert und bezeugt und konnte es unserer Auffassung nach zu dieser Zeit auch nicht geben."[143] Somit bleibt eine riesige zeitliche Lücke zwischen den Ereignissen des 5. Jahrhunderts und der Stauferzeit, sodass man sich fragen muss, in welcher Form der Stoff weitergegeben worden ist.

Darüber ist in der germanistischen Forschung seit dem 19. Jahrhundert viel gerätselt und spekuliert worden. Carl Lachmann stellte 1826 die Hypothese auf, das Werk sei aus zwanzig einzelnen Lieder zusammengefügt, Karl Bartsch, der 1870 – 80 die erste wissenschaftliche Ausgabe veröffentlichte, widersprach dieser These. Andreas Heusler stellte 1905 seine „Schwelltheorie" auf, dass das Lied durch ein Anschwellen des Stoffs zu epischer Breite entstanden sei. Helmut de Boor schließlich stellte die große Leistung des Nibelungendichters heraus und vertrat die Auffassung, dass dieser das Lied aus zwei sehr unterschiedlichen Teilen zusammengefügt und dem Zeitgeschmack angeglichen habe.

In der Einleitung seiner Ausgabe des Epos schreibt er: „Um das Jahr 1200 gedichtet, ist das Nibelungenlied etwa gleichzeitig mit dem Iwein, dem letzten Werk Hartmanns von Aue erschienen und etwa um ein Jahrzehnt älter als der Tristan Gottfrieds von Straßburg und der Parzival Wolframs von Eschenbach. Sein Dichter ist

143 Dieter Breuer und Jürgen Breuer: Mit spaeher rede. Politische Geschichte im Nibelungenlied, Wilhelm Fink Verlag München, 2. Aufl. 1999, S. 25 .

uns nicht bekannt; er war ein ritterbürtiger Österreicher, im Donautal zwischen Passau und Wien beheimatet, ein Landsmann und Zeitgenosse Walthers von der Vogelweide. Manches spricht dafür, dass er dem Hof des literarisch interessierten Bischofs Wolfger von Passau (1194 – 1204) angehörte. Sicherlich hatte er auch Beziehungen zum Hof der Babenberger in Wien, dem Zentrum höfischer Kultur und Dichtung im deutschen Südosten."[144]

Diese Überlegungen weisen in eine völlig falsche Richtung und sind seit den Forschungen der Gebrüder Breuer eigentlich Makulatur, auch wenn das von der Germanistenzunft bisher noch nicht anerkannt ist. Danach weisen alle Indizien nicht in den Südosten, sondern in den Wormsgau, nach Lothringen und nach Burgund, also in den Westen des deutschen Reiches. „Wenn sich der burgundische König Gundobad (480 – 516) in der Lex Burgundionum als Nachfolger der Wormser Burgunderkönige Gibica, Gundomar und Gislahar bezeichnet, wenn ferner der Merowingerkönig Chlothar I. (511 – 584) seinen Söhnen die burgundischen Königsnamen Gundhar, Guntchramm und Chilperich gibt, sich somit in die ältere Tradition des Burgundenreiches stellt, bevor er 534 Burgund dem Frankenreich einverleibt, wenn schließlich auch der Karolinger Childebrand († 752), Halbbruder Karl Martells, als Graf von Burgund auftritt und seinen Sohn Nibelung nennt – dann wird deutlich, woraus diese Sagen ihre Lebenskraft beziehen: Das Anknüpfen an die Tradition des Wormser Burgunderreiches diente schon in hochburgundischer und merowingischer Zeit der Legitimierung der Königsherrschaft."[145]

Darüber hinaus ist es den Forschern gelungen, die zeitliche Kluft zwischen der Merowinger- und der Stauferzeit zu überbrücken, indem sie akribisch nachgewiesen haben, dass der Nibelungendichter die alte Burgundergeschichte eigentlich nur als Vorwand benutzt hat, um eine Geschichte vom Aufstieg, Glanz und dem drohenden Untergang des fränkisch-deutschen Reiches zu schreiben. Dabei verquickte er auf raffinierte Weise die Ge-

144 Das Nibelungenlied. Zweisprachig, herausgegeben und übertragen von Helmut de Boor, Parkland Verlag Köln, Lizenzausgabe 2004, Einleitung S. 5 f.
145 Breuer a. a. O. S. 7.

schichte der Burgunderreiche um 900 mit jener der ersten Salier und schließlich jener der Staufer. Um 900 gab es nämlich drei Reiche: Niederburgund unter König Boso und seinem Sohn Ludwig III., Hochburgund unter dem Welfen König Rudolf I. und das Herzogtum Burgund unter Richard dem Gerechten. Im 11. Jahrhundert wurde Kaiser Heinrich II. vom letzten burgundischen König Rudolf III. zum Erben eingesetzt und Kaiser Konrad II. trat dieses Erbe an. Schließlich wurde durch die Heirat Friedrich Barbarossas mit Beatrix von Burgund diese Verbindung aufs neue gefestigt.

„So wie Graf Nibelung I. (von Burgund) den Beginn des karolingischen Königshauses verfassen ließ, wird das Ende dieser Herrscherfamilie von Dichter im Nibelungenlied zur Stauferzeit geschildert. In den Bildern der alten maeren entwickelt der Dichter seine Version der Reichsgeschichte. Ihren verheißungsvollen Anfang hatte er in der Darstellung Nibelungs I. gefunden. Seine Aufgabe sah er ... in der Darstellung ihres Höhepunkts zur Regierungszeit der Kaiser Heinrich II., Konrad II., Heinrich III. und ihres Endes unter der Stauferdynastie. Als Schauplatz für seine dichterisch verhüllte Continuatio der fränkischen Reichsgeschichte wählte er Worms, weil er so die alten maeren der Burgunder auf das Zeitalter beziehen konnte, als das Königshaus dem Wormser Raum entstammte, nämlich die Zeit der Salier Konrad II. und Heinrich III., die selbst Könige von Burgund wurden.“[146]

So hat also der Nibelungendichter seinen Stoff weniger aus der alten Burgunder- als vielmehr aus der fränkisch-deutschen Reichsgeschichte bezogen, wenn auch im Gewand der alten maeren kunstvoll verhüllt. Selbst die Namen der Helden des Nibelungenliedes stammen meist aus jüngerer Zeit. So haben die Breuers herausgefunden, dass sie sich auch im Verbrüderungsbuch des Klosters Reichenau um 825 bis 830 finden: „Nun ist bei den adligen Stiftern zugunsten des Klosters Reichenau nicht nur die sehr häufige Nennung und Beteiligung der Bligger-Familie auffällig; gleichzeitig muss man feststellen, dass 42 der 65 Namen, die im

---

146 daselbst S. 27/ 30.

Nibelungenlied genannt sind, bei den verstorbenen und bei den noch lebenden Gönnern verzeichnet sind, und zwar großteils in mehrfacher oder vielfacher Nennung."[147]

Da treten also auf der Reichenau, im Herzen Schwabens, die Namen desselben Personals auf, das wir aus dem Nibelungenlied kennen! Es sind allerdings nicht die Namen des schwäbischen, sondern des fränkisch-lothringischen Adels, zu denen auch die Herrn von Steinach zählen, denn ihre Familie stammt ursprünglich aus der Gegend von Metz. Bligger II. aber ragt aus der Reihe seiner Familie in jeder Beziehung heraus. „Politisch stand er der herrschenden Dynastie der Staufer so nahe, dass er in mehreren Urkunden des Kaisers Friedrich Barbarossa und vielen Zeugnissen von dessen Sohn Kaiser Heinrich VI. persönlich genannt wurde; dies war völlig unüblich für die Gefolgsleute, die kein Grafentitel schmückte und die nicht der hohen Geistlichkeit angehörten. Ähnlich wie sein Bekannter Friedrich von Hausen war Bligger in den Kaiserhof der Staufer persönlich eingeführt und hatte somit direkte Kontakte zu den geistlichen und weltlichen Würdenträgern des Reiches. Bliggers Einfluss auf den Hof wuchs nach dem Tode Friedrich Barbarossas und dem Regierungsantritt von dessen Sohn Heinrich VI. noch erheblich, er unterzeichnete die Kaiserurkunden zusammen mit den Grafen von Leiningen, von Hohenberg, von Zweibrücken, dem Burggrafen von Nürnberg, den Grafen von Kastell und den einflussreichen Reichsministerialen wie den Herren von Bolanden."[148]

Er bewegte sich also im Umkreis der großen staufischen Kaiser und darf wohl als Ghibelline gelten. Sein Stammsitz war die Hinterburg, eine der Burgen von Neckarsteinach nahe Heidelberg. Dass diese Gegend zu Baden-Württemberg gehört, bedeutet allerdings nicht, dass die Schwaben den Dichter nun für sich beanspruchen dürften. Der ganze Norden dieses Bundeslandes ist ja fränkisch und Bligger stammt aus einem uralten fränkischen Geschlecht. Aber die Sprache, in der er dichtet, das Mittelhoch-

147 Jürgen Breuer: Bligger II. von Steinach. Der Dichter des Nibelungenliedes, Geiger Verlag Horb am Neckar, 1. Aufl. 1999, S. 54.
148 daselbst S. 14 f.

deutsche, ist nichts anderes als die alte alemannische Schriftsprache. Und so hat das Nibelungenlied letztlich doch wieder mit den Schwaben oder Alemannen zu tun, deren Geschichte so eng mit jener der Burgunder verknüpft ist.

Das Schwäbisch-Alemannische

Sprachwissenschaftlich betrachtet stellt das Schwäbisch-Alemannische eine der drei „Mundartgruppen oder Sprachräume“ dar, die zusammen das Oberdeutsche bilden. Das Standardwerk „Geschichte der deutschen Sprache“ von Adolf Bach unterscheidet:

1. das oberdeutsche Fränkisch:
   a) das Südfränkische
   b) das Ostfränkische
2. das Alemannische:
   a) das Schwäbische
   b) das Nieder- und
   c) das Hochalemannische
3. das Bayerische:
   a) das Mittel-
   b) das Süd- und
   c) das Nordbayerische.[149]

Da jeder dieser drei Sprachräume mehrere Regionaldialekte und zahlreiche Ortsmundarten umfasst, wird man wohl von Sprachen reden dürfen, auch wenn sie im Rahmen des gesamtdeutschen Sprachgebiets als Dialekte erscheinen mögen. Und wenn man von einer schwäbischen Sprache redet, umfasst das zunächst das Schwäbisch-Alemannische insgesamt, doch wird man dann ab dem 15. Jahrhundert zwischen den beiden Teilräumen Schwäbisch und Alemannisch unterscheiden müssen.

Was das gesamte Oberdeutsche kennzeichnet, ist die vollständige Durchführung der zweiten oder hochdeutschen Lautverschiebung, bei der vor allem die stimmlosen Verschlusslaute p, t und k verschoben worden sind. Dabei wurde

p zu pf (pund zu pfunt) oder zu f (helpan zu helfan),
t zu z (tiuhan zu ziohan) oder s (etan zu ezzan),

---

149 Adolf Bach: Geschichte der deutschen Sprache, S. 77.

k zu kch, geschrieben ch (werk zu werch) oder ch, geschrieben hh (makon zu mahhon).

Außerdem wurden die stimmhaften germanischen Reibelaute ƀ, đ und ǥ, die wir gar nicht mehr kennen, zu unbehauchten Verschlusslauten p, t, k: bair. peran = fränk. beran (tragen), bair. kepan = fränk. geban (geben) usw.

Im Schwäbisch-Alemannischen hat sich diese Lautverschiebung, beginnend mit t zu z, vom 6. bis zum 9. Jahrhundert hingezogen, war also in althochdeutscher Zeit im wesentlichen abgeschlossen.

Was aber unterscheidet nun das Schwäbisch-Alemannische von den beiden andern oberdeutschen Sprachen? Zunächst einige Besonderheiten bei der Konjugation von Verben. Die wichtigen Verben *gehen* und *stehen* lauten ahd. *gangan* und *stantan.* Beide haben die häufig verwendeten Kurzformen *gān* bzw. *gēn* und *stān* bzw. *stēn.* Dabei gilt der Vokal ā grundsätzlich fürs Schwäbische, ē fürs Fränkische wie fürs Bairische. Schon in althochdeutscher Zeit konnte man schnell erkennen, ob einer Schwabe war oder nicht.

Alle diesen alten Formen sind bis heute erhalten, wenn sie sich im Verlauf von tausend Jahren auch lautlich verändert haben. Aus *gān* und *stān* ist *gão* und *stão* geworden, ähnlich *hão* aus *han* (Kurzform von haben), aus *gangan* und *stantan* *gangə* und *standə.*

Zur Erinnerung: Die aus dem Portugiesischen entlehnte Tilde (ã, õ) bezeichnet Nasal, das gestürzte e (ə) steht für den Indifferenzlaut, einen undeutlichen, leicht nasalen Laut zwischen a und e.

Wenn nun also Norddeutsche meinen, die Schwaben sprächen kein Hochdeutsch (und von einer blöden Werbung auch noch darin bestätigt werden), so täuschen sie sich gewaltig! Es ist allerdings eher Alt- als Neuhochdeutsch.

Neuhochdt.	ich gehe, du gehst, er geht, wir gehen, ihr geht, sie gehen;
Schwäb.	ih gang, du gåscht, er gåt, mir/ ihr/ se gond;
Althochdt.	gām, gāst, gāt, gāmās, gāt, gānt.

Anmerkung: Das å (aus dem Schwedischen) steht für ein aus a entstandenes offenes o.

Die neuhochdeutschen Formen sind aus den fränkischen mit ē entwickelt und zerdehnt worden, weil man nicht mehr begriff, dass es sich um endungslose Verben (sog. mi-Verben) handelt, die kein –en benötigen. Zu dieser Gruppe gehört auch das Verbum substantivum *sein* und das Verb *tun,* ahd. *tuon.* Dieses hat im Plural: *tuon, tuot, tuont;* das letzte ist zum Einheitsplural *mir/ ihr/ se dont* geworden.

Dazu eine kleine Geschichte, um das harte Brot der Grammatik ein wenig einzuweichen: In meiner Heimat kannte man einen Musteraufsatz zu dem Thema „Abends daheim"; der lautete: „Die Mutter tut die Läden rein. Mir Kind dont kähl. Der Vatter leit auf dem Kanapee und furzet." (Anm. *kähl tun* bedeutet: umtreiben, Lärm machen.)

Ein anderes Merkmal des Schwäbischen ist der Einheitsplural der Verben; er lautet bei allen drei Personen –et: *mir/ ihr/ se kommet, mir/ ihr/ se ganget, schlåfet, läebet usw.* Das hat seinen Grund in einer zweiten schwäbischen Eigenheit: der Nasalierung des n. In vielen Positionen verschmilzt das n mit dem vorausgehenden Vokal, der dann nasal gesprochen wird: Aus *Mann* wird *Mãã,* aus *kann kãã*, aus *anfangen ãfangə*. (Anm. Der Unterschied zwischen dem ersten und dem letzten Vokal besteht darin, dass der eine ein betontes nasales a, der andere den unbetonten Indifferenzlaut darstellt.)

Zurück zum Einheitsplural: Im Mittelhochdeutschen lautet die Formenreihe: *wir komen, ir komet, sie koment.* Da nun das n bei der 3. Person nasaliert wird, erscheint sie im Schwäbischen als *kommət.* Nun steht die 1. Person mit ihrem –en allein da und wird deshalb den andern beiden angeglichen. Im Fränkischen heißt es dagegen: *mir kummə, ihr kummet, se kummə;* im Bairischen: *mir kemmen, ihr kemmts, sie kemmen.* Bei den meisten Verben fällt aber das e der Endung aus; so heißt es dann: *essn, noogln, sång* (sagen), *leeng* (legen) usw.

Wie beim schwäbischen Plural das –et für alle drei Personen gilt, gibt es auch im Singular eine Vereinheitlichung bei den Verben der V. Klasse vom Typ ahd. *geban, gibu, gab, gābun, gigeban* (nhd. geben). Da gilt im allgemeinen die Formenreihe: *ich gebe, du gibst, er gibt; wir geben, ihr gebt, sie geben.* Im Schwäbischen dagegen hat die 1. Person ein i, also: *ih gib.* Ebenso heißt es: *ih nimm, ih sieh, ih iss.* Das ist nicht falsch, sondern der ahd. Lautstand! Es hat außerdem den Vorteil, dass auch der korrekte Imperativ *gib! nimm! iss!* usw. erhalten bleibt, wogegen man im Fränkischen hört: *geb! nemm! ess!* usw.

Schwaben lieben keine Umstände und haben deshalb das System der Tempora (der Zeitformen des Verbs) radikal vereinfacht: Sie gebrauchen nur zwei, nämlich Präsens und Perfekt, wobei das eine zugleich für das Futur, das andere auch für das Präteritum steht. Wenn einer sagt: „Ich verreise übermorgen", ist doch klar, dass es Futur ist; warum sollte er die umständliche Formulierung „Ich werde übermorgen verreisen" verwenden? Und „Ich ging spazieren" erscheint jedem Schwaben als gestelzt; er sagt also: „Ih bĩ spazierə gangə." Nur das Präteritum von *sein* wird öfters gebraucht: „Ih war wiider ãmål krank."

Das alles bedeutet nun aber nicht, dass es keine Konstruktionen mit dem Hilfsverb *werden* gäbe. Man sagt z. B. „Ih werr doch wissə, wie alt ih bĩ!" oder (was ich einmal von einem Wachposten gehört habe) „Ih werr doch it schießə!" *Werden* hat also eher affirmative als futurische Bedeutung.

Zur Not gibt es auch ein Plusquamperfekt, das, weil das Präteritum fehlt, als doppeltes Perfekt konstruiert wird: „Weil ih des schõ vorher gwisst ghett hão, bĩ-n-e ed drauf rãegfallə." (Also: gewusst gehabt habe, statt: gewusst hatte!)

Das Schwäbische besitzt auch einen Konjunktiv I von *haben.* Die Schwierigkeit beim richtigen Gebrauch des Konjunktivs besteht bekanntlich darin, dass sich der Konjunktiv I nur in der 3. Pers. Sg. vom Indikativ unterscheidet: *er gehe/ er geht.* In allen anderen Fällen muss man auf den Konjunktiv II ausweichen, falls man ihn nicht gleich ganz vernachlässigt, wie es häufig zu beobachten ist.

In der Standardsprache hat nur das Verbum substantivum einen vollständigen Konj. I: *ich sei, du seiest, er sei* ... Doch im Schwäbischen kennt man auch einen Konj. I von *haben: ih häb, du häbescht, er häb; mir/ ihr/ se häbet.* Das dürfte der Grund sein, weshalb Schwaben auch beim Gebrauch der Schriftsprache sorgfältiger auf die Konjunktive achten.

Schwäb.	*Ih mõe, ih häb em-s gsait.*
Standard:	*Ich meine, ich hätte es ihm gesagt.*
Schwäb.	*Se saget, se häbet nix gwisst.*
Standard:	*Sie sagen, sie hätten nichts gewusst.*

Vom Fränkischen unterscheidet sich das Schwäbische vor allem durch die Aussprache der weichen Verschlusslaute b, d, g, die hier durchweg als Verschlusslaute, im Fränkischen dagegen als Reibelaute gesprochen werden. So stehen sich gegenüber:

sagə / soochə, Magə / Moochə, Gaabl/ Gawl, gäebə / gewə, dett/ sätt (dort).

Im Hohenlohischen gibt es einen beliebten Spruch: „Ih sooch net sou un sooch net sou, dass neamed soochə kou, ih hett sou oder sou gsocht!" Frei übersetzt: Ich äußere mich dazu nicht, damit niemand sagen kann, ich hätte das oder jenes gesagt. (Dieses Sprüchlein besagt auch einiges über den fränkischen Nationalcharakter.)

Die harten Verschlusslaute werden im Schwäbisch-Alemannischen unterschiedlich gesprochen, im Norden weich, in der Mitte hart, aber nicht aspiriert, im Süden dagegen sehr hart mit deutlicher Aspiration. Der Grund ist, dass sich quer durch das ganze Sprachgebiet die Grenzzone der binnendeutschen Konsonantenschwächung zieht. In den binnendeutschen Mundarten von der Pfalz bis nach Sachsen (und früher Schlesien) werden p, t, k sehr weich gesprochen. Berühmt ist der Ausspruch sächsischer Soldaten vor einer Schlacht (bei Leipzig 1813?): „Ohne Gaffee gennen mer nicht gempfn!" So extrem ist es im Schwäbischen nirgends, aber das t ist in weiten Teilen zu d „lenisiert". Die Linie, die *weder* von *wetter* trennt, läuft von Basel zur oberen Donau und dann etwas südlich davon bis gegen Augsburg hin. Die Linie, die *gnecht* von *knecht* trennt, verläuft vom Bodensee nordöstlich gegen Augsburg zu und bildet von da nach Norden einen Finger bis ins Ries.

In Oberschwaben und im Allgäu werden die Konsonanten härter gesprochen als weiter nördlich und östlich. Das Hochalemannische der Schweiz zeichnet sich vor allem dadurch aus, dass k zu kch verschoben ist: *kchind, kchuchikchaschtli.* Wenn nun in schwäbischen Wörterbüchern das Schweizerdeutsche verständlicherweise nicht berücksichtigt wird, ist es doch falsch, immer nur die weichen (lenisierten) Formen zu verzeichnen, die im Norden des Sprachgebiets vorherrschen. Es heißt halt nicht überall *denggə,* sondern sehr wohl auch *denkə* oder gar *denkche.*

Eine schwäbische Besonderheit liegt darin, dass das g zwischen Vokalen zu i werden kann. Aus *er saget* wird *er sait,* aus *er liget: er leit,* aus *er traget: er trait.* In ähnlicher Weise kann auch ein b verschwinden: *er gib(e)t* wird zu *er geit.* Diese Form gibt es allerdings auch im Hohenlohischen. *Er sait* ist dagegen typisch schwäbisch; im Fränkischen heißt es: *er secht.*

Die Einheit der schwäbischen Sprache ist erst am Ende des Mittelalters, im 14. und 15. Jahrhundert, durch die neuhochdeutsche Diphthongierung zerbrochen, die nur das Schwäbische (im engeren Sinn) mitgemacht, der sich jedoch das Alemannische verweigert hat. Einfacher gesagt: Die Diphthonge kamen nicht über den Schwarzwald! – Worum handelt es sich? Die langen Vokale î und û und der ursprüngliche Diphthong iu , gesprochen als langes ü, sind zerdehnt worden: î wurde zu ei, û zu au, ü zu ei/ eu.

Im Alemannischen heißt es:	*Zît, Wîb, mî, Hûs, Hûfə, Sû, Hüüser, hüüt,*
im Schwäbischen:	*Zeit, Weib, mãe, Haus, Haufə, Sau, Heiser, heit.*

Das Alemannische ist also auf dem alten Lautstand stehen geblieben (wie übrigens auch das norddeutsche Platt), das Schwäbische dagegen hat die neuhochdeutschen Formen angenommen.

Nachdem î zu ei und û zu au geworden war, trat ein Problem auf: Es gab ja alte ei und au (mhd. ou geschrieben), mit denen die neuen nicht zusammenfallen durften, weil sonst viele Wörter ununterscheidbar geworden wären. Wenn *lîp* zu *Leib* wird, muss *Leib* weichen und zu *Laib* werden, wenn *wîde* (salix) zu *Weide* wird, muss eigentlich auch *weide* (pratum) anders lauten. Dummerweise hat die Schriftsprache diese Entwicklung völlig verschlafen und wirft nun alte und neue Diphthonge (Zwielaute) wie Kraut und Rüben durcheinander. Dabei wäre es einfach gewesen, geschlossene (ei, au) und offene Diphthonge (ai, ao) zu unterscheiden, aber nur in ganz wenigen Fällen ist das tatsächlich geschehen: *Leib/ Laib, weise/ Waise, rein/ Rain,* dann noch in *Hain* und in einigen Fluss- und Landschaftsnamen: *Main, Kraichgau.* Ein ao aber wird nie geschrieben.

Das Schwäbisch-Alemannische ist da viel konsequenter und unterscheidet alte und neue Diphthonge in jedem Fall. Langes î bleibt, wie gesagt, im Alemannischen erhalten (Zît, wîß) und wird im Schwäbischen zu ei (Zeit, weiß), altes ei wird im Alemannischen zu ai (Gaiß, brait), im Schwäbischen zu oi oder oa (Goiß/ Goaß, broit/ broat). Langes û bleibt im Alemannischen erhalten (Hût) und wird im Schwäbischen zu au (Haut), altes ou bleibt dort erhalten (gloubə/ glaubə) und wird hier zu ao (glaobə). – Vielleicht nehmen es Schwaben und Alemannen doch etwas genauer mit der Sprache als viele andere.

Die Binnengliederung des Schwäbischen

Das Schwäbische im engeren Sinn wird traditionell in drei (neuerdings auch mehr) Zonen geteilt: das West-, Mittel- und Ostschwäbische. Die Grundlage dafür ist die Aussprache der langen Vokale e und o: Im Westen sind sie diphthongiert zu ai und ao (Schnai/ graoß), in der Mitte monophthong ee und oo (Schnee, grooß), im Osten wieder diphthongiert, aber anders als im Westen, nämlich äe und oa (Schnäe/ groaß).

Das ist nur eine grobe Einteilung, die eine erste Orientierung gibt; denn es existiert auch ein merklicher Unterschied zwischen einem nördlichen und einem südlichen Gebiet, sodass man auf fünf oder gar sechs Teilgebiete kommt. Die Grenze zieht sich von Rottweil ostwärts Richtung Donau hin, im Raum Sigmaringen nördlich, dann südlich des Flusses, nördlich von Biberach und Memmingen bis an den Lech nördlich von Landsberg. So entsteht ein kleines südwestschwäbisches Gebiet zwischen Rottweil und Donau, ein größeres südschwäbisches in Oberschwaben und ein südostschwäbisches in Bayrisch-Schwaben, das aber nur einen Teil davon umfasst, denn im Memmingen und Kempten spricht man Südschwäbisch, in der nördliche Hälfte des Regierungsbezirks Ostschwäbisch.

In einer neueren Studie der Universität Tübingen findet sich folgende Einteilung:

1. Westschwäbisch zwischen Tuttlingen, Freudenstadt, Ludwigsburg, Albstadt,
2. Mittelschwäbisch zwischen Sigmaringen, Ulm, Backnang, Tübingen,
3. Ostschwäbisch zwischen Welzheim, Ulm, Donauwörth, Ellwangen,
4. Süd-Mittelschwäbisch zwischen Ulm, Leutkirch, Tuttlingen,
5. Süd-Ostschwäbisch zwischen Ulm, Donauwörth, Füssen, Leutkirch.[150]

---

150 Eberhard Forner und Ewa Wzorek: Das Schwäbisch – Sprachgrenzen

Das ist reichlich kompliziert, ergibt sich aber aus der schon erwähnten Tatsache, dass die drei festgelegten Zonen durch eine Ost-West-Grenze zerschnitten werden.

Konzentriert man sich auf das Mittelschwäbische, lassen sich hier Nieder- und Oberschwäbisch unterscheiden (statt Zentral- und Südschwäbisch). Das eine wird im wesentlichen im Neckargebiet und auf der Alb gesprochen, das andere in Oberschwaben zwischen Donau und Bodensee.

Stuttgarter, die in der oberschwäbischen Bäderlandschaft (Bad Buchau, Bad Schussenried, Bad Waldsee, Bad Wurzach) zur Kur verweilen, bemerken meist schon, dass dort eine andere Mundart gesprochen wird, achten aber nicht sonderlich darauf, da sich die Oberschwaben aus Höflichkeit meist ihren Gästen anpassen und kein „breites" Oberschwäbisch von sich geben.

Kennzeichnend für das Niederschwäbische ist die Verdumpfung von i und u vor Nasalen, wobei das i zu e, das u zu o wird. Die Stuttgarter sagen: *mir send, em Wender, dr Wend, schempfə, Glomb, Honger, Lombə usw.* Ich erinnere mich noch gut an die Rufe das Altwarensammlers, die ich in meiner Kindheit in der Gutbrodstraße im Stuttgarter Westen oft hörte: „Lombə! - Alteise! – Babier!"

Besonders auffällig ist die völlig verschiedene Formulierung des Ausdrucks „unsere Kinder": niederschw. *õsere Kender,* oberschw. *eisere Kind.* Das bedeutet, dass im Süden der mhd. Plural *kint* erhalten geblieben ist. Das Pronomen *uns* hat sich im Neckargebiet zu *ãos* oder *õõs* entwickelt, im Süden dagegen zu *eis.*

Ähnlich markant ist auch die unterschiedliche Form des Partizips Perfekt von *sein: gewesen.* Im Nordosten des gesamten Sprachgebiets heißt es: *gwea* oder *gwä,* im Südwesten, d. h. im alemannischen: *gsi.* Zwischen die beiden Gebiete schiebt sich ein Streifen, wo es *gsãe* heißt.[151] Es ist im Grunde die alemannische Form in schwäbischer Aussprache. (Wahrscheinlich wird sie sich nicht mehr lange halten.)

---

und linguistische Analysen, in: Renaissance des Dialekts? Tübingen 2003, S. 191 – 196, Zitat S. 196.

151 Kleiner Dialektatlas. Alemannisch und Schwäbisch in Baden-Württmberg, Bühl 1993, Karte 5 (S. 22).

Ein weiteres Unterscheidungsmerkmal ist der Gegensatz von niederschw. *ed/ eddə* und oberschw. *it/ ittə* für *nicht.* Jeder Sprachkundige erkennt den Oberschwaben sofort an diesem it! Das sich von Stuttgart aus immer weiter ausbreitende *net* ist nicht wirklich schwäbisch, sondern eher bairisch oder fränkisch. In allen indogermanischen Sprachen gilt das n als Zeichen der Negation; es heißt: nein, non, no, njet, nichts, niente, nada usw. Wie kann es da im Schwäbischen *ed* oder *it* heißen? Der Grund ist die Nasalierung des n. Aber wie kann ein n am Anfang eines Wortes nasaliert werden? Indem es zum n eines vorausgehenden Wortes gezogen wird: *Ih kã-ned* wird zu *ih kã ed, Ih kã-nit* zu *ih kã it* (Ich kann nicht). So bleiben die verstümmelten Formen *ed bzw. it,* die dafür intensiviert werden können. – Der württembergische König Wilhelm I. soll einmal geäußert haben: „Die ersten beiden Wörter, die meine Landeskinder lernen, sind: nõe! eddə!"

Dieses *eddə* bzw. *ittə* verdient eine genauere Betrachtung. Imperative wie auch Partikel können im Alt- und Mittelhochdeutschen durch ein angefügtes –a verstärkt werden. *Holla!* ist die Intensivform von *hol!,* d. h. *hol über!* und war der übliche Anruf an den Fährmann an einem Flussübergang. Wieso daraus das jetzt übliche *hallo!* geworden ist, entzieht sich meiner Kenntnis. *Nein!* wird noch im Mittelhochdeutschen zu *neinâ!* verstärkt. Im Nibelungenlied heißt es an einer Stelle: „Neinâ, herre Sîfrit!"

Auch das *Ja* kann verstärkt werden, aber nicht durch ein angehängtes, sondern durch ein vorausgestelltes a. Ergebnis: *ájå!* (mit markanter Betonung auf dem a). Es wurde noch vor fünfzig Jahren in meiner Heimat allgemein für *doch!* gebraucht, also als positive Antwort auf eine negative Frage: „Håscht kõen Hunger?" – „Ajå!" – Inzwischen ist diese schöne alte Form beinahe ausgestorben.

Die Vorsilbe ge- verliert grundsätzlich ihr e, was dazu führt, dass sie in gewissen Fällen ganz wegfällt, nämlich wenn das g auf ein anderes g, ein k, qu, d, t oder z stößt. So entstehen die Partizipien des Perfekts: *gwäə, gsait, grochə, gläegə, glittə, gstampft, gschriə* usw. einerseits, *gangə, kommə, quält, druckt, zwickt, zweifelt* usw. andrerseits. Es heißt also: „Er håt nix gsait“, aber „Die Schuə hond me druckt“.

Auch die Präposition *ze* bei Ortsnamen verliert grundsätzlich ihr –e, bleibt aber als z‘ erhalten, selbst wenn sie auf ein anderes z stößt. Darum heißt es z. B.: *z‘ Züri, z‘ Zwiefaltə, z‘ Zieglbach* usw. Stößt es auf einen Vokal, wird auch ein Hiatus in Kauf genommen: *z‘ Ulm.* Aber man darf auf keinen Fall einfach *Zulm* sagen!

Es heißt auch bei Richtungsangaben nicht „nach“ wie in der Schriftsprache, sondern „auf/ uf“ oder „ge“. Bei *auf* wird oft ein Adverb hinzugefügt: *uf Stuegert nab, uf Kemptə nauf , uf Memmingə num, uf Minchə nãe...* Das *ge* (mhd. gen) wird dagegen meist ohne Zusatz verwendet: „Ih mueß morgə ge Raveschburg“ oder „Mir fahret ge Augschburg.“

In meiner Heimat hörte ich oft die Anekdote von einem Mann, der eines Abends von der Arbeit heimkam und seiner Frau entgegenrief: „Weib, Weib, tue ‘s Fahrrad raus, ih mueß noh gschwind ge Friedrichshafə!“ Der Witz liegt darin, dass es sich immerhin um 50 Kilometer handelt – einfache Strecke!

Im Dschungel des schwäbischen Vokalismus

Als ich einmal einem Freund aus Niedersachsen zu erklären versuchte: „Mädle ist Singular, Mädlə Plural“, sah er mich irritiert an und gestand: „Ich hör‘ gar keinen Unterschied!“ Das ist ziemlich allgemein, dass man Laute, die in der eigenen Sprache nicht vorkommen, entweder missversteht oder überhaupt nicht wahrnimmt. So bemerken es die meisten Süddeutschen nicht, wenn Norddeutsche in *Rose* oder *lesen* ein stimmhaftes s sprechen. Umgekehrt erkennen Nichtschwaben oft die schwäbischen Nasale oder den Indifferenzlaut nicht, obwohl er auch im Niederländischen üblich ist. (Es heißt S-cheveningə, nicht Scheveningen!) Die Preußen haben bekanntlich aus dem französischen –on ein –ong gemacht. Sie sagen: „pardong!“ oder „Jeder soll nach seiner Fassong selig werden.“ Der langen Rede kurzer Sinn: Man braucht ein gutes Gehör, um die Feinheiten des schwäbischen Vokalismus richtig wahrzunehmen.

Die Grundvokale a, e, i, o, u unterscheiden sich nicht von denen anderer Sprachen. Die Umlaute ä, ö, ü sind nur im Alemannischen vollständig erhalten, im Schwäbischen aber zum Teil entrundet: ö wird als e gesprochen (Kenig), ü als i (Kibl). Dafür hört man in Altwürttemberg oft ein ä, wo es eigentlich nicht hingehört: *Säle (statt Seele), sälig, Sälichkeit, Lährer, ewiges Läben* u. ä. Es sind Wörter aus dem religiösen Kontext, die wahrscheinlich von sächsischen Predigern eingeführt worden sind, als sie hier Luthers Lehre verbreiteten. In katholischen Gegenden spricht man anders; da heißt die Seele entweder Sail (westschwäb.) oder Seel (mittelschwäb.) oder Seal (ostschwäb.).

Als Kind besuchte ich in den Sommerferien gewöhnlich meinen Vater, der in Weilimdorf wohnte. Wenn ich nun dort mit anderen Leuten an der Haltestelle Turnplatz stand und wir erwartungsvoll zum Bergheimer Hof hinaufschauten, von wo die Straßenbahn herunterkam, konnte es geschehen, dass die Leute bei der Annäherung eines Zuges feststellten: „Des isch an Lärwagə." Tatsächlich war der Wagen leer, man durfte aber trotzdem nicht einsteigen. Erst später ging mir auf, dass die Leute nicht „Leerwagen", sondern „Lehrwagen" meinten. Für mich aus dem Oberland war das aber missverständlich.

Das Schwäbische gebraucht bei weitem nicht so viele ä wie das Sächsische. Man spricht sogar häufig ein geschlossenes e, wo die Schriftsprache ä schreibt. Es heißt *Wesch* (nicht Wäsche), *Gescht* (Gäste), *Escht* (Äste), *Geng* (Gänge), *Negl* (Nägel), *Epfl* (Äpfel), *elter* (älter), *kelter* (kälter) usw. Dabei handelt es sich durchweg um Primärumlaute, die seit althochdeutscher Zeit konsequent mit e geschrieben wurden: *gast/ gesti, ast/ esti, aphul/ ephili, lang/ lengiro* usw. Erst in neuhochdeutscher Zeit ist man dazu übergegangen, diese alten e in ä umzuwandeln und nun „Gäste" oder „länger" zu schreiben; nur bei „Eltern" (d. h. die Älteren) hat man's nicht gewagt. – Dass nun nach der völlig verkorksten „Rechtschreibreform" auch noch „aufwändig" oder „behände" geschrieben werden soll, ist eine Dummheit, auf die wohl der dümmste Schwabe nicht gekommen wäre.

Die alten Diphthonge ie und ue sind durchweg erhalten (lieb, guet), also nicht wie im Mitteldeutschen und der Standardsprache zu langem i bzw. u reduziert (liib, guut).

Dass geschlossenes au (Haus) und offenes ao (schlao), geschlossenes ei (Zeit) und offenes ai (alem. Klaid, schwäb. Kloid) konsequent unterschieden werden, ist schon ausgeführt worden. Eine Besonderheit stellt der Diphthong ui dar, den es nicht nur in *pfui!* gibt, sondern in vielen Wörtern, die ursprünglich ein iu aufweisen: *Knui (ahd. knio/ kniu, got. kniu), nui (ahd. niuwi), Schuir (mhd. schiure), huir (mhd. hiure, hiuwer), ruiə (mhd. riuwen), spuiə (mhd. spiuwen), Zuig (ahd. gi-ziug)* und einige andere. Die Verwandlung von mhd. iu in schwäb. ui wird als „gestürzter Diphthong" betrachtet, doch sind hier nicht einfach zwei Vokale vertauscht worden. Die Entwicklung geht wohl auf Wörter wie *niuwi* zurück, wo durch Vokalisierung des w die Lautkombination iui entsteht, die anschließend zu ui vereinfacht wird.

Das ist nun aber noch lange nicht alles, denn alle Vokale können auch nasaliert auftreten: *Mãã, schẽẽ, hĩ, schõ, ũgsund.* (Das e müsste man auch mit Tilde schreiben, wenn es das Schreibprogramm hergäbe.) Das nasalierte u tendiert allerdings stark zu õ, vor allem im Niederschwäbischen. Diese für das Schwäbische so charakteristische Lautgebung ist nun leider auf dem Rückzug, nicht nur in den Randgebieten, sondern auch in zentralen Landschaften, vor allem beim ã.

Eigentlich müsste es *Mãã, kãã, ãã(bendə)* usw. heißen. „Doch ist diese Nasalierung nicht mehr an allen schwäbischen Orten üblich, sie fehlt etwa in Orten südlich und westlich von Reutlingen und Tübingen. Hier begann die Nasalierung spätestens seit dem 19. Jh. außer Gebrauch zu kommen. Das hätte nun zur Aussprache ‚langes a ohne Nasalierung' führen müssen: Maa, kaa, aa(bende) usw. Es heißt aber nicht so, sondern Måå, kåå, åå(bende) u. ä. Warum?

Solange die Nasalierung bestand, konnte man in den betreffenden Orten problemlos die Vorsilben ‚an-' und ‚ab-' unterscheiden: *ããschdelle* mit Nasalierung heißt ‚anstellen', *aaschdelle* ohne Nasalierung heißt ‚abstellen'; *ããzahlt* ist ‚angezahlt', *aazahlt* ist ‚abgezahlt'. Fällt die Nasalierung aber weg, lassen sich diese und viele andere Wortpaare nicht mehr unterscheiden. Sie werden ‚homonym'. Hier musste die Sprache einen Ausweg finden (sogenannte Homonymenflucht)."[152] Und der besteht nun darin, dass das alte nasale ã durch ein offenes å ersetzt wird. Und was das Tollste ist: Dieser Laut gilt nun in jenen Gegenden geradezu als „Prestigeform" des Schwäbischen!

Eine Rarität in der europäischen Sprachlandschaft stellen die nasalierten Diphthonge dar, die es außer im Schwäbischen nur noch im Portugiesischen gibt. (Davon wird noch die Rede sein.) Vor allem die Zwielaute ao, oi und ai verschmelzen regelmäßig mit einem nachfolgenden n zu ão, õe und ãe. So entstehen Formen wie: hão (haben), gão (gehen), lão (lassen), stão (stehen), allõe (allein), hõe(m) (heim), klõe (klein), Stõe (Stein), mãe (mein), sãe (sein), fãe (fein) usw.

152 Konrad Kunze: Gründe für die Entstehung der dialektalen Vielfalt, in: Kleiner Dialektatlas S. 35 – 43, Zitat S. 43.

In dem bekannten Volkslied „Uffem Wasə graset d‘ Hasə“ heißt es:

„Wie-n-e hão ins Dischduech gschnitzə,
håt mãe Mueder grausig dão:
Bieble, håsch denn gar kõen Āstand,
kăsch də Rotz ed hangə lão?“

Das ist klassisches Schwäbisch im Gegensatz zu jener grausamen Karikatur im Lied von den schwäbischen Eisenbahnen, das in einem plumpen Kauderwelsch verfasst ist. Dass es trotzdem gern gesungen wird, zeigt nur, dass sich die Schwaben nicht allzu ernst nehmen.

Fassen wir alles zusammen, sehen wir eine kunterbunte Vokallandschaft:

1. Grundvokale: a, e, i, o, u, dazu å (offenes o)
2. Indifferenzlaut: ə
3. Umlaute: schw. ä, alem. auch ö, ü
4. Nasale: ã, ẽ, ĩ, õ, ũ
5. Diphthonge: ao, au, ai, ei, äe, ie, oa, oi, ue, ui
6. nasalierte Diphthonge: ão, ãe, õe.

(Das macht zusammen 28, in Worten: achtundzwanzig.)

In der Schweiz wird das ä zum Teil so offen gesprochen, dass Nicht-Schweizer es als ein a hören: *assə (essen), Spakch (Speck), Nascht (Nest), Harz (Herz) usw.*

Dabei ist noch nicht einmal berücksichtigt, dass die einfachen Vokale teils lang, teils kurz gesprochen werden: *schmaal/ halt, meh/ Stell, viil/ Brillə, Moos/ Moscht, Zuuber/ Kuttlə.*

Alles in allem bewegen wir uns im Schwäbisch-Alemannischen in einem dichten Vokaldschungel und nur Einheimische und Leute mit einem besonders feinen Gehör können alle diese Nuancen unterscheiden. Die meisten Fremden sind damit heillos überfordert. Für die Einheimischen hingegen ist vieles so selbstverständlich, dass sie es gar nicht bewusst registrieren. Da sagt man z. B.:

„Ih gang nå noh naa“ (Ich gehe nachher noch hinunter), das ist aber etwas anderes als „Ih gang nå noh nãã (... nachher noch dorthin). Schwaben hören den Unterschied, und das müssen sie auch. Sonst könnten sie sich ja nicht verständigen.

Portugiesisch und Schwäbisch

Es gibt Schlüsselerlebnisse, d. h. Erfahrungen, bei denen einem schlagartig etwas klar wird, was man vielleicht auch früher schon hätte sehen können, aber einfach nicht erkannt hat. Da ist es, als ginge ein Vorhang auf und dahinter zeigte sich auf einmal eine ganze Szenerie.

Ein solches Erlebnis hatte ich während meines Studiums in Rom. Dort lernte ich einige Brasilianer kennen, die sich einen Spaß daraus machten, ihre Freunde aus Zeitungen vorlesen zu lassen, die sie (neben gerösteten Ameisen und anderen Delikatessen) ab und zu aus der Heimat erhielten. Dann amüsierten sie sich köstlich über die Unfähigkeit der Italiener oder Deutschen, portugiesische Laute hervorzubringen. Als nun ich einmal an der Reihe war und das Portugiesische einfach auf Schwäbisch las, wunderten sie sich und fragten: „Warum kannst du das?" Ich antwortete: „Ich bin Schwabe und spreche es auf Schwäbisch aus." Vielleicht hätten sie das Wort *Schwabe* nicht verstanden, aber ich sprach ja italienisch mit ihnen und sagte: „Sono Svevo ..." Da blitzte es in ihren Augen auf und sie riefen: „Ja natürlich, wenn du Svevo bist, kannst du das aussprechen! Portugal ist doch ein Reich der Sueben gewesen." Mir war das neu, aber so erfuhr ich von Leuten aus Ceará und Piauí, dass wir etwas gemein haben, und zwar die Aussprache.

Geht man der Sache nach und schlägt z. B. einen historischen Atlas auf, findet man dort tatsächlich auf einer Karte zur Völkerwanderung auf der Iberischen Halbinsel neben dem Reich der Westgoten ein „Reich der Sweben". (Die einen schreiben w, die andern u.) Es deckte sich zwar nicht ganz mit dem heutigen Portugal, denn es umfasste auch Galicien und reichte nur bis zum Tejo, aber dieses Swebenreich und das alte Zentrum Portugals stimmen überein. Es hat von 411 bis 586 n. Chr. bestanden und ist danach von den Westgoten übernommen worden; die Hauptstadt war Braga.

Über dieses Reich findet man im Internet (also ohne Gewähr) folgende Ausführungen: „Der erste suebische König bzw. *rex* auf der Iberischen Halbinsel war Ermenrich (409 – 438), der um 430 die Vandalen im Norden besiegte und damit sein Herrschaftsgebiet auf den Nordwesten Galiciens ausweiten konnte. Sein Sohn Rechila (438 – 448) eroberte die von Vandalen gegen Westgoten eroberte, lose kontrollierte *Baetica* mit Sevilla im Süden Iberiens. Auch die westlichen Gebiete der Alanen wurden dabei Teil des Suebenreiches. Sein katholischer Sohn Rechiar (448 – 456) expandierte weiter, wobei er langjährige Freundschaftsbande zu den Bagauden knüpfte, wodurch er zeitweilig neue Gebietsgewinne im Westen erlangte. Doch 456 verlor er gegen den westgotischen *rex* Theoderich II. am Fluss Órbigo in der Nähe des heutigen Astorga Schlacht und Leben. Damit gingen die meisten suebischen Eroberungen außerhalb der *Gallaecia* verloren ...

Für die folgenden rund 100 Jahre sind keine Quellen erhalten. Erst ab 550 werden einige ostgotisch klingende Namen wie Veremund, Theodemund, Chararich und Ariamir genannt, deren Herrschaft sich jedoch nicht verifizieren lässt. ... 585 wurde das suebische Reich, das sich durch Unterstützung der Rebellion des Hermenegild befreien wollte, schließlich vom siegreichen Leovigild dem westgotischen Reich einverleibt. Damit endet die suebische Herrschaft in Galicien nach 176 Jahren."[153]

Auf den ersten Blick ist von alledem nicht viel mehr geblieben als die Erinnerung der Portugiesen, dass da einmal ein Reich der Sueben existiert hat. Schaut man sich aber eine Karte von Galicien an, findet man dort viermal den Ortsnamen *Suevos,* d. h. die Schwaben. So ein Name wäre unsinnig, wenn alle in Galicien Schwaben gewesen wären; sie siedelten offenbar nur in einzelnen Dörfern zwischen der gallorömischen Bevölkerung. Es gibt auch einen Bergzug der *Montes Suevos.* Sonst scheint sich von der suebischen Sprache kaum etwas erhalten zu haben. Nur das portugiesische Wort *laverca* für die Lerche stammt vom suebischen *lawerka. Was sonst? Die Aussprache des Portugiesischen!

---

153 https: // de. wikipedia. org/ wiki/ Sueben.

Vergleicht man sie mit dem Spanischen, fällt zweierlei auf:

1. Das s, das im Spanischen scharf dental gesprochen wird, erscheint im Portugiesischen meist palatal, als sch.
2. Es gibt nasalierte Diphthonge wie ão und õe, die das Spanische nicht kennt.

Beide Eigenheiten sind typisch schwäbisch. Auch hier wird das s häufig, wenn auch nicht so oft wie im Portugiesischen, zu sch verschoben. Der Schwabe sagt: „Des ischt mir wurscht" oder „Wie lang bleibscht noh?" St und sp werden also nicht nur im Anlaut (wie in: Stein, Spiel), sondern auch im In- und Auslaut palatalisiert.

Am auffälligsten aber sind die nasalierten Diphthonge. Man könnte einwenden, Nasale gebe es auch im Französischen. Sicherlich, aber dort werden nur einfache Vokale davon erfasst: „Sur le pont d' Avignon, l'on y dance ..." spricht man: Sür lö põ d' Aviniõ, l'õ-n-y dãse ... Im Schwäbischen dagegen gibt es (wie schon ausgeführt) auch nasalierte Zwielaute:

„Kãsch des ed/ it bleibə lão?"
„Nõe, ih hão kõe Luscht ed/ it!"
„Ih bĩ gärə əllõe!"

Selbstverständlich gibt es da Varianten und das Honoratiorenschwäbische vermeidet die authentische Lautgebung. Da sagt man „Ih hon" oder „ih han" statt „ih hão". Das ändert nichts an der Tatsache, dass die alten Formen auf dem Land noch erhalten sind – aber nur im Schwäbischen, nicht im Alemannischen! Und das erlaubt gewisse Rückschlüsse auf die Verwandtschaftsverhältnisse zwischen den verschiedenen Stämmen: Die auf die Iberische Halbinsel ausgewanderten Sueben und Quaden sind offenbar mit denen verwandt, die sich noch heute Schwaben nennen, also den Leuten östlich des Schwarzwaldes.

Die Beziehungen lassen sich sogar noch enger eingrenzen. Namenkundler haben festgestellt, dass es in Galicien und Nordportugal genitivische Ortsnamen gibt, d. h. solche, die aus einem Personennamen im Genitiv gebildet sind, ohne weiteren Zusatz. In Nordportugal gibt es seltsame Namen wie *Ludeiros, Remondes* oder *Romarigães,* die man wohl als Genitive germanischer Namen interpretieren darf: Luders (= Lothars), Raimunds, Romarichs. Eindrucksvoller ist jedoch der Befund in Galicien. Westlich von Santiago de Compostela findet man solche Namen in eben jener Gegend, in der auch der Name *Suevos* vorkommt. Sie heißen: *Gasamans, Guimarans, Quintans, Sordins, Cumbrans, Feans, Ninâns, Ardións, Godóns, Amenzons, Romaris und Romariz.* (Ein Spezialist für Namenkunde müsste sich einmal intensiver mit diesem Sachverhalt befassen.)

Als typisch schwäbische Ortsnamen gelten zwar die auf –ingen (Tübingen, Reutlingen, Böblingen, Sindelfingen, Sigmaringen usw.), aber es gibt auch genitivische Namen: *Dietmanns, Witzmanns, Rupprechts, Hauerz, Seibranz, Tristolz* (alle um Bad Wurzach), *Wolfgelts, Riehlings* (bei Waltershofen), *Oflings* (bei Wangen), *Hörbranz, Diezlings* (bei Bregenz), *Bad Siebers* (bei Lindenberg), *Diepolz* (bei Immenstadt), *Eglofs, Willofs* (zwischen Ottobeuren und Kaufbeuren). (Die Schreibungen mit z sind eigentlich falsch; man müsste ts schreiben: Aus *Sigibrant-s* sollte *Seibrants* werden.)

Das ist ein überschaubares Gebiet, das sich vom südlichen Oberschwaben über das Westallgäu bis nach Vorarlberg erstreckt, mit einer deutlichen Konzentration auf den Seibranzer Höhen und ihrer unmittelbaren Umgebung. Hier dürften also dieselben Leute wohnen wie um Santiago de Compostela. Und merkwürdigerweise sind sie hier wie dort fromme Katholiken, also vielleicht doch Nachkommen jener frommen Semnonen, die einst den Heiligen Hain gehütet haben!

Betrachten wir hingegen die Weite, in der sich die suebische Artikulation in der Welt verbreitet hat, kommen wir in ganz andere Dimensionen: Man hört typisch schwäbische Laute nicht nur zwischen Schwarzwald und Lech, sondern auch in Angola und Mozambique in Afrika, vor allem aber vom Atlantik bis an den Fuß der Anden! – Da sage einer, Schwäbisch sei keine Weltsprache!

Besonderheiten des schwäbischen Wortschatzes

Dass es in den meisten Sprachen Synonyme gibt, also jeweils mehrere Bezeichnungen für ein und denselben Gegenstand, kommt gewöhnlich daher, dass sie verschiedene Dialekte umfassen. Da sagt man z. B. in einer Gegend Metzger, in einer anderen Fleischer, woanders Fleischhauer und wieder woanders Schlachter. So hat man dann mehrere gleichwertige Bezeichnungen nebeneinander. Da nun das Schwäbisch-Alemannische ebenfalls eine Sprache mit vielen Dialekten darstellt, verwundert es nicht, dass es auch hier zahlreiche Synonyme gibt, die vielleicht nicht überall verstanden werden. So können die Kartoffeln Grumbire oder Grombire heißen, Erdäpfel oder Herdöpfel, sogar Aidäpfel oder Eibira, Erdbira oder Bodabira.[154] Es wäre also unsinnig, alle Varianten sämtlicher Begriffe aufführen zu wollen. Wer sich da einen umfassenden Überblick verschaffen will, muss schon das Schwäbische Wörterbuch von Hermann Fischer[155] und vergleichbare Wörterbücher heranziehen. Deshalb soll hier nur auf einige Besonderheiten hingewiesen werden.

Es gibt Wörter und sogar Wortreihen, die im Schwäbischen wie in der Standardsprache vorkommen, aber in beiden Sprachen Verschiedenes bedeuten. Wo die Schwaben „laufen“ sagen, heißt es in der Standardsprache „gehen“, wo es hier „laufen“ heißt, sagt der Schwabe „springen“ usw.

Standard:	gehen	laufen	springen	jucken
Schwäbisch:	laufen	springen	hopfen	beißen oder jucken

Anm. In Stuttgart heißt es *hopfə,* im Allgäu *juckə* . Dort heißen die Skispringer deshalb „Skijucker“.

Missverständnisse gibt es auch beim Verb *heben.*

154 Kleiner Dialektatlas, Deckblatt.

155 Hermann Fischer / Wilhelm Pfleiderer: Schwäbisches Wörterbuch, 6 Bände, Tübingen 1904 – 1936.

Standard: halten / heben
Schwäbisch: heben / lupfen

Dazu eine Geschichte: In einer Gärtnerei bei Stuttgart war ein neues Gewächshaus gebaut worden. Als nun der Heizungsmonteur kam, um die Rohre zu verlegen und zu verschweißen, wurden ihm zwei Gehilfen aus der Gärtnerei zugeteilt, einer davon ein Brandenburger. Die Heizungsrohre waren lang und schwer, und während nun der Monteur am einen Ende schweißte, ließ der Gehilfe das Rohr am andern Ende etwas absinken. „Heb! Heb doch!" befahl der Monteur. Als nun der Gehilfe das Rohr mit Gewalt in die Höhe drückte, schrie der Monteur ärgerlich: „Hebə sollsch, net lupfə!" – Die üblichen Schwierigkeiten mit der Kommunikation!

Die kann es auch innerhalb des schwäbischen Sprachgebiets geben. *Drussə* bedeutet im Unterland „draußen", im Oberland „die Russen". Die Silbe *hend* kann Plural von *haben* sein: *mir/ ihr/ se hend,* im Oberland aber nur „Hände" bedeuten, denn hier lauten die Formen von *haben: mir/ ihr/ se hond.*

Es gibt Dialektwörter, die im gesamten schwäbisch-alemannischen Sprachgebiet gleichermaßen verwendet und verstanden werden. Eines davon, das ebenso im Bairischen vorkommt, ist *Weib/ Wiib.* Es wird nicht wie in der Schriftsprache abwertend gebraucht, sondern bezeichnet vor allem die Ehefrau (wie engl. my wife). „Mãe Weib" ist also einfach „meine Frau". Wenn ein Franke auf seine Frau warten muss, ruft er: „Fraa, kumm doch endlich!" Der Schwabe ruft: „Weib, gang doch her!"

Männer werden oft als Mannsbilder, mit einer altertümlichen Wendung auch als Mannsnamen bezeichnet. Der männliche Nachwuchs heißt Buebə, der weibliche Mädlə, in der Schweiz: Maidli. (Im Allgäu gibt es auch *Föhl/ Feel,* wohl aus dem Rätoromanischen, von lat. *filia.*) Die Großeltern heißen traditionell Nene (mhd. genanne) und Nãnə; leider hört man das nur noch selten.

Das Wort *Pferd* ist im Schwäbischen nicht gebräuchlich; es heißt „Gaul" oder „Ross". Wenn die Mütter früher ihre Kinder auf den Knien hopsen ließen, sangen sie dazu:

„Hoppe, hoppe, Ressle,

in Stuegert stoht a Schlessle,
in Stuegert stoht a Herrehaus,
gucket drei schene Jungfere raus.
Die erscht, die spinnt Seide,
die zwoit, die schlemmt Kreide,
die dritt wibt a Windele
fir unser herzigs Kindele."

(Ich zitiere es hier, wie ich es einst als Kind von meiner Mutter – Gott hab sie selig! – gehört habe.) Übrigens heißt das Wappentier der Hauptstadt traditionell „das Stuttgarter Rössle". Die Zeichentrickfiguren „Äffle und Pferdle" sind also gar keine echten Schwaben! - Das alte Wort *Huischl* für den Hengst hört man allenfalls noch im Allgäu.

Das Wort *Rind* ist nicht üblich. Die Rinder sind einfach „'s Vieh". Eine Kuh wird als *Kuebudl* (Kuhbudel) geboren, wächst erst zu einem *Kälble*, dann zu einem *Schumpə* heran und schließlich, wenn sie zum ersten Mal trächtig ist, zur *Kalbe* (Kalbin), bevor sie endlich *ã Kue* wird. (Das Wort *Budl* bedeutet auch den Schoppen, den man kleinen Kindern gibt; und sicherlich hängt beides zusammen.) Das typische Wort für den Stier ist *Häge;* so heißt auch einer der großen Helden des Nibelungenliedes: Hagen (mhd. hagen = der Zuchtstier). Und der Name des Philosophen Hegel ist ein Diminutiv davon, ebenso der verbreitete Familienname Hägele.

Die Hühner heißen alle *Hennen,* der Hahn wird als *Gockl* bezeichnet (Plural: Geckl). Das Geflügel, manchmal auch anderes Kleinvieh wie die Hasen (d. h. Kaninchen) gelten als *Ziefer.* Es gibt im Schwäbischen also nicht nur Ungeziefer (õzifer), sondern auch das positive Gegenstück.

„Der Kater wird im Schwäbischen mit *Rälling,* im Oberrhein- und Bodensee-Alemannischen mit *Rolli* (im Oberrhein-Alemannischen auch mit *Roller,* im Elsass mit *Moller* oder *Mollert*) bezeichnet. Alle Ausdrücke sind Ableitungen von Verben, die das Verhalten der Katzen während der Brunstzeit beschreiben: *Rälling* zu *rallen,* das insbesondere das Geschrei der Katzen bezeichnet; *Rolli* zu *rollen*, einem Lehnwort aus französisch *rouler*, das auf das Verhalten der Katzen, sich während der Brunstzeit auf dem Rücken hin und her zu rollen, anspielt. Mit diesem hat sich ein ursprünglich deutsches *rollen* vermischt, das „sich lärmend herumbewegen" bedeutet."[156] Eine weitere typische Bezeichnung ist hier noch gar nicht erwähnt: *Båle,* manchmal auch erweitert zu *Katzəbåle.*

Nun zu den Körperteilen: Der Kopf wird als *Grind* bezeichnet, im Unterland auch als *Meggl,* sonst oft als *Dääts* (wohl vom frz. la tête). Der Rücken heißt *Buckl*/ *Buggl,* der Hintern *Fidlə,* die Beine *Fieß* (Füße). Bei einem Schwaben gehören also auch Unter- und Oberschenkel zu den Füßen! Das hat seinen Grund: *Bõe,* Pl. *Bõener* (Bein, Beine) bedeutet nämlich Knochen, und die hat man bekanntlich nicht nur in den Gliedmaßen.

Die Kleidung heißt im Alemannischen wie in Oberschwaben *'s Häs* (mhd. haeze). Hosen gibt es nur paarweise, weil der Mensch gewöhnlich auch ein Paar Beine hat. (Eine Windhose hat dagegen nur ein Rohr.) Die Jacke heißt *Kittl.* Ein billiges Kleid wird als *der Fenə* bezeichnet (dasselbe Wort wie *Fahne*, aber maskulin). Auf dem Kopf trägt man keine Mütze sondern *ã Kappə*/ *Kabbə;* es kann natürlich auch *an Huet* sein.

Außerdem werden Kleider nicht angezogen, sondern angetan (im Norden) oder angelegt (im Westen und Süden). – Wenn ich als Kind wieder einmal recht schlampig daherkam, konnte es leicht passieren, dass mich die Tante oder die Großmutter zurechtwies, indem sie sagte: „Kenntescht jetz ao it noh ã minders Häs ãlegə?" (Könntest du jetzt nicht vielleicht noch schlechtere Kleider anziehen?)

Unordentlich daliegen (auf dem Boden oder auf einem Sofa) heißt *flacken*/ *flaggen,* sich auf dem Boden wälzen, wie es Kinder gerne tun, *walen* – daher der Name *Wal!* -, etwas von sich werfen: *keien. Des keit mih* kann aber auch bedeuten: „Das reut mich, das tut mir leid." – Dazu zur Abwechslung eine Geschichte aus dem Allgäu: Ein katholischer Priester aus dem Unterland verbringt seinen Sommerurlaub bei einem Mitbruder im Allgäu. Um sich

156 Kleiner Dialektatlas, S. 145.

ein wenig erkenntlich zu zeigen, übernimmt er eines Samstags das Beichthören. Wie er nun einem Bauern die Beichte abnimmt und ihn zum Schluss fragt: „Haben Sie Reie?“, antortete der: „Nõe!“ Als sich dasselbe beim nächsten wiederholt, wird der Priester unsicher und bittet, ihn kurz zu entschuldigen. Er geht ins Pfarrhaus hinüber und sagt zum Ortspfarrer: „Ih waiß net, was des ischt. Die Leit habet alle kãe Reie!“ – „Jå, was saget Ihr denn?“ – „Ih frag: Haben Sie Reie?“ – „Jå mãe, des gåt natirlich it. Ihr miesset frågə: Keit as de?“ – Der andere wiederholt mühsam die Formel und geht zurück in den Beichtstuhl, wo er den Pönitenten fragt: „Keit as de?“ Da antwortet ihm der Bauer: „Woll, zum Verreckə!“

Schwaben weinen nicht, *se heilet* oder *se bläret.* Es kann auch sein, *se heinet* oder *se zennet.* Und Kinder *häcket,* wenn sie *narret* sind. Die schwäbischen Gemütszustände sind also etwas komplizierter als die gemeindeutschen. Weint einer so heftig, dass man es hört, so *heilet* (heult) er, wird er unangenehm laut, nennt man es *blärə (plärren). Heinen* entspricht dem stillen, herzlichen Weinen, *zennen* besagt, dass einem, meist aus Rührung oder aus Freude, bei unbewegtem Gesicht die Tränen über die Wangen rinnen. *Häcken* ist das zornige, krampfhafte Weinen kleiner Kinder.

In der guten alten Zeit, als es zwar auch schon das Kino, aber auf dem Land sonst wenig Unterhaltung gab, freuten sich die Leute immer auf die Vorstellungen der Württembergischen Landesbühne, die teils klassische Stücke, teils Operetten aufführte. Wenn da nun Angehörige aus dem Theater heimkamen und gefragt wurden, wie es denn gewesen sei, konnte man darauf wetten, dass der erste Satz lautete: „Schē isch gsãe, vil Leit hond zennet!“ Erst danach folgten weitere Erläuterungen. – Wie eine Umfrage unter Wurzacher Schulkindern 2011 ergeben hat, ist dieses Verb *zennen* inzwischen so gut wie ausgestorben; ein einziger Bub vom Land kannte es noch.

Wie hören und sehen die Schwaben? Sie hören wie andere Deutsche, aber die Alemannen und die Oberschwaben *loset.* Wenn da jemand von einer Nachricht überrascht wird, sagt er: „Etz los ao!“ (Das Wort ist verwandt mit *lauschen,* wohl auch mit *lauern.*)

Sehen können die Schwaben auch, aber die im Norden *gugget,* die im Süden *lueget.* Beim Imperativ kann das g verschwinden; dann lautet er: *lue!* Das Verb *schauen* gibt es nicht! Es ist bairisch. Der oft zitierte Spruch:

„Schaffe, spare, Häusle baue
und net noch de Mädle schaue"

kann nicht von einem echten Schwaben stammen. Der hätte nämlich wissen müssen, dass sich *bauen* auch gar nicht auf *schaoen* reimt. Nicht jede Dummheit, die den Schwaben angedichtet wird, stimmt mit der Wirklichkeit überein.

Von der schwäbischen Literatur

Gibt es überhaupt eine schwäbische Literatur? Diese Frage lässt sich nicht beantworten, wenn nicht die Vorfrage geklärt ist, was man darunter verstehen will. Handelt es sich nur um Literatur in schwäbischen Dialekten, also um Mundartdichtung, oder um Literatur, die von schwäbischen Dichtern geschrieben worden ist, also auch um die Dramen Schillers und die Lyrik Hölderlins? Und wie weit fasst man den Begriff „schwäbisch“, sowohl räumlich als auch zeitlich? Engt man ihn auf Württemberg und aufs 18. bis 20. Jahrhundert ein, wie es Bausinger in seiner Literaturgschichte tut, oder schließt man Baden, die Schweiz und andere alemannische Gebiete mit ein? Und gibt es nicht schon im Mittelalter und ganz besonders hier eine große schwäbische Literatur? – Im Zusammenhang einer umfassenden Geschichte des schwäbisch-alemannischen Volkes liegt es nahe, einen möglichst großen Rahmen zu wählen und den Beitrag Schwabens zur deutschen Literatur bis in die früheste Zeit zurückzuverfolgen.

In der Vorbemerkung zu seiner Literaturgeschichte stellt Bausinger klar: „Das Buch ist gegliedert in drei Teile. Der erste befasst sich ausdrücklich mit der Konzentration auf *schwäbische* Literatur. Das Bestimmungswort wird unter die Lupe genommen und in der Bedeutungsform festgehalten, die es um 1800 gewonnen hat. Die in diesem Teil behandelte Literatur setzt in der zweiten Hälfte des 18. Jahrhunderts ein und führt bis zum Ende des 19. Jahrhunderts. Es handelt sich um eine Zeitspanne, in der das Schwäbische in Verbindung mit der Konsolidierung des württembergischen Staats zu einer wichtigen Bestimmungsgröße wird.

Der umfangreiche zweite Teil wendet sich einzelnen Problemen der Literatur des 19. Jahrhunderts zu. Dabei ist von vielen der bekannteren Poeten jener Zeit die Rede, wobei einzelne Ereignisse oder Werke im Mittelpunkt stehen, aber auch problematische Konstellationen untersucht werden.“[157] Im 3. Teil behandelt er schließlich die Literatur vom 1. Weltkrieg bis zur Gegenwart.

157 Hermann Bausinger: Eine schwäbische Literaturgeschichte, S. 8.

Diese durchaus zulässige Eingrenzung hat zur Folge, dass Bausinger nun das 19. Jahrhundert „ein schwäbisches Jahrhundert" nennt, und zwar mit folgender Begründung: „Der lebhaften Umbruchszeit vor und um 1800, die eine langwierige, für die Poesie eher dürftige Zeitstrecke ablöste, folgte ein schwäbisches Jahrhundert der Literatur. Mit dieser Feststellung soll nicht vollmundig die These vertreten werden, Schwaben habe die Führungsrolle und die stärkste Position im literarischen Leben Deutschlands übernommen. Richtig ist, dass schwäbische Autoren und Autorinnnen nun einen sehr respektablen Beitrag zur deutschen Literatur leisteten und dass es keine peinlichen Leerstellen mehr gab, auch wenn nicht alle literarischen Richtungen gesucht und nicht alle Formen bedient wurden. Vor allem aber wurde die Markierung *schwäbisch* zu einem geläufigen Element der Charakterisierung literarischer Produkte, manchmal als demonstrative Hervorhebung, meistens als selbstverständliche Zuordnung."[158]

Die Autoren, die dabei besonders herausgestellt werden, sind: Wieland, Schubart, Hölderlin, Hauff und Waiblinger, Ludwig Uhland, Eduard Mörike und Friedrich Theodor Vischer, Justinus Kerner und Hermann Kurz. Ein eigenes Kapitel wird der von Heinrich Heine verspotteten „Schwäbischen Schule" gewidmet, zu welcher Heine die ganz Großen wie Schiller, Schelling, Hegel oder Kepler nicht zählt, weil sie „mehr europäisch als schwäbisch" seien, sondern nur die Autoren, die „jenen Kosmopolitismus verachten und hübsch patriotisch und gemütlich zu Hause bleiben bei den Gelbveiglein und Metzelsuppen des teuren Schwabenlandes."

Danach fällt Heine bös über einzelne Dichterkollegen her: „Der Bedeutendste von ihnen ist der evangelische Pastor Gustav Schwab. Er ist ein Hering in Vergleichung mit den Anderen, die nur Sardellen sind; versteht sich, Sardellen ohne Salz. Er hat einige schöne Lieder gedichtet, auch etwelche hübsche Balladen; freilich, mit einem Schiller, mit einem großen Walfisch, muss man ihn nicht vergleichen. Nach ihm kommt der Doktor Justinus Kerner, welcher Geister und vergiftete Blutwürste sieht, und einmal dem

158 daselbst S. 46.

Publikum aufs ernsthafteste erzählt hat, dass ein Paar Schuhe, ganz allein, ohne menschliche Hilfe, langsam durch das Zimmer gegangen sind bis zum Bette der Seherin von Prevorst. Das fehlte noch, dass man seine Stiefel am Abend festbinden muss, damit sie nicht des Nachts, trapp! trapp! vors Bett kommen und mit lederner Gespensterstimme die Gedichte des Herrn Justinus Kerner vordeklamieren!"[159] Das ist typisch Heine und besagt mindestens ebenso viel über seinen Charakter wie über die literarische Qualität der Gedichte von Schwab und Kerner.

Aber verlassen wir doch das Feld der Polemik und überhaupt das 19. Jahrhundert und betrachten wir einige Autoren, die sich dem Spott eines Heine gelassen entziehen. Da denkt man zuerst an Christoph Martin Wieland (1733 – 1813), der Vorlieben zeigt, die sonst nicht mit dem schwäbischen Charakter in Verbindung gebracht werden. Obwohl in einem Dorf bei Biberach im weitgehend katholischen Oberschwaben geboren, wandte er sich früh der Aufklärung zu und schrieb elegant à la française, was ihm den Vorwurf der Frivolität einbrachte. „Sein Schwelgen in erotischen Gefühlen war im biederen schwäbischen Bürgertum nicht gefragt, und die grazöse, empfindsame und weiß Gott auch gesuchte Zierlichkeit seiner frühen Dichtungen galt weiterhin als charakteristisches Merkmal."[160] Aber das betrifft nur sein Frühwerk. Schon mit seinem Bildungsroman „Agathon" (1766 ff.) wandelte er sich zum Klassiker und wurde 1772 als Prinzenerzieher an den Weimarer Hof berufen. Die hochgerühmte Weimarer Klassik, die fast nur mit den Namen Goethe und Schiller verknüpft wird, begann in Wirklichkeit mit Wieland. Er war auch der erste, der eine umfangreiche Shakespeare-Übersetzung vorlegte, die dann allerdings durch die Schlegel-Tieck'sche übertroffen wurde.

Seine Werke werden kaum noch gelesen, was zumindest im Hinblick auf seinen Roman „Die Abderiten" (1774) eine Bildungslücke darstellt. Es handelt sich um eine Schildbürgergeschichte, die im antiken Abdera angesiedelt ist und doch die

---

159 daselbst S. 183.
160 daselbst S. 121.

damaligen deutschen Verhältnisse mit großer Schärfe seziert. „Jedenfalls erhob sich hier nach dem Bericht seines ersten bedeutenden Biographen *aus allen Kreisen, Provinzen, Fürstentümern, Graf- und Herrschaften ein großes Geschrei über alle Portraits, die er gemalt haben sollte.* Und die Ähnlichkeit betraf nicht nur einzelne Personen, sondern auch die Institutionen, die Verfassung und das ganze politische Gefüge."[161] Kurzum, es lohnt sich immer noch, diesen köstlichen Roman zu lesen, der (nach Uhlands Worten) „die wunderbare Mischung von Weisheit und Torheit in der menschlichen Natur" zur Schau stellt.

Ein jüngerer Zeitgenosse Wielands, fast gleichaltrig mit Schiller, war Johann Peter Hebel (1760 – 1826), der mit seinen „Alemannischen Gedichten" von 1803 als der Vater der alemannischen Mundartdichtung gilt. Er war viel bodenständiger als Wieland, dem einfachen Volksleben in seinen Gedichten wie in seinen volkstümlichen Erzählungen, die er im „Rheinischen Hausfreund" veröffentlichte, immer verbunden. Selbst Goethe, der bekanntlich sehr anspruchsvoll und in seinem Urteil manchmal ungerecht war, hat Hebels Gedichte hochgeschätzt. Um zu verstehen, warum, lese man nur wieder einmal das lange Erzählgedicht

„Die Vergänglichkeit
*(Gespräch auf der Straße nach Basel zwischen
Steinen und Brombach, in der Nacht)*

Der Bueb seit zum Ätti:
Fast allmol, Ätti, wenn mer 's Röttler Schloß
So vor den Auge stoht, se denk i dra,
Öbs üsem Hus echt au e mol so goht.
Stohts denn nit dört, so schuderig, wie der Tod
Im Basler Totetanz? Es gruset eim,
Wie länger as me's bschaut. Und üser Hus,
Es sitzt jo wie ne Chilchi uffem Berg,
Und d'Fenster glitzeren, es isch e Staat.

161 daselbst S. 126.

Schwetz, Ätti, gohts em echterst au no so?
I mein emol, es chönn schier gar nit si.“[162]

(Das ist nur der Anfang.) Wer das alemannische Gemüt recht kennen lernen will, muss Hebel lesen.

Wieland und Hebel stellen sehr schön die beiden Seiten der einen Medaille dar, die im Kern Skepsis ist, der tiefe Zweifel, ob es denn in der Welt mit rechten Dingen zugeht und ob nicht vieles bloß eitle Einbildung ist. Nur begegnet der eine der Welt eher mit spöttischem Lachen, der andere mit Nachdenklichkeit.

Wieder anders erscheint die Welt bei Sebastian Sailer (1714 – 1777), einem Prämonstratenser, der vor allem als Kanzelredner und Wanderprediger tätig war, aber nebenbei auch zahlreiche Volksstücke in oberschwäbischer Mundart schrieb. Da er wohl häufig die Beichte hörte, kannte er die Ausdrucksweise der einfachen Leute und verwendete sie ganz realistisch in seinen Komödien. Am bekanntesten ist „Die Schöpfung der ersten Menschen, der Sündenfall und dessen Strafe“. Nach einem lateinischen Prologus tritt Gott Vater auf und spricht in breitem Schwäbisch:

„Nuits ischt Nuits, und weat Nuits weara,
drum haun i wölla a Wealt gebäara,
grad um dui Zeit,
wo‘s nimma vil schneit,
und bessare Lüftla geit.
I bi schau längscht mit deam Weasa umganga
do denk i endli, wills gau nu im Früeling afanga,
wenn d‘Lercha singat, und kummat die Schwalma,
wenn dar Schnai vergoht, und blühat dia Palma.
Nohdeam i g‘lschlofa wenig Nächt,
haun i dächt:
jetz will i gau dra, weils an mar ischt,
im Nama des gekreuzigta Hearra Jesa Chrischt.“

162 Deutsche Dichtung der Neuzeit, ausgewählt von Ernst Bender, Karlsruhe o. J., S. 76.

Darauf folgt eine Arie:

„I ka's wohl saga,
i hau schau gar so oft da Kolender aufg'schlaga,
und guggat, wenns Zoicha am Beschta;
in was für am Maunat, in was für a Zeit.
Und endli dar hoilig Goischt dös mir eigeit,
im Früehling gang dra,
im Früehling fang a;
da kascht si herschtella mit wenigi Köschta."[163]

Die ganze allgemein bekannte Geschichte wird bei Sailer durch hunderterlei Anachronismen so in die Gegenwart gezogen, dass man den Eindruck gewinnt, Gott habe die Welt im letzten Frühjahr geschaffen. Dabei entsteht der groteske Eindruck, dass die Welt, die da entstehen soll, in vieler Beziehung schon vorhanden ist. Da ist von einem Kalender die Rede, den es vor der Erschaffung der Welt nicht geben kann, von vielerlei Werkzeug, das Gott natürlich **nicht** braucht, da wird mit „Grüß Gott" und „Gelobt sei Jesus Christus" gegrüßt, Adam wird aus einem Pfifferling zusammengebappt (geklebt) und an den Haaren ins Paradies geschleppt, wo er Gott fragt: „seand mier noh im schwäbische Krois?" (im Schwäbischen Kreis!).

Fromme Protestanten hätten eine solche Parodie der biblischen Geschichte wahrscheinlich als unpassend betrachtet; der fromme Pater Sebastian dagegen fand nichts dabei, die Stoffe des Alten Testaments zu Komödien zu verarbeiten. Der Glaube seiner biederen Oberschwaben dürfte dadurch keinen Schaden gelitten haben. Jedenfalls beweist auch Sailer (wie Wieland) die Tendenz, das Leben und selbst den Glauben nicht gar zu ernst zu nehmen. Fanatismus gehört einfach nicht zu den schwäbischen Lastern. Man muss auch fünfe grad sein lassen können!

Geht man ein paar Schritte zurück, ins späte Mittelalter, stößt

---

163 Sebastian Sailer: Schriften im schwäbischen Dialekte, hsg. v. Sixt Bachmann, Weißenhorn 2000, S. 29.

man auf ein Werk, das man zur Schwankliteratur rechnen könnte, wenn es nicht so gewaltig wäre. Es ist ein Epos von 9700 Versen mit dem Titel „Der Ring“ und stammt von Heinrich von Wittenwil, der zwischen 1387 und 1395 als Magister und Advokat am bischöflichen Hof in Konstanz tätig war. Sein Epos hat er kurz danach, also um 1400 herum, geschrieben. Es gilt als das bedeutendeste Werk des spätmittelalterlichen Realismus und das mit gutem Grund. Die drastische, bis ins Groteske gesteigerte Darstellung einer Bauernhochzeit, die in orgiastischen Überschwang und schließlich in eine gewaltige Schlägerei mündet, zeigt ein Panoptikum menschlicher Torheit. (Bürgerfrauen des 19. Jahrhunderts wären bei der Lektüre wohl ab und zu in Ohnmacht gefallen.) Das Ganze ist vom Wittenwiler trotzdem als Lehrgedicht angelegt, das richtiges und falsches Verhalten exemplarisch darstellen soll.

Es ist wohl kein Zufall, dass der Dichter aus dem Aargau, also aus der Schweiz stammt. Die klare, scharfe Weltsicht, die bis an die Schmerzgrenze geht, und der daraus resultierende Realismus der Darstellung bleiben ein Kennzeichen der Schweizer Literatur über Gottfried Keller und Jeremias Gotthelf hinaus bis zu Friedrich Dürrenmatt und Max Frisch. Schweizer lassen sich offenbar kein X für ein U vormachen, und der Erfolg und die Stabilität ihres Staatswesens legen ebenso Zeugnis davon ab wie ihre Literatur.

Muss man etwas über Schiller sagen, der vielen bis heute als der größte Dichter Schwabens gilt und fast immer in einem Atemzug mit Goethe genannt wird, so als wären sie siamesische Zwillinge? Und gibt es irgend etwas Gescheites oder Dummes, was nicht schon über ihn gesagt und geschrieben wäre? Goethe hat sich nach Schillers Tod sehr gewundert, dass sein – soll man wirklich Freund sagen oder eher Kollege? – (sagen wir) Konkurrent beim Volk so viel beliebter wurde als er selbst. Warum wohl? Weil er nicht den Olympier spielte, sondern bei aller geistigen Größe bescheiden blieb, vielleicht auch weil sein Pathos den einfachen Leuten gefiel und sie seine Gedichte mit Freude rezitierten. (Ich habe noch Leute kennen gelernt, die im hohen Alter Schillers „Glocke“

fehlerlos vortragen konnten.) Und die Schwaben liebten ihn besonders, weil er ihnen offenbar aus der Seele sprach.

Nun bleibt noch einer, den zu übergehen eine Schande wäre, dem gerecht zu werden aber gänzlich unmöglich ist: Hölderlin (1770 – 1843). Vielleicht gibt es in keiner Kunst das Absolute, aber es gibt Künstler, die auf ihrem Gebiet einfach nicht übertroffen werden können: Michelangelo in der Plastik, Bach in der Musik, Shakespeare im Drama – und Hölderlin in der Lyrik.

Nur in seinen frühen Gedichten, die an Schiller erinnern, verwendet er den Reim, dann löst er sich völlig davon und schreibt souverän in antiken Formen: Elegien und Oden, wie sie vor ihm allenfalls Klopstock geschrieben hat und danach keiner mehr. In seiner Spätzeit schließlich (vor seinem Zusammenbruch) schreibt er Hymnen, die – ähnlich den späten Streichquartetten Beethovens – jedes bis dahin vorstellbare Maß übersteigen.

Bei alledem ging ihm die Arbeit keineswegs leicht von der Hand. Schaut man sich die historisch-kritische „Frankfurter Ausgabe" an, wird man zuerst überrascht, ja geradezu verwirrt von all den Streichungen und Ergänzungen und erkennt schließlich, wie einer da gemeißelt und gefeilt und geschliffen und poliert hat, bis die Form erreicht war, die er sich vorgestellt hatte. Wie ein Edelsteinschleifer, der erst lange überlegen und dann mit äußerster Konzentration arbeiten muss, um aus einem Rohdiamanten einen perfekten Brillanten zu schleifen, so schliff auch Hölderlin an seinen Versen, bis sie jenen überirdischen Glanz ausstrahlten, der bis heute geradezu blendet. – Hier zum Beweis eines dieser Kleinodien:

An die Parzen

Nur Einen Sommer gönnt, ihr Gewaltigen!
Und Einen Herbst zu reifem Gesange mir,
Daß williger mein Herz, vom süßen
Spiele gesättiget, dann mir sterbe!
Die Seele, der im Leben ihr göttlich Recht

Nicht ward, sie ruht auch drunten im Orkus nicht;
Doch ist mir einst das Heilge, das am
Herzen mir liegt, das Gedicht gelungen,
Willkommen dann, o Stille der Schattenwelt!
Zufrieden bin ich, wenn auch mein Saitenspiel
Mich nicht hinab geleitet; Einmal
Lebt ich, wie Götter, und mehr bedarfs nicht.[164]

Nicht nur diese Ode, sondern die große Elegie „Brot und Wein" und die meisten der späten Hymnen führen in die Welt der antiken Griechen. Einmal fragte er sich selber:

„Was ist es, das
An die alten seligen Küsten
Mich fesselt, daß ich mehr noch
Sie liebe, als mein Vaterland?"

Aber er trieb sich dort nicht zum Vergnügen herum wie zahlreiche Künstler der Renaissance und des Barocks, die mit den alten Mythen spielten, ohne sie ernstzunehmen. Hölderlin war wohl der einzige, der wirklich an die alten Götter glaubte, wenn auch gegen Ende, wo er sich wieder Christus zuwandte, hin und her gerissen zwischen ihm und den antiken Göttern:

„Ich weiß es aber, eigene Schuld
Ists! Denn zu sehr
O Christus! häng ich an dir,
Wiewohl Herakles' Bruder.
Und kühn bekenn ich, du
Bist Bruder auch des Eviers, der
An den Wagen spannte
Die Tiger! und hinab
Bis an den Indus

164 Friedrich Hölderlin: Dichtungen und Briefe, hsg. v. Hannsludwig Geiger, München 1952, S. 63 f.

Gebietend freudigen Dienst,
Den Weinberg stiftet‘ und
Den Grimm bezähmte der Völker.“[165]

Der Evier, von dem er hier spricht, ist Dionysos, den er auch sonst mit Christus vergleicht.

Nach Hölderlins Vorstellung gab es eine Zeit, in der Götter auf Erden erschienen, und der letzte von ihnen war Christus. Seitdem ist die Welt götterleer und wartet auf die Wiederkehr des Göttlichen.

„Was der Alten Gesang von Kindern Gottes geweissagt,
Siehe, wir sind es, wir; Frucht von Hesperien ists!
Wunderbar und genau ists als an Menschen erfüllet,
Glaube, wer des geprüft! aber so vieles geschieht,
Keines wirket, denn wir sind herzlos, Schatten, bis unser
Vater Äther erkannt jeden und allen gehört.“

Wir verstehen das kaum noch, „denn wir sind herzlos“ und, verglichen mit ihm, wahrhaftig nur noch „Schatten“.

165 daselbst S. 196.

Kunst in Schwaben

Im Hinblick auf die bildende Kunst stellt sich dieselbe Frage, die schon in Bezug auf die Literatur aufgeworfen worden ist: Gibt es eine schwäbische Kunst in dem Sinn, dass es sie nur hier und sonst nirgends auf der Welt gäbe? Das ist ganz unwahrscheinlich, wenn man bedenkt, dass Schwaben zentral in Europa liegt, auf der einen Seite in der Nachbarschaft von Bayern und Franken, auf der andern an der Grenze zur romanischen Welt, mit Verbindung zu Frankreich durch die Burgundische Pforte und zu Italien über die Alpenpässe. Wir haben ja schon am Beispiel des Straßburger Münsters gesehen, dass dort deutsche und französische Baumeister am Werk waren, und dasselbe gilt für die dortige Kathedralplastik, die nachweislich von Reims beeinflusst ist. Kurzum, eine schwäbische Kunst im idealtypischen Sinn kann es nicht geben.

Dazu kommt, dass das Mittelalter keine nationale, sondern eine christliche Kunst pflegte, die von Portugal bis Polen und von Skaninavien bis Sizilien allen gleichermaßen vertraut war. Aber freilich gab es innerhalb dieses weiten abendländischen Raums verschiedene Kulturprovinzen, die sich in ihren Ausdrucksformen voneinander abhoben. Die deutsche Romanik unterscheidet sich sehr deutlich von der italienischen oder der burgundischen, die Backsteingotik des Ostseegebiets ist völlig anders als die frühe Gotik der Champagne. Vor allem mit Beginn der Renaissance wird die Differenzierung noch deutlicher; nun gibt es in Italien eine toskanische, eine umbrische und eine venezianische Schule, in Deutschland eine donauländische, eine oberrheinische, eine rheinische (um Köln) und eine niederländische Schule.

Um all diesen Definitonsfragen aus dem Weg zu gehen, ist es wohl sinnvoll, von einer „Kunst in Schwaben“ zu sprechen; denn dass es die gibt, ist ganz unbestreitbar. Aber seit wann? Lassen wir die Jahrhunderte der Völkerwanderung und das darauf folgende „dunkle Zeitalter“ zwischen dem 5. und dem 8. Jahrhnudert beiseite, so stoßen wir in der Karolingerzeit zum ersten Mal auf Zeugnisse einer hochentwickelten Kunst, die sich auch heute noch sehen lassen können.

Der Mittelpunkt Schwabens ist seit alter Zeit „das Schwäbische Meer“ mit der karolingischen Pfalz Bodman, von welcher der See seinen Namen hat, der alten Bischofsstadt Konstanz und vor allem den beiden bedeutenden Klöstern Reichenau und St. Gallen, das zwar nicht unmittelbar am See liegt, aber dennoch als eines der „Bodenseeklöster“ gilt. In spätkarolingischer Zeit war St. Gallen führend in der Buchkunst. Von dort stammt das Evangelium longum (um 895) mit dem grandiosen Einband, den eine Elfenbeintafel schmückt: im oberen Drittel fein ziselierte Palmetten mit einer Tierszene, im mittleren die Himmelfahrt Mariens, im unteren der hl. Gallus, der Bären füttert, die ihn mit Feuerholz versorgen (!). Man kennt sogar den Künstler: den Mönch Tuotilo (gest. um 913).

„Erst in der zweiten Hälfte des 10. Jahrhunderts beginnt Reichenau den Glanz des in der karolingischen Zeit führenden Klosters St. Gallen allmählich zu überstrahlen. Das Bodenseekloster wurde unter den letzten Ottonen sogar führend im gesamten deutschen Kulturbereich und selbst nach Oberitalien gingen damals von hier Impulse aus. Die spätantiken und byzantinischen Quellen der Reichenauer Kunst sind ebenso bekannt wie gewisse Anregungen der sogenannten ‚Ada-Handschriften-Gruppe‘ der karolingischen Zeit. ...

Dennoch hat die Reichenauer Buchmalerei am Ende des 10. Jahrhunderts ihren eigenen Stil gefunden, der sich von spätantik-byzantinischen, aber auch den karolingischen Vorbildern grundlegend unterscheidet. ... Die Körper besitzen keine materielle Wirklichkeit mehr. Sie sind eher Bedeutungsträger mit expressiver Gestik. Die ewig gültige Aussage jenseits von Zeit und Raum benutzt nur menschliche Erscheinungen als Mittel der Darstellung, wie auch die Farben nicht zur Wiedergabe der materiellen Wirklichkeit benutzt werden, sondern eigenen Gesetzen der Aussagekraft folgen, um das Wesentliche hervorzuheben. Blaue

Haare oder Schuhe, die es in ‚Wirklichkeit' nicht gibt, haben ebenso wie die unwirkliche Folie des Goldgrundes eine tiefere Sinnbedeutung."[166]

Die berühmtesten Schöpfungen der Reichenauer Buchkunst sind: die beiden Evangeliare Ottos III. (um 1000 n. Chr.), das Perikopenbuch Heinrichs II. (1007 – 1012) und die Bamberger Apokalypse (um 1000 bis 1020).

Aber es blieb nicht nur bei der Buchmalerei. Um 990 wurde die Kirche von Oberzell auf der Reichenau mit Fresken geschmückt, die gut erhalten sind. (Um 1100 kamen noch die Vorhallenfresken hinzu.) Gezeigt werden fünf Wunderheilungen, drei Totenerweckungen und die Stillung des Sturms auf dem See, dazu ein Apostelzyklus. Ältere Fresken (wohl zwischen 780 und 840 entstanden) hat man 1894 in St. Johann in Müstair/ Graubünden entdeckt und nach und nach freigelegt. Dieses Kloster war eng mit Reichenau verbunden, wie ein Gebetsverbrüderungsbuch (zwischen 800 und 826) beweist. Zu jener Zeit gehörte es allerdings noch nicht zu Alemannien, sondern zu Rätien.

Bereits im 10. Jahrhundert begann der Aufstieg von Konstanz zur Kunstmetropole in Schwaben, der im 13. und 14. Jahrhundert seinen Höhepunkt erreichte. Aus der frühen Zeit ragt die große Goldscheibe mit der Maiestas Domini (um 960) im Münster heraus. Da der Domschatz während der Reformation fast vollständig zerstört worden ist, ist uns nur ein Reliquiar aus der Zeit um 1250/ 60 erhalten geblieben. Wahrscheinlich stammt auch der Luziusschrein aus dem Churer Domschatz (1252) von einem Konstanzer Goldschmied.

Neben der Goldschmiedekunst wurde am Bodensee auch die Kunst der Holzskulptur gepflegt. Von dem Konstanzer Meister Heinrich sind mehrere Figuren erhalten, die er für das Dominikanerinnen-Kloster Marienthal geschaffen hat: ein Johannes der Täufer, ein Evangelist Johannes und eine Christus-Johannes-Gruppe (um 1280/ 90). Dasselbe Motiv in geradezu rührender Innigkeit

166 Hans Koepf: Schwäbische Kunstgeschichte Band 1 / Romanik und Städtebau, Konstanz 1962, S. 35.

zeigt eine Skulptur von etwa 1330 im Stuttgarter Landesmuseum. Eine Darstellung Christi mit der Seele Mariens (in Gestalt eines kleinen Mädchens) und eine vom Pfingstwunder, beide für das Kloster Salem (um 1320/ 30) stammen auch aus dem Umkreis dieses Meisters Heinrich.

Es gab jedoch auch weltliche Kunst in Schwaben, deren glänzendstes Zeugnis die Große Heidelberger Liederhandschrift (Codex Manesse) darstellt, die um 1300 bis 1340 in Zürich geschaffen worden ist.

Das nächste Zentrum der Kunst wurde im 15. Jahrhundert die Reichsstadt Ulm, wo man nicht nur am Münster baute, sondern auch der überragende Bildschnitzer Hans Multscher (um 1400 – 1467) wirkte, der seine Figuren aus der weltabgewandten Verzücktheit der Gotik in eine plastische Daseinsnähe hereinholte. Dafür nur ein Beispiel: „Die Figur der heiligen Maria Magdalena aus dem oberschwäbischen Kloster Heiligkreuztal beeindruckt durch ihre Präsenz: Sie wirkt wie aus dem Leben gegriffen. Daran wird die umwälzende künstlerische Neuerung deutlich, die Hans Multscher einführte. Typisch für den überregional wirkenden Bildhauer sind die treffende Charakterisierung verschiedener Menschentypen, die raumhaltigen Gewänder und die detailgenaue Wiedergabe etwa der Hände.“[167] In Multschers Nachfolge, aber auch beeinflusst von der Kunst am Oberrhein, steht Michel Erhart (um 1445 – nach 1522), der seinen Figuren noch größere Bewegtheit und Eleganz verlieh.

Berühmt war Ulm zu jener Zeit vor allem durch die Fertigung von Altären. Dieses für Schwaben charakteristische Retabel-Schema verlangt ein Zusammenwirken von Schreinern, Bildschnitzern und Malern. Die Ausführung der einzelnen Teile durch spezialisierte Handwerker setzte Standards, die den Ulmer Werkstätten bis ins frühe 16. Jahrhnudert hinein überregionalen Erfolg garantierten. Ihre Werke finden sich in großer Dichte in Oberschwaben sowie im Allgäu, wurden aber auch in weiter entfernte Gegenden,

---

167 Ingrid-Sibylle Hoffmann: Die spätmittelalterliche Reichsstadt Ulm, in: Die Schwaben S. 197 – 205, Zitat S. 200.

beispielsweise nach Wimpfen, Hall, Augsburg, ja bis nach Südtirol und Graubünden exportiert. Perfektioniert wurde die Arbeitsteilung von Jörg Syrlin dem Älteren und seinem Sohn, die als Großunternehmer mit verschiedenen Künstlern zusammenarbeiteten. Für Prestigeprojekte wie den monumentalen Hochaltar der Klosterkirche Blaubeuren arrangierten sie mit dem führenden Bildhauer Michel Erhart sowie den Malern Hans Schüchlin (um 1435 bis 1505) und Bartholomäus Zeitblom (um 1455 bis um 1518) die besten Künstler Ulms."[168]

Zu jener Zeit wirkte dort auch Hans Holbein d. Ä. (um 1465 – um 1524) aus Augsburg, dessen Sohn Hans d. J. später einer der ganz Großen seiner Epoche wurde. Aber auch die Ulmer Glasmalerei stand damals in Blüte, wie sich vor allem in der Verglasung der Besserer-Kapelle des Münsters zeigt, die „als Schlüsselwerk einer neuen Wirklichkeitsnähe in der süddeutschen Kunst" gilt.[169] Ulm stand hier ebenbürtig neben Straßburg, aus dessen Werkstatt es den Meister Peter Hemmel aus Andlau für sich gewinnen konnte.

Als sich die Blütezeit Ulms dem Ende zuneigte, stieg das reiche Augsburg in die Reihe der europäischen Kunstmetropolen auf. Der Stadtbaumeister Elias Holl (1573 – 1646) schuf das bekannte Rathaus im Stil der Renaissance, der Niederländer Adriaen de Vries drei mit Plastiken geschmückte Brunnenanlagen. Als Wegbereiter der Renaissance in Augsburg gelten die Bildhauer Adolf Daucher (vor 1465 – nach 1523) und sein Sohn Hans.

„Im Laufe des 16. Jahrhunderts entwickelte sich Augsburg zu einem der führenden Zentren für die Herstellung prachtvoller Uhren und wissenschaftlicher Instrumente in Europa."[170] Die prächtigen Automatenuhren waren mit Kleinplastiken geschmückt, die von Gold- und Silberschmieden gefertigt wurden. Und so entwickelte sich Augsburg bis ins 18. Jahrhundert hinein zu einem europäischen Zentrum dieser Kunst.

Was Augsburg und Ulm im schwäbischen Osten, stellten Basel,

168 daselbst S. 205.
169 daselbst S. 205.
170 Irmgard Münch: Augsburg als Marke, in: Die Schwaben S. 245 – 258, Zitat S. 245.

Colmar und Straßburg im Westen dar. All diese Kunstzentren sind durch die Familien Schongauer und Holbein verbunden. In Augsburg gab es zwei Familien Schongauer, eine patrizische und eine bürgerliche, aus der die Künstler stammen. Martins Großvater Caspar I. war Kaufmann, sein Vater Caspar II. Goldschmied. Dieser zog gegen 1440 nach Colmar. Er hatte neben Martin mindestens noch drei Söhne: Paul, Jörg und Ludwig, die alle Künstler wurden.

„Paul und Jörg arbeiteten wie ihr Vater als Goldschmiede. Paul erwarb 1478 das Bürgerrecht in Leipzig, war 1489 jedoch Bürger in Basel und wurde schließlich am 16. Februar 1494 Bürger im heimatlichen Colmar, wo er 1516 starb. Jörg, der mit Apollonia, der Tochter des Bildhauers Niclaus Gerhaerts von Leyden verheiratet war, lebte 1482 in Basel, wurde dort 1485, dann aber 1494 in Straßburg Bürger und starb irgendwann zwischen 1495 und 1514. Ludwig Schongauer ergriff den Malerberuf, bekam 1479 das Bürgerrecht in Ulm geschenkt und kaufte gleiches 1486 in Augsburg; am 24. Februar 1493 jedoch wurde auch er Bürger in Colmar und verschied dort vor dem 28. Januar 1494. Diesen drei Schongauer-Brüdern war also eine beträchtliche Mobilität zu eigen, die sich für Martin zumindest zeitweise ebenfalls nachweisen lässt.“[171]

Der bedeutendste und berühmteste von allen war aber zweifellos dieser Martin Schongauer. Sein Geburtsjahr ist unbekannt; neuerdings nimmt man „um 1450“ an. Gestorben ist er am 2. Februar 1491. Ähnlich wie sein jüngerer Zeitgenosse Albrecht Dürer war er nicht nur Maler, sondern auch ein begnadeter Zeichner und Kupferstecher. Seinen Ruhm aber verdankt er seinen Tafelbildern, insbesondere den zahlreichen Mariendarstellungen. Seine Vorbilder waren die großen Niederländer Rogier van der Weyden und vor allem Jan van Eyck. „Bereits in ihrem geringen Format, das dennoch eine ungeheure Fülle von optischen Reizen, wenn man so will, von Welt zu fassen vermag, gleichen die Tafeln des Colmarers der Mehrzahl der erhaltenen Werke Jans. Natürlich unterscheidet sich Schongauers Malweise deutlich von der des älte-

171 Stephan Kemperdick: Martin Schongauer. Eine Monographie, Petersberg 2004, S. 14.

ren Malers, dessen Wiedergabe des Sichtbaren unerreicht ist. Und doch scheinen die Lichthaltigkeit der Täfelchen des Jüngeren, ihre Atmosphäre und nicht zuletzt ihre kostbare Wirkung, die juwelenhafte Pracht der aufleuchtenden Gegenstände, auf die Gemälde Jans zurückzuverweisen."[172]

Das bekannteste Werk Schongauers ist die „Madonna im Rosenhag" von 1473, die eigentlich ins Colmarer Martinsmünster gehört, aber nach einem Diebstahl in der zum Museum gewordenen Dominikanerkirche zu bewundern ist. Diese Madonna ist nicht lieblich wie italienische Madonnen, sondern von herberer Schönheit nach dem Vorbild der Niederländer. Sie wird als „monumental und hieratisch" beschrieben, aber die Art, wie das Jesuskind ihren Nacken umschlingt, ist doch rührend menschlich. Gleichzeitig wenden die beiden ihre Blicke voneinander ab, und zwar so, dass sie auch am Betrachter vorbei in eine unbekannte Ferne zu schweifen scheinen – ein verstörend rätselhaftes und faszinierendes Bild.

Noch berühmter als Schongauer wurde Hans Holbein d. J. (1497/ 98 – 1543), der es bis zum englischen Hofmaler brachte, dem London andererseits auch zum Verhängnis wurde, weil er dort mit nur 45 Jahren der Pest erlag. Er war der zweite Sohn Hans Holbeins d. Ä. und in Augsburg geboren, wo er auch seine Ausbildung erhielt. Aber im zweiten Jahrzehnt des 16. Jahrhunderts verschlechterten sich die wirtschaftlichen Verhältnisse in seiner Heimatstadt, sodass sich Hans und sein Bruder Ambrosius 1515 entschlossen, nach Basel zu ziehen, das bis 1526 ihre neue Wirkungsstätte wurde. Hans schuf hier Madonnenbilder und Altartafeln, darunter die wahrhaft königliche Madonna des Bürgermeisters Meyer, die lange zur fürstlichen Sammlung in Donaueschingen gehörte und nun das Glanzstück des Museums in Schwäbisch Hall ist.

Aber dann kam die Reformation über Basel und der gestrenge Rat wollte keine Prunksucht mehr dulden. Die Aufträge für Holbein gingen zurück und er entschloss sich 1532, endgültig nach

172 daselbst S. 186.

London zu gehen, wo er vorher schon zwei Jahre verbracht hatte. Dort wurde er zum gefragtesten Portraitmaler seiner Zeit: Erst malte er die deutschen Kaufleute aus dem Stalhof, dann englische Adlige und schließlich S. M. König Heinrich VIII. höchstselbst sowie dessen dritte Gemahlin Jane Seymour, und zwar so, dass man sich fragt, wie der König ihretwegen seine zweite Gemahlin vestoßen und hinrichten lassen konnte.

Ist es Zufall, dass im 19. Jahrhundert wieder ein Schwabe, genauer gesagt ein Schwarzwälder, englischer Hofmaler wurde, nachdem er zuvor schon dieselbe Stellung bei Napoleon III. eingenommen hatte? Es war Franz Winterhalter aus Menzenschwand, dem das Augustinermuseum in Freiburg 2016 eine große Sonderausstellung gewidmet hat. Wenn man damals die Räume betrat, erschrak man beinahe, vornehmen Personen aus dem 19. Jahrhundert gegenüberzutreten, die in fast lebensgroßen Portrais so präsent und lebensecht vor einem standen, als wären sie wirklich zugegen. Da gab es einen Mann von so finsterer Entschlossenheit, dass man ihm im Leben nicht gern begegnet wäre, und Mädchen von so überzeugender Unschuld und solchem Liebreiz, dass man sich augenblicklich in sie hätte verlieben können; daneben bukolische Landschaften von einer Italienreise, eines mit dem Titel „La dolce vita", das geradezu als Idealbild Italiens, wie die Deutschen es sich vorstellen, gelten kann.

Gewiss, es ist jene Malerei, die schon eine Generation später als „akademisch" abgetan wurde, weil man sich zur Zeit des Impressionismus nicht mehr die Mühe machen wollte, so ins Detail zu gehen, sondern mehr das Atmosphärische schätzte. Aber an malerischer Perfektion ist einer wie Franz Winterhalter dennoch nie mehr übertroffen worden.

Geht man die Reihe von Hans Multscher über Schongauer und Holbein bis zu Winterhalter durch und schätzt man diese als typisch schwäbische Meister ein, muss man folgern, dass die Schwaben offenbar eine Vorliebe für das Wirkliche haben, fast als folgten sie dem Motto des unglücklichen Dichters Lenz, den Büchner sagen lässt: „Der liebe Gott hat die Welt wohl gemacht, wie sie sein soll, und wir können wohl nicht was Besseres klecksen." Wahrscheinlich ist gerade dieser ausgeprägte Wirklichkeitssinn die Voraussetzung für die technischen Fortschritte der letzten zweihundert Jahre, an denen die Schwaben nicht unwesentlich beteiligt waren.

Man könnte einwenden, es gebe ja noch andere Kunst im Lande, nämlich den oberschwäbischen Barock, der alles andere als nüchtern und realistisch erscheint. Das ist wohl wahr, aber es sind halt auch nicht alle Schwaben gleich, und die Oberschwaben sind nicht nur gemütlicher, sondern meist auch gemütvoller, weicher und sinnenfroher als die Neckarschwaben. Jedenfalls sind ihre Barockkirchen mehr als nur ein Augenschmaus, sondern Gesamtkunstwerke von Architektur, Plastik und Malerei, wie man sie sonst nur selten findet.

„*Ein Kirchen bauen ist soviel als einen neuen Himmel erschaffen,* hat ja der Dießener Festprediger von 1740 gemeint. Stiltypisch erscheint so ein untrennbares Ineinander von Architektur, Stuckornament und großem Fresko, so dass die Architektur am Bild teilhat, das Bild am gebauten Raum, immer wieder die eine Seinsweise umschlägt in die andere. Oder wie Rupprecht sagt: *Die architektonisch und die allegorisch-bildhafte Verwirklichung von Kirche deuten sich gegenseitig unaufhörlich in ihrem Realitätsgrad um; dieser Vorgang der Umdeutung bildet das konstitutive Prinzip der Rokokokirche.*"[173] Der Kunst- und Kirchenhistoriker Hubensteiner unterscheidet den „Reichsstil" des österreichischen Kaiserbarocks und den fränkischen Spätbarock vom schwäbisch-bayrischen „Kirchenrokoko" eines Balthasar Neumann, man kann aber ebensogut von einem süddeutschen Spätbarock sprechen, der sich vom verspielten französischen Rokoko durch größere Ernsthaftigkeit und vor allem durch Religiosität abhebt.

Nachdem das schreckliche 17. Jahrhundert mit dem Dreißigjährigen Krieg und dessen Folgen überwunden war, brach im 18. Jahrhundert eine förmliche Bauwut aus. Nun wurden außer zahlreichen Schlössern (Ludwigsburg, Solitude, Neues Schloss in Stuttgart) vor allem in Oberschwaben und Oberbayern riesi-

---

173 Benno Hubensteiner: Vom Geist des Barock, München 1967/ 68, S. 212 f.

ge Klosterkomplexe mit grandiosen Kirchen erbaut: Weingarten, Obermarchtal, Salem, Ochsenhausen, Ottobeuren, Ettal u. a. Aber man sollte auch nicht übertreiben, indem man Weingarten „das oberschwäbische St. Peter“ oder Ottobeuren „den schwäbischen Escorial“ nennt; denn beide Seiten gewinnen nichts von solch schiefen Vergleichen. Aber dass sowohl das von dem Vorarlberger Baumeister Franz Beer 1715 begonnene und dann von dem württembergischen Hofarchitekten Frisoni vollendet Weingarten wie das noch prächtigere Ottobeuren, ab 1737 von Johann Michael Fischer erbaut, zu den Glanzleistungen der gesamten Barockarchitektur gehören, ist unbestritten.

Die Kirche von Weingarten wirkt vornehm, hell und weit; sie entspricht dem Vorarlberger Müsterschema, wie es die Baumeister Franz Beer und Peter Thumb bevorzugten. Ottobeuren ist von atemberaubender Weite; wenn man durch das Längsschiff geht, zerreißt es einem an einem bestimmten Punkt die Perspektive: Man muss den Kopf hin und her wenden, um den Raum noch erfassen zu können. Der Grund liegt darin, dass der Grundriss von einem griechischen Kreuz mit ungewöhnlicher Breite aller vier Arme gebildet wird. Die Hauptachse wird nur dadurch betont, dass der Chorarm ein wenig verlängert ist.

Ein ähnlich eindrucksvolles Beispiel barocker Kirchenarchitektur ist die Klosterkirche von Zwiefalten, ebenfalls von Johann Michael Fischer erbaut, mit Fresken von Franz Josef Spiegler ausgeschmückt und 1754 vollendet. Der Bau strotzt förmlich vor Kraft, von außen durch die monumentale Fassade, die wie aus einem Guss erscheint, im Inneren durch die markanten Doppelsäulen und die kräftige Farbgebung.

Aber da gibt es auch noch die Kleinodien dieser Architektur: die Wallfahrtskirche auf der Birnau und die Kirche von Steinhausen bei Schussenried. Die eine, von dem Vorarlberger Peter Thumb (1681 – 1766) erbaut, eines der lieblichsten Werke jener Zeit, ist vor allem durch die Putten von Joseph Anton Feuchtmayer bekannt und beliebt. Übertroffen wird sie allerdings durch „die schönste Dorfkirche der Welt“ in Steinhausen. Dieser Titel mag übertrieben erscheinen, und über Geschmack lässt sich bekanntlich ohnehin nicht streiten. Aber es gibt objektive Gründe, sie für ein Wunderwerk zu halten.

Ihr Baumeister Dominikus Zimmermann wählte einen elliptischen Grundriss, dem er auf der Innenseite ein zweites Oval aus zehn quadratischen Pfeilern einschrieb, sodass ein durchlaufender, lichterfüllter Umgang entsteht, der den Innenraum indirkt erleuchtet. Wenn dann die Sonne scheint, verschwindet die Architektur fast völlig und alles ist nur noch Licht und Farbe: eine wahrhaft himmlische Atmosphäre.

Aber wo man denkt, darüber hinaus könne es keine Steigerung geben, ging Balthasar Neumann mit der Klosterkirche in Neresheim noch einen Schritt weiter, indem er (wie in Vierzehnheiligen) einen Grundriss von mehreren sich überschneidenden Ellipsen wählte. Außerdem schuf er einen ungeheuer weiten Innenraum, dessen Decke Martin Knoller mit einem Fresko ausschmückte, das sogar jenes Tiepolos in der Würzburger Residenz übertrifft. Schade nur, dass eine gefühllose Restauration vor einigen Jahrzehnten alle Pfeiler und Wände in kaltes Weiß gehüllt hat, sodass nun die grandiosen Deckengemälde wie ein Gewitterhimmel über einer Schneelandschaft hängen. – Will man wissen, wie diese Kirche aussähe, wenn sie vollendet wäre, muss man nach Vierzehnheiligen pilgern, also ins Fränkische.

Da es neben den geistlichen auch eine Vielzahl weltlicher Herrschaften gab, finden sich hier auch bedeutende barocke Schlösser, darunter vor allem das Neue Schloss in Kisslegg, das sich der Graf Johann Ernst von Waldburg von dem berühmten Johann Georg Fischer erbauen ließ. Von außen wirkt die Dreiflügelanlage zwar bescheiden, dafür ist die Innenausstattung desto prächtiger, was nicht verwundert; denn die Stuckaturen stammen von Francesco Solari und Johann Anton Feuchtmayer, die Fresken von dem weniger bekannten Johann Gabriel Roth.

Auch eine Nebenlinie des Hauses Waldburg, die in dem Städtchen Wurzach residierte, ließ es sich nicht nehmen, ein prächtiges Barockschloss zu bauen, das allerdings aufgrund ihrer bescheidenen Mittel nicht so prächtig ausgestattet werden konnte wie das ihrer Verwandten in Kisslegg. Aber die Fassade ist eindrucksvoll und das Treppenhaus ein wahres Wunder barocker Raumgestaltung. Es könnte von Johann Georg Fischer stammen, aber da bei einem Brand des Schlossarchivs sämtliche Urkunden verloren gegangen sind, kennt man weder den Architekten noch den Maler des großartigen Deckengemäldes, das die Aufnahme des Herakles in den Olymp darstellt. Gewiß, das berühmte Treppenhaus in Würzburg ist viel größer und pompöser, aber auch sehr viel steifer als der mehrfach geschwungene und teilweise raffiniert verdeckte Aufgang in Wurzach.

Man kann nicht behaupten, der Barock wäre typisch schwäbisch, wenn er auch in Schwaben einige seiner schönsten Blüten hervorgebracht hat. Lässt sich also rein gar nichts finden, wovon man sagen könnte: Das gibt es nur hier und sonst nirgends!? – O doch, man muss nur ein bisschen weiter zurückgehen, sagen wir einmal: 40.000 Jahre.

Die ältesten figürlichen Darstellung der Menschheitsgeschichte finden sich in Höhlen der Schwäbischen Alb: am Vogelherd, Sirgenstein, Geißenklösterle und im Hohlen Felsen. Da gibt es neben Tierdarstellungen wie dem Mammut und einem hübschen Rössle den rätselhaften Löwenmenschen und das phänomenale Weib vom Hohlen Felsen (das „Venus" zu nennen wohl ein Witz ist). Gewiss, es sind nur kleine Elfenbeinfiguren und doch wirken sie groß durch ihre Ausdruckskraft. Ähnlich wie bei den deutlich jüngeren Höhlenmalereien von Altamira, Lascaux u. a. wundert man sich, dass da ganz am Anfang die Kunst einen Grad von Vollkommenheit aufweist, der später nur selten wieder erreicht worden ist.

Darf man die Kunst des Aurignaciens mit den Schwaben in Verbindung setzen? Warum nicht? Wenn wir schon Gene des Neandertalers in uns tragen, wie man neuerdings weiß, warum sollten dann die des Homo sapiens jener Zeit nicht in uns sein? Weitreichende Schlüsse daraus zu ziehen, wäre freilich vermessen, aber lustig ist diese Vorstellung doch.

Verwirrend, ja beinahe verstörend wirkt, dass man auf der

Schwäbischen Alb auch das älteste Instrument der Menschheit gefunden hat: eine 35.000 Jahre alte Flöte aus Geierknochen; denn die Schwaben sind nicht für ihre hohe Musikalität berühmt. Zumindest stammt keines der musikalischen Genies, die Deutschland hervorgebracht hat, aus Schwaben. So geht es uns ähnlich wie den Polen, die auf Frédéric Chopin stolz sind, weil dessen Mutter Polin war: Mozarts Mutter stammte aus Augsburg, war also Schwäbin. Also dürfen die Schwaben doch auch „ã bitzele" stolz auf den großen Wolfgang Amadeus sein!

Schwäbischer Humor

Humor ist oft Glücksache. Was die einen für einen tollen Witz halten, erscheint anderen nur als blöd. Da gilt dann der schwäbische Spruch: „Kitzel-me, dass-e lachə kã!“ Aber Humor erschöpft sich ja nicht darin, dass man Witze macht. Humor ist die seelische Begabung, das Leben, das oft schwer genug ist, nicht durch Trübsinn noch schwerer zu machen, sondern seine komischen Seiten zu entdecken und Pathos in Lächerlichkeit zu verwandeln.

Humor findet sich bei allen Völkern, wenn auch in unterschiedlicher Dosierung und verschiedener Ausprägung, sodass oft die einen den Humor der andern kaum verstehen und vielleicht sogar behaupten: Diese Leute haben doch überhaupt keinen Humor! Das ist meist ein Missverständnis.

Wenn von schwäbischem Humor die Rede ist, denkt man zuerst an Leute, die man aus den Medien als Komiker oder Kabarettisten kennt: an Werner Veidt und Walter Schultheiß, die in den 60er und 70er Jahren als Straßenkehrer Karle und Gottlob die Rundfunkhörer unterhielten; an das Duo Häberle und Pfleiderer, die von Oscar Heiler und Willy Reichert verkörpert wurden; jetzt vor allem an Hannes und den Bürgermeister, gespielt in der Mäulesmühle (und fürs Fernsehen) von Albin Braig und Karlheinz Hartmann. Sie alle sind Stuttgarter oder Unterländer und amüsieren vor allem das dortige Publikum, während sie im Oberland weniger ankommen und in Baden wohl gar nicht. Es gibt halt auch eine „sehr spezifische regionale Ausprägung“ des Humors, wie Hermann Bausinger zu den Erzählungen von Hermann Kurz bemerkt.[174]

In seiner Schwäbischen Literaturgeschichte widmet Bausinger diesem Dichter ein eigenes Kapitel mit dem Titel „Ironie und Aktualität. Humor bei Hermann Kurz“. Darin schreibt er: „Hermann Kurz nutzt die Eigengesetzlichkeit literarischer Formen, und er hat offensichtlich Spaß an den Verrückungen und Verrücktheiten des Humors. Seine Freunde in Maulbronn und am Tübinger

174 Hermann Bausinger: Eine schwäbische Literaturgeschichte, S. 299.

Stift charakterisieren seinen Lebensstil und seine ausschweifenden Phantasien als *überzwerch;* er hat dies akzeptiert und in manchen seiner literarischen Produkte mischt er in der Tat die Wirklichkeit übermütig und überzwerch auf. Dazu gehört beispielsweise ein Entwurf verrückt-komischer ländlicher Genrebilder, den er in seinen *Denk- und Glaubwürdigkeiten* vorstellt ...“[175]

Überzwerch ist ein treffendes Stichwort nicht nur für den schwäbischen Humor; es bedeutet zugleich „verquer“ wie auch „überdreht, überspannt“. Wie der Karikaturist muss auch der Humorist überzeichnen, um das Groteske der banalen Wirklichkeit herauszustreichen.

Ein jüngeres Beispiel schwäbischen Humors stellen die köstlichen Mundartgedichte von Sebastian Blau dar, der eigentlich Josef Eberle (1901 – 1986) hieß und für den Süddeutschen Rundfunk arbeitete, bis ihn die Nationalsozialisten 1933 hinauswarfen. Er machte das Beste aus seinem Unglück und veröffentlichte eine Reihe von Gedichtbänden in Rottenburger Mundart. „Sebastian Blau machte keinen Versuch, bäuerliche Idylle zu konstruieren; er ging von der kleinbürgerlich-handwerklich geprägten Atmosphäre seiner Heimatstadt aus; es geht um Nachbarschaftsprobleme, um Stammtischdiskussionen, um kleine Festlichkeiten. Blau fand aber auch den Zugang zum Leben in Stuttgart, zu dessen Schauseite er das vergebliche Streben nach modischer Eleganz zählt. Er hat eine enorme Fähigkeit, mit wenigen Worten ein Milieu zu charakterisieren, und man hat bei ihm nie den Eindruck, dass er Reimwörter suchen muss – die Verse fliegen ihm zu.“[176]

Das soll keine leere Behauptung bleiben. Also hier ein Beispiel:

St. Nepomuk

En Raoteburg stoht uf dr Bruck
e‘ Heiliger Nepomuk.
- Komm, so presant hosch-s ete‘,
mr wend gschwend zua-n-ehm bette‘:

175 daselbst S. 293.
176 daselbst S. 401.

„O Heiliger Sankt Nepomuk,
bewahr me ao vor Schade'
beim schwemme'-n-ond beim bade'.
Gib uf de Necker aacht ond guck,
daß dren koa' Ga's ond Geit versauft,
ond daß r jo et überlauft,
et daß r
mit seim Wasser
de' Weag en d Stadt ond d Häuser nemmt
ond ao's de' Wei' em Kear romschwemmt.
O Heiliger Sankt Nepomuk,
do tätest aos en baöse' Duck!

Ond loht se halt
mit äller Gwalt
s Hochwasser et verklemme',
noh hao' en Ei'seah', guater Ma'
ond fang mit überschwemme'
e' bißle weiter donne' a':
dia Goge' nemmets et so gnau,
en deane ihren saure' Wei'
därf wohl e' bißle Wasser nei'
- ond evangelisch send se ao .."[177]

Das ist ein Text zum Schmunzeln, nicht nur wegen des Seitenhiebs auf die Tübinger und ihren sauren Wein, sondern wegen der genial-verrückten Idee, der hl. Nepomuk möge dafür sorgen, dass die Gänse und Enten nicht im Neckar ertrinken. Auf so etwas muss man erst kommen!

Wahrscheinlich zielt der schwäbische Humor eher aufs stille Schmunzeln als auf lautes Gelächter. Die lärmende rheinische Fröhlichkeit an Karneval ist den Schwaben fremd und geradezu peinlich. Die schwäbisch-alemannische Fasnet ist von ganz an-

177 Heinrich Lausberg: Elemente der literarischen Rhetorik, München 1963, S. 79.

derer Art: viel gebundener, viel ritueller, fast archaisch mit ihren strengen Masken und vorgeschriebenen Kostümen (dem Häs, wie es traditionell heißt).

Das bedeutet nicht, dass nicht nebenher auch Blödsinn gemacht würde. In meiner Heimat skandierte man:

„Hårig, hårig, hårig isch die Katz,
und wenn die Katz it hårig ischt,
dann fängt sie keine Mäuse nicht.

Borschtig, borschtig, borschtig isch die Sau,
und wenn die Sau it borschtig ischt,
dann gibt sie keine Würste nicht.“

Der abrupte Wechsel vom Dialekt zur Schriftsprache gehörte wesentlich zum Spiel. Man sang auch gern:

„Leck mer am Arsch, leck mer am Arsch,
eiser Katz isch schener,
eiser Katz håt Hăår am Arsch
grad wie an Italiener!“

So ängstlich, wie man heutzutage ist, dürfte man das wohl gar nicht mehr singen.

Es gab auch freche Witzbolde. Bei einer Fastnacht ging ein Mann durch die Menge und fragte jeden Bekannten, den er traf: „Witt it ã Bild võ meim Weib säə?“ (Willst du nicht ein Bild von meiner Frau sehen?) Die meisten antworteten: „Ih kenn doch dãe Weib!“ Er aber meinte: „Die kennscht du noh lang it!“ und zog eine Beißzange aus seiner Kitteltasche. – Man weiß nicht, wie seine Frau reagierte, als sie davon erfuhr. Aber man denke nicht, sie hätte ihm die Hölle heiß gemacht. Wahrscheinlich kannte sie ihren Alten gut genug, um zu wissen, was er für ein Spaßvogel war. Es wurde jedenfalls viel darüber gelacht und vielleicht lachte sie sogar mit.

Peinliche Situationen wurden gern durch Lachen entschärft und man erwartete, dass jener, dem das Missgeschick geschehen war, schließlich mitlachte. Das war der Zweck der Übung. Dass einer beleidigt reagierte, schätzte man gar nicht. Man neigte dazu, das Leben als Groteske zu verstehen.

Ein Mann aus der Umgebung von Wurzach ging eines Tages im Städtle auf und ab, als ob er etwas Bestimmtes suchte. Als ihn jemand fragte: „Was suechet-er denn?“, antwortete er: „An Kammacher!“ Man erklärte ihm, es gebe hier keinen, worauf er meinte: „Jetz wunderet‘s mih gar nimme, dass des so ã lausigs Städtle ischt!“ – Auch diese Geschichte wurde gerne weitererzählt, obwohl sie nicht gerade schmeichelhaft ist.

Für Fremde ist es nicht immer leicht, den Sinn schwäbischer Äußerungen richtig zu deuten, denn Schwaben lieben die Ironie, d. h. sie reden „so dass die ironischen Wörter im Enderfolg in einem Sinn verstanden werden, der ihrem eigentlichen Sinn entgegengesetzt (contrarium) ist.“[178] Wenn wieder einmal ein rechtes Sauwetter ist, sagt man also: „Ã schēēs Wetter hommer heit!“ Oder wenn einer schlampig angezogen ist, heißt es ironisch: „Heit bischt aber wäh!“ (wäh = ahd. wahi, d. h. schön). Dieselbe Aussage kann aber auch als Anerkennung gemeint sein, wenn jemand wirklich gut angezogen ist. Der Sinn einer Aussage hängt immer von der gegebenen Situation ab.

Für Nicht-Eingeweihte nahezu undurchschaubar sind ironische Äußerungen von der Art: „S ischt alles ã Weile nett!“ oder „Mulle, gwehn‘s!“ (Kätzlein, gewöhn dich daran!) oder „S nået!“ (Es naht). Wenn da jemand ungeduldig wird, weil ihm etwas zu lange dauert, wird er sanft mit dem ersten Satz zurechtgewiesen. Das bedeutet keineswegs eine Bestätigung, wie man meinen könnte, sondern das Gegenteil. Das versteht man aber nur richtig, wenn man die Fortsetzung kennt: „... håt drsell Mesmer gsait, wie-n-er am Steffestag dã Chrischtbom zur Kirchə nauskeit håt.“ (... hat jener Meßner gesagt, als er am Stephanstag den Christbaum zur

178 alle Zitate aus: Die Schwaben – zwischen Mythos und Marke - , Stuttgart 2016, vordere und hintere Deckblätter.

Kirche hinauswarf). Der Stephanstag ist bekanntlich der zweite Weihnachtstag, und da ist es entschieden zu früh, den Christbaum wegzuwerfen.

„Mulle, gwehn‘s!“ ist eine ironische Verteidigungformel, wenn man von einem verlangt, er solle sich an etwas gewöhnen, was eigentlich kaum auszuhalten ist. Die Fortsetzung lautet nämlich: „... håt desell Beire gsait, wie se mit der Katz dã Ofə ausgfloderet håt“ (sagte die Bäuerin, als sie mit der Katze den Ofen ausfegte). Ein Floder oder Flederwisch ist ein feuchter Lappen an einer Stange, womit man den Backofen ausfegt.

Besonders dunkel ist die Aussage „S nået!“. Wenn ein Mensch an einer schwierigen Arbeit ist und meint, er sei bald fertig, wird er mit diesem Spruch gewarnt. Vielleicht sagt man auch: „S nået, håt der Naglfresser gsait, ...“ aber dann muss man trotzdem die Geschichte kennen, die dahintersteht: Ein Mann hatte gewettet, er könne drei Nägel verschlucken. Als er nun den ersten davon im Mund, den zweiten in der Hand hatte und nur noch den letzten auf dem Tisch sah, sagte er: „S nået!“ Er sah also die Aufgabe fast erfüllt, obwohl er noch keinen einzigen Nagel verschluckt hatte!

Man könnte fragen, was diese seltsame Art der Kommunikation bedeutet. Sie bewirkt, dass man zwischen Eingeweihten und Fremden unterscheiden kann. Während die einen nicken und vielleicht lächeln, schauen einen die andern verständnisos an und fragen etwa: „Was heißt das?“ Kinder, die in dieser Umgebung aufwachsen, fragen das auch, und man erklärt es ihnen einmal; dann wissen sie es. Ob man es einem Fremden erklärt, hängt davon ab, ob man ihn mag.

Bitterste Ironie kommt in dem Spruch zum Ausdruck: „Heit geit‘s an hoißə Dag, håt d‘ Hex võ Eglofs gsait, wie mã se auf dã Scheiterhaufə gschtellt håt.“ (Heute gibt‘s einen heißen Tag, sagte die Hexe von Eglofs, als man sie auf den Scheiterhaufen stellte.)

Auch bei erfreulicheren Anlässen wie bei Hochzeiten werden Scherze gemacht. Wenn jemand erzählt, der oder die wolle heiraten, lautet die scherzhafte Frage: „Gegə wen?“ Erklärt ein junger Mann, er werde demnächst heiraten, sagt man ihm: „Du woischt aber, dass nåå d‘ Mark bloß noh fuchzg Pfennig wert ischt.“ Und wenn früher eine Hochzeitsgesellschaft feierlich zur Kirche zog, vorneweg die Blasmusik, pflegte mein Onkel zu sagen: „Då werret wiider zwoi ins Elend blåsə!“ (Da werden wieder zwei ins Elend geblasen.) Meine Tante quittierte den Spruch meist mit einem bösen Blick. (Sie stammte aus Burgau, wo man solche Sprüche vielleicht nicht kannte.) Jedenfalls pflegte man keine allzu romantischen Vorstellungen von der Ehe.

Als typisch schwäbisch gilt die Aussage: „Wenn noh alle Leit so wäret, wie-n-ih sãe sott!“ Das ist in dieser Form witzlos. Man sagt laut und deutlich: „Wenn noh alle Leit so wäret wie-n-ih ...“ (d. h. Wenn doch alle Leute so wären wie ich!), macht eine deutliche Pause und fährt dann sehr viel leiser und augenzwinkernd fort: „... sãe sott!“ (sein sollte). So ironisiert man die Aufgeblasenheit vieler Leute, indem man ironisch die Luft herauslässt.

Wenn ein Handwerker mitten aus seiner Arbeit gerissen wird, weil er angeblich unbedingt anderswo gebraucht wird, sagt er, pathetisch seufzend: „Wo-n-e bĩ, isch nix – und iberal kã-n-e it sãe!“ Das ist mehrdeutig. Wörtlich übersetzt heißt es: „Wo ich (auch) bin, ist‘s nichts – und überall kann ich nicht sein!“ Aber was heißt „Es ist nichts“? Ist es verkehrt, bin ich nur am falschen Fleck oder kann ich nichts? Übersetzt man: „Immer bin ich am falschen Fleck“, bedeutet die Fortsetzung, dass es überall so wäre, d. h. dass man nirgends zu gebrauchen ist. Und genau das ist der ironische Hintersinn der Aussage! Man wird überall gebraucht, obwohl man eigentlich nirgends zu gebrauchen ist und überall alles falsch macht. – Soviel Selbstironie findet man nicht überall auf der Welt.

Diese Nonchalance beweisen die Schwaben auch darin, dass sie (wie schon in der Einleitung erwähnt) die Küchenschaben, die anderswo den schauerlichen Namen *Kakerlaken* führen, gelassen als *Schwaben* bezeichnen. „Mir hond an Haufə Schwåbə im Haus“ bedeutet also nicht, dass das Haus überbelegt wäre, sondern dass es darin viel Ungeziefer gibt. Es trägt nur lustigerweise denselben Namen wie die Bewohner! – Da sage noch einer, die Schwaben hätten keinen Humor!

Vom schwäbischen Nationalcharakter

„Der Schwabe“, als Kollektivsingular verstanden, existiert nicht. Es gibt nur Schwaben und Alemannen und die sind alle verschieden. Dass es kaum ein allgemeines Merkmal gibt, das auf alle zuträfe, liegt an zwei Gründen: Erstens hatten sich die alten Sueben schon in römischer Zeit in mehrere Stämme aufgespaltet und zweitens haben sie später in dem weiten Gebiet zwischen Vogesen und Lech sehr verschiedene Geschichten erlebt. (Auch „die Geschichte“ ist eine Fiktion!) So haben sich Elsässer, Badener, Württemberger, bayrische Schwaben, Vorarlberger, Liechtensteiner und Deutsch-Schweizer halt auch verschieden entwickelt, und nicht einmal von diesen verschiedenen Teilgruppen lassen sich eindeutige Charakterbilder zeichnen.

Soweit wäre die Sache klar, d. h. undefinierbar, wenn da nicht alle Welt meinte, sie wüsste, wie „die Schwaben“ sind. Auf den Deckblättern des Katalogs der Schwabenausstellung ist eine ganze Reihe solcher Vorurteile versammelt, die hier nicht alle aufgezählt werden müssen, weil einige davon die sprichwörtliche Dummheit der Schwaben noch weit überbieten. Bedenkt man jedoch alles, was da behauptet wird, bemerkt man unschwer, dass die älteren Urteile meist viel positiver ausfallen als die jüngeren, d. h. dass das Bild von den Schwaben im Laufe der Geschichte immer mehr entstellt worden ist.

Das Annolied um 1080 rühmt sie:

Ein Volk, zum Rat sehr geeignet
und recht wortgewandt,
das sich oft dadurch auszeichnete,
daß sie tapfere Krieger waren,
sehr bereit zur Heerfahrt und kämpferisch.

Hier wird neben der seit der Antike gerühmten Tapferkeit ihr kluger Rat geschätzt.

Der weitgereiste Felix Fabri, der auch eine Pilgerreise ins Heilige Land hinter sich hatte, schreibt 1488: „Die Schwaben sind vernünftiger als die Elsässer, nobler als die Baiern, gerechter als die

Brabanter, reicher als die Franken, frömmer als alle Deutschen ...“ Das Blatt dieses Lorbeerkranzes, das am meisten verwundert, ist die Behauptung, sie seien reicher als die Franken; vielleicht meint es nur, dass Augsburg damals reicher war als Nürnberg. Dass sie fromm sind, vielleicht frömmer als andere, war zu allen Zeiten unbestritten.

1509 schreibt Heinrich Bebel: „Die Schwaben sind ja der Pfeiler und die Grundfeste des Reiches; an Loyalität und Hingabe für den König stehen sie keinem Sterblichen nach.“ Zu Zeiten des Herzogs Ulrich (1498 – 1550), der dem Kaiser viel Ärger machte, ist das ein erstaunliches Lob. Aber Bebel erinnerte sich wohl an die Zeit Herzog Eberhards im Bart (1457 – 1496), der die wichtigste Stütze Kaiser Maximilians war, und darüber hinaus an die alte Bindung Schwabens an die Stauferkaiser. Jedenfalls ist die Vorstellung, dass Loyalität zu den schwäbischen Tugenden gehört, nicht falsch. Sie kommt auch im württembergischen Wappenspruch zum Ausdruck: „Furchtlos und trew!“

Romantisch verklärt erscheint ein ähnliches Bild auch bei Emanuel Geibel (1867):

Was säumt ihr ernsten Schwaben,
Vorkämpfer einst im Reich?
Wohl ist an Geist und Gaben
kein Stamm dem euren gleich.

Sonst aber wandelt sich das Schwabenbild mit dem Beginn der Neuzeit völlig. Auf einmal erscheinen sie als die furchtsamen „Sieben Schwaben“, die sich vor einem Hasen fürchten. Ein Sprichwort aus dem 15. Jahrhundert macht sie lächerlich: „Hier stehen wir Helden, sagt der Frosch zum Schwaben.“ Merkwürdig ist daran, dass zur selben Zeit die Schweizer als besonders tapfer galten und ihre Dienste von allen Herrschern geschätzt wurden. Hier tut sich im späten Mittelalter ganz deutlich ein Riss auf zwischen den Schweizern und den übrigen Schwaben.

In der Folgezeit gesteht man den Schwaben nur noch eine gewisse Biederkeit zu: „Die Schwaben zeichnen sich im Allgemeinen ... durch eine unter dem gemeinen Mann mehr verbreitete

Gemächlichkeit, Zufriedenheit und Ruhe aus“ (Friedrich Nicolai 1795). Es ist das Bild vom gemütlichen, gutmütigen Schwaben. „So herzig, wie die Schwaben, gibt‘s halt nichts weit und breit“ (Christian Schubart 1829). Sie scheinen geradezu als die idealen Vertreter des Biedermaiers, wie er auch in den Dichtungen der sog. Schwäbischen Schule zum Ausdruck kommt. Selbst das Königlich Statistische Landesamt erklärt 1884, gewissermaßen ganz offiziell: „Es ist daher dem Schwaben auch ein stiller, reflektierender Ernst, eine bald nüchterne, bald träumerische, in sich gekehrte Lebensrichtung eigen.“ Das ist ein Bild von den Schwaben, das bis heute nachwirkt.

In eine etwas andere Richtung geht die Einschätzung von Anton Billinger (1862): „Es ist ein gemüthreiches, arbeitsames, nüchternes Volk, dabei lebenslustig, heiter ... Was er angreift, thut er ernst und geschickt.“[179] Hier wird schon auf jene Tüchtigkeit angespielt, die in der Folgezeit zum erstaunlichen technischen und wirtschaftlichen Aufschwung Schwabens geführt hat, das bis ins 19. Jahrhundert eher rückständig geblieben war.

Nicht übergehen darf man das weitverbreitete Vorurteil, die Schwaben seien besonders dumm. Als ich einmal vor vielen Jahren mit meiner Frau auf einem Vaporetto durch Venedig fuhr und mich mit ihr selbstverständlich auf Schwäbisch, unterhielt, sagte eine Dame aus dem tiefen Norden laut und vernehmlich zu ihrem Gatten: „Schon wieder diese dummen Schwaben!“ Dabei waren wir uns noch gar nicht begegnet; sie hatte wohl kurz vorher andere Schwaben gehört. Sie vertrat dieselbe Meinung wie Ernst Moritz Arndt (1843): „Und es ist wahr, die Dummheit ist eine recht schwäbische Tugend.“ – Wahrscheinlich ist es gar nicht so dumm von der Ernst-Moritz-Arndt-Universität, wenn sie jetzt seinen Namen streichen und sich nur noch Universität Greifswald nennen will.

Nun mag ja vieles, was über die Schwaben gesagt und geschrieben ist, einigermaßen stimmen, aber man fragt sich doch, ob es

---

179 alle Zitate aus: Die Schwaben – zwischen Mythos und Marke - , Stuttgart 2016, vordere und hintere Deckblätter.

nicht so etwas wie einen gemeinsamen Nenner gäbe, eine möglichst einfache Formel, in der sich all das zusammenfassen ließe. Christoph Friedrich Karl Kölle hat 1836 erklärt: „Auch in ihrem Charakter sind sie die deutschesten Deutschen. Sie geben die guten, aber auch die tadelnswerthen Eigenschaften des Gesamtvolkes potenzirt wieder." – Das ist eine eindruckvolle Definition, die allein an der Unklarheit leidet, dass erst definiert werden müsste, was denn typisch deutsch ist.

Konzentriert man den Blick auf die Geschichte der beiden Nationen, von denen man die eine gewöhnlich als Teil der anderen begreift, sind die Parallelen unverkennbar: Auf einen frühen, steilen Aufstieg im hohen Mittelalter folgt ein von dramatischen Missgeschicken verursachter langer und schmerzlicher Abstieg, der gegen die völlige Bedeutungslosigkeit tendiert, bis ihm in einer gewaltigen Kraftanstrengung ein neuer Aufstieg in Wissenschaft, Technik und Wirtschaft abgerungen wird, wenn auch auf einem im Laufe der Zeit schrumpfenden Territorium. Wie Deutschland ist das Schwabenland im Mittelalter zunächst gewachsen und danach schrittweise in Einzelteile zerfallen, von denen schließlich die Reste neu zusammengefügt sind: die Deutschlands in der Bundesrepublik, die Schwabens im Bundesland Baden-Württemberg.

Historisch gleicht Schwaben Deutschland fast aufs Haar. Und doch ist damit wenig über den schwäbischen Volkscharakter gesagt. Schwaben gelten im Allgemeinen als bieder, was auch bedeutet, dass sie harmlos sind. Aber man täusche sich nicht! Es gibt unter ihnen auch „Kogen" und „Siechen", die man nicht unterschätzen sollte. Das Wort *Kog* entspricht dem alten Ausdruck für den Kuckuck: *Gauch,* auch *Gutzgauch.* Der Kuckuck ist bekanntlich so raffiniert, seine Eier von anderen Vögeln ausbrüten und seine Jungen von ihnen großziehen zu lassen. (Die Biologen nennen ihn Brutschmarotzer.) Ein Kog ist demnach ein Mensch, der nicht so harmlos ist, wie er aussieht, sondern „hälingə gscheit" (heimlich gescheit), nicht gerade hinterhältig, aber doch durchtrieben und ein wenig gefährlich. Vor einem Kogen hat man sich jedenfalls in Acht zu nehmen; er könnte einen zumindest übers Ohr hauen.

Eine Abart davon sind die Tübinger Gågen, die nicht nur als schlau, sondern auch als besonders grob gelten. Dazu eine bekannte Geschichte: Ein Professor, der neu in Tübingen ist, verläuft sich im Herbst, kurz vor der Weinlese, in einen Weinberg, wo er um diese Zeit nichts zu suchen hat. Der Winzer entdeckt ihn und schreit: „He, du, mach dass de aus meim Wengert nauskommsch. Wenn-e dih noh õemål verwisch, schag-e der‘s Greiz aa!“ (Wenn ich dich noch einmal erwische, schlage ich dir das Kreuz ab). Der Professor stottert ganz erschrocken: „Entschuldigung! Ich habe doch gar nicht gewusst, ...“ Da meint der Wengerter, plötzlich milde gestimmt: „Schõ räecht, mã sait ene-s jå em Guedə!“ (... man sagt‘s Ihnen ja im Guten!). – Solche Geschichten sind zwar gewaltig übertrieben, könnten aber nicht erzählt werden, wenn sie nicht doch ein Körnlein Wahrheit enthielten. Diese Art von Grobheit ist in Schwaben jedoch nicht allgemein verbreitet; man begegnet ihr vor allem am Neckar und im Remstal.

Eine andere Art von Schwaben sind „die Siechen“. Wenn man von jemand sagt: „Dees ischt an Siech“, bedeutet das: „Der Bursche ist schlau. Man muss sich bei ihm vorsehen.“ Das ist nicht unbedingt negativ gemeint, sondern kann auch als Anerkennung seiner Intelligenz gelten. (Das ist insofern merkwürdig, als *siech* eigentlich *krank* bedeutet.) Wenn man von einem kleinen Buben sagt, er sei ein Siech, heißt das nichts weiter, als dass er ein rechter Lausbub ist; und das ist nicht als Kritik gemeint. Sagt man dagegen von einem erwachsenen Mann: „Dees ischt an Hurəsiech“, so ist das nicht gerade schmeichelhaft. Trotzdem darf man den Ausdruck nicht in eine Reihe mit *Hurenbock* stellen, denn *Huren-* als Bestimmungswort eines Kompositums ist im Schwäbischen eine unspezifische Verstärkung: *ã Hurəglomp* ist ein Ding, das nichts taugt und schnell kaputt geht, *an Hurəscheiß* eine Sache, die gründlich daneben gegangen ist. Ein Hurensiech ist also ganz einfach ein Lump.

Kurzum, es gibt nicht nur biedere Schwaben, sondern auch Kogen und Siechen, aber sie sind eher die Ausnahmen. Der normale Schwabe möchte weder der eine noch der andere sein, sodass wir doch wieder vor dem Rätsel stehen: Was ist typisch schwäbisch? Gibt es das überhaupt? Bedenke ich, was ich aus langer Lebenserfahrung über mich selbst und meine Landsleute weiß, kommt mir eine Idee: Es gibt in Schwaben nicht wenige Leute, von denen Bekannte und Verwandte sagen, sie seien „eigen", auf Schwäbisch: „Der (oder die) ischt ã weng oigə." Dieses Wort *eigen* hat eine ziemlich breite Bedeutungsskala; es meint: eigenwillig, eigensinnig, eigenartig, (manchmal auch) eigenbrötlerisch, doch niemals: eigennützig. Leute, die „eigen" sind, sind auf eine schwer definierbare Art anders als andere; sie haben halt ihre Eigenheiten, so wie viele Engländer eben ihren Spleen haben. Es handelt sich aber weniger um einen Spleen, d. h. eine sympathische kleine Verrücktheit, als vielmehr um einen inneren Widerstand, eine Abneigung gegen den gesellschaftlichen Zwang, sich immer und überall anpassen zu sollen. Dem setzt der Schwabe sein „Nõe! eddə!" entgegen. Lessings Diktum „Kein Mensch muss müssen" passt vorzüglich auf die Schwaben. Sie wollen ihr „eigenes Sach" machen und sich nicht von jedem vorschreiben lassen, was sie zu tun haben. Das ist einer der Gründe, weshalb sie bisher auch an ihrer Sprache festgehalten haben.

Die Eigenwilligkeit kann freilich auch übertrieben werden und zur Eigenbrötelei oder dazu führen, dass einer grüblerisch wird und sich zu sehr von der Welt abkapselt. Diese Gefahr droht manchem Schwaben und kann auch krankhaft werden, also zu ernsthaften seelischen Störungen führen. Sie kann sich aber auch positiv auswirken und in Philosophie (wie bei Schelling und Hegel) oder grandioser Lyrik (wie bei Hölderlin) fruchtbar werden. Aber das sind Extremfälle, die man nicht verallgemeinern sollte. „Der Schelling und der Hegel" sind eben doch nicht die Regel. Lauter Genies auf einem Haufen, das wäre wirklich ein unerträglicher Zustand. Den hätten auch die Schwaben bei aller Eigenheit nicht ertragen.

Was hier von den Schwaben im engeren Sinn gesagt ist, gilt auch von den Alemannen. Auch sie sind „eigen", vor allem die Schwarzwälder. Die in der Oberrheinischen Tiefebene sind ein wenig anders: offener, weltläufiger, was zweifellos mit der Geographie zu tun hat. Sie leben nun einmal in einem Durchgangsgebiet, das durch die Burgundische Pforte zu Frankreich hin offen ist, andererseits ist es klimatisch begünstigt, reich an Wein und Obst, und das macht die Leute heiterer, als wenn sie in düsteren Wäldern leben müssen. Aber auch sie sind Alemannen und verkörpern die Licht- und Schattenseiten dieses Stammes wie alle andern.

Wie eigensinnig gerade Alemannen sein können, dafür sind die Schweizer ein Paradebeispiel. Sie haben einst nicht nur dem Heiligen Römischen Reich den Rücken gekehrt, sondern verweigern sich konsequent der Vereinnahmung durch die Europäische Union, von der sie doch rings umgeben sind. Selbst zur Zeit des Dritten Reiches, als sie zwischen einem faschistischen Italien und einem nationalsozialistischen Deutschland eingeklemmt waren, habe sie ihre Unabhängigkeit zu wahren gewusst. Ich denke, sie werden es auch weiterhin schaffen.

Disiecta membra Sueviae
d. i. Die zerstreuten Glieder Schwabens

Es ist ein hartes Wort, und dennoch sag ichs, weil es Wahrheit ist: ich kann kein Volk mir denken, das zerrißner wäre, wie die Deutschen. Handwerker siehtst du, aber keine Menschen, Denker, aber keine Menschen, Priester, aber keine Menschen, Herrn und Knechte, Jungen und gesetzte Leute, aber keine Menschen – ist das nicht, wie ein Schlachtfeld, wo Hände und Arme und alle Glieder zerstückelt untereinander liegen, indessen das vergoßne Lebensblut im Sande zerrinnt?

Das ist Hölderlins Hyperion,[180] und da der Text 1799 veröffentlicht worden ist, könnte man an die Zerrissenheit Deutschlands kurz vor dem Ende des Heiligen Reiches denken. Aber Hölderlin meint die Zerrissenheit der Gesellschaft in Herren und Knechte, in Handwerker und Denker, von denen keiner ganz Mensch ist. Da steckt sicherlich auch Rousseau dahinter mit seinem Menschheitspathos, aber letztlich ist es doch Hölderlins Gespür für die Stümperhaftigkeit und Kleingeisterei seiner Zeitgenossen. „Deine Deutschen aber bleiben gerne beim Notwendigsten, und darum ist bei ihnen auch so viele Stümperarbeit und so wenig Freies, Echterfreuliches." Ja freilich, wenn man die Deutschen und ihre Geschichte betrachtet, könnte man schon verzweifeln oder gar in Wahnsinn verfallen wie der bedauernswerte Hölderlin.

Wenn nun die Schwaben die deutschesten aller Deutschen sind, muss man befürchten, dass Hölderlins Verdikt für sie ganz besonders gilt. Sind nicht gerade sie es, die das Handwerk wie das Denken zur Perfektion getrieben haben und eben deshalb so erfolgreich gewesen sind? Und ist nicht womöglich ihre Konzentration auf das Allernächste, das sie immer für vordringlich halten, einer der Gründe, weshalb ihr Land in so viele Einzelteile zerfallen ist und nie mehr zur alten Größe des Herzogtums Schwaben zurückgefunden hat? Das ist Spekulation, gewiss, aber der innere Zustand der Menschen wirkt sich nun einmal auf ihre Lebens-

180 Friedrich Hölderlin: Dichtungen und Briefe, S. 420.

führung aus und der innere Zustand einer Nation auf ihre Politik.

Betrachten wir also die Einzelteile Schwabens, die „wie die Scherben eines weggeworfenen Gefäßes“ (Hölderlin) in der politischen Landschaft liegen.

Die Elsässer

Während des ganzen Mittelalters hat das Elsass zum Herzogtum Schwaben gehört, aber es ist nicht zu übersehen, dass es schon sehr früh auch ein gewisses Eigenleben geführt hat. Schon zwischen 650 und 700 n. Chr. hat es hier selbständige Herzöge gegeben, die freilich unter fränkischer Oberherrschaft standen. Überhaupt hat sich der fränkische Einfluss am Oberrhein stärker durchgesetzt als im übrigen Alemannischen. Das zeigt sich später auch in der Sprache, nämlich darin, „dass sich das Oberrheingebiet durch die Frankonisierungsprozesse als erste eigenständige Sprachlandschaft des Alemannischen schon spätestens im 14. Jahrhundert herausgebildet hatte, während das Schwäbische zusammen mit dem Südalemannischen noch weitgehend eine Einheit bildete.“[181] [52)] Das bedeutet aber auch, dass das Oberrheingebiet im Mittelalter sprachlich und kulturell einheitlich war. Der Rhein war zwar schon immer ein Verkehrshindernis, zugleich aber auch eine Verkehrsstraße und bildete wie die meisten großen Flüsse die natürliche Achse, nicht die Grenze eines Gebiets, wie dann die Franzosen gemeint haben, welche die fixe Idee verfolgten, der Rhein sei wie zur Römerzeit die natürliche Grenze Galliens. (Dass Frankreich nicht Gallien war, übersahen sie geflissentlich.)

Jedenfalls beginnt die Sonderentwicklung des Elsasses erst mit den französischen Eroberungen in der zweiten Hälfte des 17. Jahrhunderts. Vorher war das Land so deutsch wie das übrige Deutschland und so alemannisch wie Südbaden. Französische Touristen, welche die Städtchen und Dörfer am Fuß der Vogesen besuchen oder vom Turm des Münsters auf die Straßburger

181 Kleiner Dialektatlas, S. 45.

Altstadt blicken, wundern sich heute noch, wie deutsch das alles aussieht. In vieler Beziehung ist die typisch deutsche Architektur des späten Mittelalters im Elsass sogar besser erhalten als in Deutschland, das nicht nur durch den Krieg, sondern auch durch die Bauwut der Nachkriegszeit verunstaltet worden ist.

„Drei Burgen auf einem Berg,
drei Kirchen in einem Tal,
drei Früchte auf einem Feld,
so ist das Elsass überall.“

Wer noch einen Sinn fürs Altdeutsche hat, dem wird im Elsass immer wieder das Herz aufgehen: vor St. Fides in Schlettstadt wie vor dem Straßburger Münster, vor den Burgen bei Rappoltsweiler wie auf dem Odilienberg, in den Winzerstädtchen und Dörfern an der Elsässischen Weinstraße und nicht zuletzt im Unterlindenmuseum zu Colmar, einer der reichsten Schatzkammern der deutschen Kunst überhaupt. Dabei vergisst man freilich leicht die tragische Geschichte dieses gesegneten Landstrichs zwischen 1870 und 1945: erst deutsch, dann wieder französisch, dann für ein paar Jahre deutsch und gleich wieder französisch. Tomi Ungerer hat in seinem jüngsten Buch dieses Schicksal eines Elsässers aus eigener Erfahrung sehr lebendig geschildert:

„Als Elsässer war ich in meiner Kindheit zwischen Deutschland und Frankreich eingepfercht und erlebte zwei Kriegsniederlagen. Nach dem sogenannten Sitzkrieg 1940 besetzten die Deutschen das Elsass und verboten uns, Französisch zu sprechen. 1945 holten die Franzosen das Elsass wieder zurück, und auf einmal war es verboten, auch nur ein Wort Deutsch oder Elsässisch zu sprechen. Wie viele von uns Elsässern wurden damals zwangsweise zum Militär eingezogen und mussten in französischer Uniform, dann in deutscher und später wieder in französischer Uniform kämpfen.

Und doch haben wir ein Wunder erlebt: Noch nie in der Weltgeschichte gab es eine so schnelle Versöhnung wie zwischen Franzosen und Deutschen, zwei Völkern, die sich über Generationen gegenseitig massakriert hatten. Dieses Beispiel wird sich leider nicht so schnell wiederholen.“[182]

Als Helmut Kohl nach der Wiedervereinigung behauptete, wenn wir die D-Mark nicht aufgäben, bedeute das Krieg, war das ein Bluff. Ein Krieg zwischen Deutschland und Frankreich ist auf absehbare Zeit undenkbar. Freilich, wenn die Franzosen auf die Idee kämen, den Isenheimer Altar in den Louvre zu verschleppen, wäre das für mich ein Kriegsgrund. Aber bei meinem Feldzug stünde ich gewiss allein auf weiter Flur.

In dem wunderschönen großen Liederbuch von Anne Diekmann, das Tomi Ungerer in seiner unnachahmlichen Art illustriert hat,[183] findet sich auch das traurige Lied „O Straßburg, o Straßburg“, das sogar mit zwei Bildern illustriert ist. Das eine zeigt ein trauerndes Ehepaar, das über die Ill hinüber auf Straßburg und sein Münster blickt, das andere einen Trupp von Soldaten, der an einem zerstörten Geschütz vorbei im Pulverdampf ins Ungewisse marschiert.

Auf den Kriegerdenkmälern im Elsass findet sich meist die Inschrift:

> “La ville de ...
> pour ses enfants,
> morts pour la patrie.“

Und man fragt sich unwillkürlich: für welches?

Die Schweizer

Die Schweizer sind das gerade Gegenteil der Elsässer; so wie diese zwischen zwei Nationen stehen und weder ganz zur einen noch zur andern gehören, bilden die Schweizer eine Nation aus vier Völkern: aus Alemannen, aus Französisch sprechenden Ro-

182 Tomi Ungerer: Warum bin ich nicht du? Antworten auf philosophische Fragen von Kindern, Zürich 2016, S. 32 f.

183 Das große Liederbuch. 204 deutsche Volks- und Kinderlieder, gesammelt von Anne Diekmann, unter Mitwirkung von Willi Gohl, mit 156 bunten Bildern von Tomi Ungerer, Zürich 1975.

mands, aus Italienern und Rätoromanen. Wie sie dieses Kunststück zustande gebracht haben, ist schon im historischen Teil dargestellt wurden. Aber es bleibt die Frage, wie so etwas auf Dauer funktioniert.

Ist die Schweiz etwa ein Musterbeispiel der „multikulturellen Gesellschaft", von der jetzt so viel die Rede ist? Nicht im mindesten! Im Zentrum Europas und des alten Heiligen Römischen Reiches gelegen bildet die Schweiz eine ziemlich einheitliche Kulturlandschaft, wenn sich auch die Lebensart diesseits und jenseits des Röstigrabens, vor allem in der Esskultur, ein wenig unterscheiden mag. Dass es mehrere Sprachen gibt, lässt ja keineswegs den Schluss zu, dass es auch verschiedene Kulturen gäbe.

Die Eidgenossen bilden eine Willensnation, d. h. sie sind über die Sprachgrenzen hinweg durch den politischen Willen verbunden, zusammenzustehen, wie es schon in der Confoederatio von 1291 zum Ausdruck gebracht ist:

Im Namen Gottes Amen. Man sorgt für Ehrbarkeit und ist auf das öffentliche Wohl bedacht, wenn man Bündnisse zu gebührendem Bestand der Ruhe und des Friedens bekräftigt.

Es mögen also alle wissen, dass die Leute des Tales Uri und die Landsgemeinde des Tales von Schwyz und die Gemeinde der Waldleute des unteren Tales in Anbetracht der Arglist der Zeit, um sich und das Ihre eher zu verteidigen und besser in gebührendem Stand zu bewahren, in guten Treuen versprochen haben, sich gegenseitig beizustehen mit Hilfe, Rat und Förderung jeder Art, mit Leib und Gut, innerhalb und außerhalb der Täler, mit aller Macht und aller Anstrengung, gegen alle und jeden, die ihnen oder einem von ihnen irgendwelche Gewalttat, Beschwerde oder Beleidigung zufügen und gegen ihr Leib und Gut irgend etwas Böses im Schilde führen. Und für jeden Fall hat jede Gemeinde der anderen gelobt, ihr, wenn Hilfe notwendig, beizuspringen und, soweit erforderlich, auf eigene Kosten dem Angriff Böswilliger zu widerstehen und Beleidigungen zu rächen.[184]

Das ist schön gesagt, übrigens auf Lateinisch, wie es im hohen Mittelalter üblich war. Aber Latein ist inzwischen außer Gebrauch,

184 Deutsche Geschichte in Quellen und Darstellung, Band 2 Spätmittelalter 1250 – 1495, hsg. v. Jean-Marie Möglin und Rainer A. Müller, Stuttgart 2000, S. 94.

und aus den drei Urkantonen ist eine vielstimmige Gemeinschaft geworden. Wie funktioniert da die Verständigung? Auf einer Fahrt über den Neuenburger See habe ich einmal eine interessante Beobachtung gemacht: Da unterhielten sich auf der Fähre zwei Männer, und der eine sprach nur Französisch, der andere nur Schweizerdeutsch, aber es gab keine Probleme, da jeder die Sprache des anderen verstand. Sie mussten sich also gar nicht auf eine Sprache einigen. Und da sich fast jeder Mensch in seiner Muttersprache am besten ausdrücken kann, blieb jeder bei der seinigen.

Andrerseits beklagen manche Welschschweizer, dass sie in der Schule Deutsch lernen müssen, aber dann, wenn sie einmal nach Luzern oder St. Gallen kommen, die Leute kaum verstehen, weil die nur Mundart sprechen. Die Deutsch-Schweizer tun das ganz bewusst; für sie ist es der Ausweis, dass sie echte Schweizer sind. Sie betrachten diese Sprache auch nicht als Alemannisch, „weil das helvetische Abgrenzungsbedürfnis so stark war und ist, dass sich ein grenzübergreifendes alemannisches Zusammengehörigkeitsgefühl in der deutschen Schweiz nicht entwickeln konnte.“[185 56)]

Ganz unabhängig von diese Selbsteinschätzung bleibt die Tatsache, dass nirgendwo im gesamten schwäbisch-alemannischen Sprachgebiet die Mundarten noch so lebendig sind wie hier. „Schweizerdeutsch ist die im alemannischen Teil der Schweizerischen Eidgenossenschaft allgemein gültige Umgangssprache. Diese ist die direkte Fortsetzung des Idioms, welches die alemannischen Einwanderer mit sich brachten, als sie die Schweiz besiedelten.“[186 57)] Sie erhält sich deshalb so gut, weil sie nicht nur in der Familie, sondern auch in der Öffentlichkeit – im Radio, vor Gericht und selbst im Parlament – verwendet werden kann. Darum hat das Alemannische in der Form des Schweizerdeutschen auch die besten Überlebenschancen in der Zukunft.

Und die Schweiz selbst? Abgesehen vom Sonderbundskrieg von 1847 hat sie rund ein halbes Jahrtausend lang den Frieden genossen und, aufgrund ihrer international respektierten Neutra-

185 Christian Schmid-Cadalbert: Helvetisch und schwitzerdütsch, in: Die Alamannen, S. 44.
186 ebenda.

lität, selbst zwei Weltkriege weitgehend unbeschadet überstanden. Nachdem das schöne Schweizer Bankgeheimnis gewaltsam gelüftet worden ist, wird zwar der Finanzplatz Zürich an Bedeutung verlieren, aber es gibt ja noch eine chemische und eine Pharmaindustrie, einen berühmten Lebensmittelkonzern und außerdem Maschinenbau. Wenn man sich um irgend ein Land in Europa keine größeren Sorgen machen muss, ist es die Schweiz. Sie ist und bleibt eine der erstaunlichsten Leistungen der Alemannen in ihrer langen Geschichte.

Die Vorarlberger

Das einzige alemannische Bundesland Österreichs ist Vorarlberg, und man wundert sich vielleicht, dass es überhaupt zu Österreich gehört. Es ist der letzte Rest des alten Vorderösterreichs, das die Habsburger auf dem Wiener Kongress aufgegeben haben, um ihr Territorium abzurunden. Vielleicht wollten sie auch nur am Zugang zu dem ungemein wichtigen „Schwäbischen Meer" festhalten, während sich Bayern erst eine Schneise vom Allgäu nach Lindau schlagen musste.

Heutzutage kennt man Vorarlberg vor allem wegen seiner Skigebiete um Lech und Zürs und wegen der Bregenzer Festspiele auf der spektakulären Seebühne. Aber im Barock war es durch seine Architekten und Bauhandwerker berühmt. „Franz Beer, seit 1722 als ‚von Bleichten' geadelt, entstammte einer Gruppe von Baumeistern, Maurern, Zimmerleuten und Stuckateuren aus dem Bregenzerwald in Vorarlberg. Geregelt war ihre Tätigkeit durch die Bestimmungen der Auer Zunft. Nach dem Tode von Michael Thumb (1640 – 1690) aus Au in Vorarlberg hatte Beer die Klosterkirche Obermarchtal vollendet. Zu Beer späteren Werken zählen die Klosterkirche Rheinau im Kanton Zürich sowie die 1715 begonnene Kirche des Klosters Weingarten. Michael Thumbs Sohn Peter (1681 – 1766) wiederum sollte ab 1746 für Salem die Wallfahrtskirche Birnau errichten. Sein Wirkungskreis umfasste nahezu das gesamte alemannische Sprachgebiet. So errichtete Peter Thumb unter anderem im Elsass die Abteikirche Ebersmünster, und 1719 bis 1723 die Wallfahrtskirche Thierenbach, im Badischen entstand die Klosterkirche Frauenalb und im Schwarzwald baute er die Klosterkirchen von St. Ulrich sowie St. Peter (1724 – 1727). Der Konvent von St. Peter ließ sich von ihm um 1750 außerdem einen neuen Bibliothekssaal planen. Wenige Jahre später sollte er sein Werk dann mit der Kirche und der Bibliothek des Stifts St. Gallen krönen."[187]

Nach dem 1. Weltkrieg besannen sich die Vorarlberger darauf, dass sie Alemannen sind, und beschlossen, sich der Schweiz anzuschließen. Eine Volksbefragung im Mai 1919 ergab eine deutliche Mehrheit für dieses Vorhaben. Dummerweise waren die Schweizer „saturiert" und wollten keinen Kanton Vorarlberg in die Eidgenossenschaft aufnehmen, und so waren die Vorarlberger gezwungen, bei Österreich zu bleiben.

Die Liechtensteiner

Noch merkwürdiger ist die neuere Geschichte des Fürstentums Liechtenstein. Als es in Napoleonischer Zeit an die große Flubereinigung ging, hätte ihm normalerweise dasselbe Schicksal geblüht wie allen anderen Kleinstaaten des Hl. Römischen Reichs. Wurde es vielleicht dort hinten im Rheintal zwischen St. Gallen und dem Rätikon ganz einfach vergessen? Nicht ganz! Fürst Johann I. war so klug, 1806 Mitglied des Rheinbundes zu werden und seinem kleinen Reichsfürstentum (seit 1608 bzw. 1719) einen Platz unter den Großen und damit die Souveränität zu sichern. Diese wurde dann auch im Wiener Kongress von 1815 nicht mehr angetastet, sodass Liechtenstein den Untergang des alten Reiches überdauert hat. Man könnte es als ein lebendes Fossil der Historie betrachten, aber es ist noch quicklebendig, nicht zuletzt durch die

187 Martin Pozsgai: Spätbarock in Oberschwaben, in: Die Schwaben S. 267 – 273, Zitat S. 267.

Attraktivität des Finanzplatzes Vaduz.

Aber das kleine Liechtenstein hatte auch noch einen großen Auftritt in der Weltgeschichte, indem es 1945 nach Kriegsende wagte, was sich England und die andern Westmächte nicht getrauten: der Sowjetunion zu widerstehen. Dieser heroische Akt bleibt unverständlich, wenn man die Vorgeschichte nicht kennt.

Am 10. März 1945 um 23 Uhr überquerte eine Kolonne von rund 450 russischen Soldaten unter der Führung des Generals Boris Smyslovsky die liechtensteinische Grenze. Es waren jedoch keine Sowjets, sondern die letzten Überreste der antikommunistischen Sonderdivision R, die seit 1943 zusammen mit der Wehrmacht gegen Stalin gekämpft hatte. Um seine Leute vor dessen Rache zu retten, hatte sich Smyslowsky nach Rücksprache mit General Wlassow, der ebenfalls auf deutscher Seite kämpfte, ins westliche Österreich durchgeschlagen und überquerte nun die liechtensteinische Grenze, weil in Österreich die Auslieferung an die Sowjetunion gedroht hätte.

Was hätten die Liechtensteiner dagegen tun können, ohne eigene Armee, mit ein paar Polizisten? Auch die Schweizer Grenzposten, die dort Dienst taten, waren ohnmächtig. Sie gaben nur ein paar Warnschüsse ab; mehr war nicht nötig, denn die Russen ließen sich umstandslos entwaffnen. Sie wurden in Schulhäusern, die Frauen in einem Hotel untergebracht. Die Gruppe umfasste nämlich außer 462 Männern auch 30 Frauen und zwei Kinder. Und, was man zunächst nicht wusste, einer der Männer war Großfürst Wladimir Kyrillowitsch, ein Urenkel des Zaren Alexanders II.

Am 10. Mai richtete General Smyslovsky ein Asylgesuch an den Fürsten Franz Josef II. Im August traf eine sowjetische Mission in Vaduz ein und forderte die Auslieferung ihrer Leute. Es kam zu einem Treffen der beiden Gruppen und es gelang den NKWD-Vertretern durch Überredung und Drohungen, rund 200 Internierte zur Heimkehr zu bewegen. Manche fürchteten wohl auch, die liechtensteinische Regierung würde klein beigeben. Die aber dachte gar nicht daran; sie bot den Sowjets die Stirn und gewährte allen, die bleiben wollten, Asyl.

„So tat ein Land, das kein Heer und nur eine elf Mann starke Polizei besitzt, was kein anderer europäischer Staat wagte. Der sowjetischen Repatriierungskommission wurde von Anfang an nachdrücklich erklärt, dass nur freiwillige Rückkehrer die Ausreiseerlaubnis erhalten würden und eine Abweichung von dieser Haltung niemals in Betracht gezogen werde. Als die Kommission die Auslieferung General Holmston-Smyslovskys forderte, da er sich wegen Kriegsverbrechen vor Gericht zu verantworten habe, verlangte die Regierung höflich, aber bestimmt Beweise. Diese wurden nicht erbracht, und damit war die Sache erledigt. Es ergaben sich keine unliebsamen Folgen, und die sowjetische Kommission reiste schließlich verärgert, aber resigniert ab."[188]

Was die Liechtensteiner damals gezeigt haben, nennt man Charakter. Damit haben sie allen Schwaben und Alemannen Ehre gemacht.

Die Allgäuer

Auf den ersten Blick scheint das Allgäu nicht in die Reihe der „zerstreuten Glieder" zu passen, denn es gehört ja immer noch zu Deutschland. Aber aus verschiedenen Gründen verdient es doch, hier betrachtet zu werden, weil es etwas Besonderes ist. Das Land ist durch zwei Grenzen zerschnitten, eine politische und eine sprachliche: Die eine ist die zwischen Württemberg und Bayern, die andere die zwischen dem alemannischen West- und dem schwäbischen Ostallgäu. Aber trotz dieser Grenzen sind sich die Allgäuer in vieler Hinsicht ähnlich. Sie sind eben Gebirgler wie die Tiroler oder die Bewohner der Innerschweiz und haben auch insofern Gemeinsamkeiten mit ihnen, als ihr Gebiet zu denen zählt, die recht spät von den Alemannen besiedelt worden sind. Je weiter man nach Süden kommt, desto mehr haben sich Reste der Vorbevölkerung und ihrer Kultur erhalten. Hier hat also das Aleman-

188 Nikolai Tolstoy: Die Verratenen von Jalta. Die Schuld der Alliierten vor der Geschichte, München 1981, S. 551.

nische das Römische und dies wiederum das Keltische überlagert, ohne dass die jeweils ältere Kultur gänzlich ausgelöscht worden wäre. Als man vor etwa achtzig Jahren die römische Stadt Cambodunum (Kempten) archäologisch untersuchte, fand man nur einen einzigen römischen Tempel, aber einen keltischen Kultbezirk mit 18 steinernen Tempeln und Tempelchen.

„Der Anteil der keltischen Bevölkerung im Rahmen der Gesamtbevölkerung der Römerstadt Cambodunum muss beachtlich gewesen sein, ebenso beachtlich aber auch das Festhalten dieser Bevölkerung am althergebrachten Glauben, an den alten Göttern. Und dies mehr als 250 Jahre nach der Eroberung des Landes durch die Römer. Und dies in einer von den Römern angelegten erbauten römischen Stadt. Man wird nicht fehlgehen mit der Annahme, dass auf dem flachen Land, bei den Bauern, das Keltische noch stärker ins Gewicht fiel. Die keltische Bevölkerung hatte sich also von der schweren Niederlage des Jahres 15 n. Chr. offenbar wieder erholt; das keltische Volkstum hatte die römische Belastungsprobe überstanden. Das bedeutet, dass die Kelten physisch und kulturell während der Zeit der Römerherrschaft weiterbestanden. Wahrscheinlich haben sie während der langen Friedenszeit und unter dem wirtschaftlichen Aufblühen des Landes ihre Position sogar weiter festigen können.

Und als dann um das Jahr 488 die letzten Römer unter dem Druck der politischen Verhältnisse unser Land verließen, die Truppen, die Beamten, die Kaufleute und die Stadtbewohner, die damals zum überwiegenden Teil Christen gewesen sein dürften, da blieben die Bauern zurück. Diese Bauern aber waren immer noch in der Hauptsache Kelten. Und sie waren, da das Christentum zunächst wohl nur in den römischen Städten Fuß gefasst hatte, wahrscheinlich größtenteils noch Heiden. Sie glaubten an Teutates, Hesus und Taranis, an den dreigesichtigen Gott, und an die Pferdegöttin Epona, wenn auch einige dieser Götter während der Zeit der Fremdherrschaft lateinische Namen angenommen hatten.“[189]

---

189 Alfred Weitnauer: Keltisches Erbe in Schwaben und Baiern, Kempten

Die Frage bleibt, inwieweit die alemannischen Zuwanderer, die nach der Niederlage bei Zülpich (496) nach Süden drängten, diese Verhältnisse verändert haben. Der Allgäuer Heimatforscher Weitnauer schätzt: „Es ist nicht anzunehmen, dass die alemannischen Flüchtlinge ein mehr oder weniger intaktes Volkstum der ihnen stammverwandten Kelten, die damals immerhin schon seit 1000 Jahren im Land saßen, maßgeblich beeinflusst, verändert oder gar verdrängt haben sollten. Es ist weit eher zu vermuten, dass die alemannischen Neuankömmlinge, die sich ansiedelten, sich mit der einheimischen Bevölkerung arrangiert haben dürften und zum mindesten in der nächsten Generation die kulturellen Eigenarten der Einheimischen angenommen haben."[190]

Einen tieferen kulturellen Wandel brachte erst die Christianisierung, welche die keltischen Traditionen in Gefahr brachte. „Und trotz alledem hat sich vom alten Erbe der Kelten doch noch einiges bis in die Neuzeit herein erhalten, das meiste freilich in veränderter, oft sogar entstellter Form. Die einzelnen keltischen Götter leben im Bewusstsein des Volkes schon lange nicht mehr; aber sie leben trotzdem noch fort in den Sagen des Volkes. Allein das neue Allgäuer Sagenbuch berichtet über rund 80 ‚Männle' und ‚Weible', die im Gebiet des Allgäus bis ins 19. Jahrhundert als letztes Stadium der Erinnerung an einen einstigen Gott oder eine einstige Göttin sich als Sagengeister zu halten vermochten. ...

Bis zum heutigen Tag bäckt man im Allgäu und im schwäbischen Oberland kleine ‚Götzenbilder aus Teig' den alten Göttern als ‚Sinnbild und Gleichnis', wenn man auch nicht mehr um die Herkunft dieses Brauches und um seinen Sinn weiß."[191]

Diese sogenannten Klausenmännle, die zu Nikolaus aus Hefeteig gebacken werden, zeigen eine plumpe Gestalt mit kreisrundem Kopf; durch Messerschnitte sind die Arme vom Leib getrennt und die Beine voneinander. Was auffällt, sind die nach oben gebogenen Arme, die genau der Darstellung der alten keltischen Hausgötter entsprechen. Es sind also tatsächlich „Götzenbilder

1965, S. 83 f.
190 daselbst S. 84.
191 daselbst S. 91 f.

aus Teig“, obwohl die Leute das nicht mehr wissen.

Als Kind wunderte ich mich, warum Wasserwecken immer paarweise zusammengebacken, Milchwecken aber mit einem Rundstab in der Mitte durchgedrückt werden mussten. Erst viel später begriff ich, dass es Fruchtbarkeitssymbole waren, das Männliche und das Weibliche, dezent, aber unverkennbar dargestellt. Auch die Brezeln scheinen mir ein altes keltisches Opfergebäck zu sein: ein Brustbild mit gekreuzten Armen als Zeichen der Frömmigkeit. (Dass die Ärmchen verschlungen sind, hat backtechnische, keine symbolische Bedeutung.)

Dass das Allgäu und seine Bewohner in vieler Beziehung etwas Besonderes sind, bemerken vor allem Leute, die von weither kommen – wie Wladimir Kaminer aus Russland, der schreibt: „Eine Woche lang musste ich mich im Allgäu ständig kneifen, so unwirklich schön war diese Landschaft, das Gras übertrieben grün, die Berge am Horizont wie von Caspar David Friedrich gemalt, nur ohne Nebel, die Kühe hatten derart verträumte Schnauzen und runde lustige Augen, als würden sie gerade in einem Softporno mitspielen. Überall auf der Welt haben Kühe eigentlich traurige Augen, weil sie vielleicht ihr Schicksal ahnen. Im Allgäu haben sie einen ungemein erotischen Gesichtsausdruck, sie genießen jeden Augenblick ihres Lebens.

Auch die Menschen im Allgäu sehen übertrieben gesund aus, so als würden sie nie husten. Man hätte sie roh essen können, so frisch und knackig wirkten sie. Außerdem sind sie den Fremden gegenüber unglaublich offen. In jedem kleinen Dorf leben Flüchtlinge, die Einheimischen nehmen es als selbstverständlich hin, dass Menschen aus allen Ecken der Welt ins Allgäu wollen. ...

In Wahrheit wird dort die Brüderlichkeit großgeschrieben. In jeder Kneipe kam der Wirt persönlich an den Tisch, um einem echten Russen die Hand zu schütteln und einen ‚Russ‘ mit mir zu trinken, so heißt dort Bier mit Limonade vermischt.“[192]

Wahrscheinlich ist es das Amalgam dreier Kulturen, der keltischen, der römischen und der germanischen, das die Allgäuer so

192 Wladimir Kaminer: Allgäu, die Himmelpforte. in: Frankfurter Allgemeine Zeitung 20. August 2016.

weltoffen und so menschenfreundlich macht. Und außerdem sind sie, wie die Tiroler, dem Himmel einfach näher als die Menschen anderswo und darum auch fromm, aber keineswegs frömmlerisch. Ihre Frömmigkeit, aus keltischen und suevischen Wurzeln gespeist, ist völlig natürlich, sehr tief und innig und ohne jede Übertreibung.

Vom oberschwäbischen Weltbild

Als ich noch ein Kind war, erklärte mir mein Onkel Franz mehr als einmal, Wurzach liege genau in der Mitte zwischen Paris und Wien, denn hier seien früher immer die Pferde der Postkutschen gewechselt worden. Nun hatte ich zwar noch keine rechte Vorstellung von der Entfernung der beiden Städte, konnte mir aber auch damals schon denken, dass man die Pferde öfter als nur einmal gewechselt hatte.

Wenn ich heute darüber nachdenke, erschließt sich mir etwas von jenem alten oberschwäbischen Weltbild, das bis ins 20. Jahrhundert herein gegolten hat. (Ob es ein gesamtschwäbisches Weltbild gibt, kann ich nicht beurteilen.) Die Endpunkte der West-Ost-Achse, die diesen Teil Schwabens durchschnitt, waren jedenfalls Paris und Wien. Das wird zum Teil durch eine Anekdote aus dem deutschen Bundestag bestätigt: Als dort nach der Wiedervereinigung darüber abgestimmt wurde, ob Regierung und Parlament in Bonn bleiben oder nach Berlin umziehen sollten, schrieb ein Abgeordneter aus Oberschwaben auf seinen Stimmzettel: Wien. Er bekannte sich danach offen dazu, und als man ihn fragte, warum er „Wien“ geschrieben habe, antwortete er: „Wegen der alten Zeiten.“

Auf dem Weg nach Westen gibt es eine südliche Route über Basel, die Burgundische Pforte, das Plateau von Langres und Troyes, und eine nördliche über Straßburg, die Senke von Zabern, Nancy und Chalons-sur-Marne auf Paris zu. Ostwärts geht es über München, Salzburg und Steyr nach Wien. Dieses liegt, von Ravensburg aus gerechnet, zweifellos näher als Paris, zu dem man ein zwiespältiges Verhältnis hatte. Wenn einer gar zu sehr davon schwärmte, hieß es grob: „Scheiß Paris! London ischt ao ã Stadt!“

Die Nord-Süd-Achse dieser Welt war viel kürzer und reichte nur von Ulm bis Zürich. Stuttgart lag schon außer der Sichtweite, von Berlin ganz zu schweigen. Es gab noch eine zweite, divergierende Achse, die ins Allgäu und durch Tirol bis an den Gardasee führte. Der war das zweite „Meer“, das die Schwaben kannten; vom Mittelmeer oder gar von der Nordsee wussten sie nur vom Hörensagen.

Wenn man besondere Einkäufe machen wollte, fuhr man von Wurzach nach Ravensburg, wollte man eine Großstadt sehen, fuhr man „auf München hinein“. Es bestanden jedoch auch Beziehungen in die Schweiz. Drei der alteingesessenen Wurzacher Familien trugen eindeutig Schweizerische Namen, und zwei meiner Tanten lebten und arbeiteten in Zürich. Und nicht zu vergessen: Die Stadtpatronin von Wurzach war und ist die hl. Verena von Zurzach, das auch in der Schweiz liegt.

Das ist schon ein rechtes Unglück und geradezu gegen den Willen der Natur, dass dieser Landstrich erst von den Württembergern kassiert und dann auch noch an die Preußen verraten wurde. Die guten Leute hier hätten sich wohl gewünscht, nicht so durch den Fleischwolf der Weltgeschichte gedreht zu werden.

Stellen wir uns, um uns zu trösten, doch einfach vor, die Geschichte wäre anders verlaufen; dazu braucht es gar keine ausschweifende Phantasie. Die naheliegende Alternative ist diese: Nachdem die Preußen im Anschluss an den Deutschen Krieg von 1866 kurzerhand Hannover, Kurhessen, Nassau und Frankfurt annektiert und die übrigen Staaten nördlich der Mainlinie zu einem Norddeutschen Bund zusammengefasst hatten, begriffen die Süddeutschen, was die Stunde geschlagen hatte. Bayern, Württemberg, Baden und Hessen-Darmstadt schlossen sich zu einem Süddeutschen Bund zusammen, um eine dritte, wenn auch schwächere Kraft zwischen dem militaristischen und machthungrigen Preußen und der bereits schwächelnden Donaumonarchie zu bilden. Es gab keinen deutsch-französischen Krieg, weil sich die Preußen ohne die Süddeutschen doch nicht stark genug fühlten, Frankreich zu schlagen. Also gab es auch keine Reichsgründung, welche die Deutschen Österreich-Ungarns ungefragt ausschloss.

Die Donaumonarchie, angeschlagen durch die Niederlage von Königgrätz und zerfressen vom aufkommenden Nationalismus ihrer Völkerschaften, zerfiel dann trotzdem. Der Ausgleich mit

Ungarn 1867 bedeutete nur eine Verschnaufpause, denn die Ansprüche der slawischen Völker der Monarchie wurden dadurch nicht befriedigt. Dazu kam die Magyarisierungspolitik in der ungarischen Reichshälfte, die Kroaten und Serben erst recht verärgerte. Aber auch die Tschechen in Cisleithanien wollten nicht länger unter der Vorherrschaft der Deutschen leben. So kam es 1886 zum großen Aufstand aller Slawen der Monarchie, und als sich dann auch noch Russland zu ihrem Schutzherrn erklärte und mit Krieg drohte, waren die Österreicher zum Nachgeben gezwungen und mussten ihre vielen Völkerschaften in die Unabhängigkeit entlassen.

So gedemütigt und ohne Perspektive als selbständiger Staat schloss sich das verbliebene Deutsch-Österreich 1890 dem Süddeutschen Bund an, der zwar seinen Namen beibehielt, dessen Schwerpunkt sich aber nun nach Osten verlagerte. Sitz der Bundesversammlung wurde Regensburg, die Stadt des Immerwährenden Reichstags, Sitz des Bundespräsidenten, als welcher zunächst der Kaiser von Österreich fungierte, die Wiener Hofburg.

Nach all den Umwälzungen des Jahrhunderts setzte sich in allen süddeutschen Staaten die Demokratie durch, nicht durch Revolutionen, sondern durch friedliche Übereinkunft. Die bisher regierenden Fürsten beschränkten sich fortan auf die Rolle nomineller Staatsoberhäupter, ähnlich wie in England. Außerdem erklärte der Süddeutsche Bund zur Jahrtausendwende seine immerwährende Neutralität und entzog sich damit den Machtspielen Frankreichs, Preußens und Russlands. Es gab also kein großpreußisches Reich, Europa geriet nicht aus dem Gleichgewicht und folglich gab es auch keine großen Kriege. Nur die polnische Frage belastete die Beziehungen zwischen Preußen und Russland und hätte beinahe zu einem Krieg geführt. Aber das ging die Süddeutschen ohnehin nichts an.

Die Eidgenossenschaft konnte sich zwar nicht entschließen, förmlich dem Süddeutschen Bund beizutreten, betrachtete sich jedoch wie zwischen 1500 und 1648 wieder als „reichsverwandt“, nur dass an die Stelle des alten Reiches jetzt eben der Bund trat. Es wurde ein Freihandelsabkommen geschlossen und völlige Freizügigkeit vereinbart, sodass die Grenze zwischen den beiden Staaten schließlich kaum noch wahrnehmbar war. Nicht zuletzt entwickelte sich in dieser Region ein nie gekannter Wohlstand, der zwar den Neid der Nachbarn hervorrief, aber durch geschickte Diplomatie keine ernsthaften Konflikte nach sich zog.

Man muss niemand erklären, dass die reale Geschichte – Gott sei's geklagt! – ganz anders verlaufen ist und die Menschheit sogar zwei Weltkriege und einige andere Katastrophen erlitten hat. Ja leider! Aber man wird doch wohl noch träumen dürfen!

Anhang

1. Zeittafel

1700 – 800 v. Chr.	Nordische Bronzezeit: Entstehung der Germanen
800 – 600 v.Chr.	Wessenstedter Kultur
gegen 600 v. Chr.	Niederlassung von Germanen im Elbegebiet
600 – 300 v. Chr.	eisenzeitliche Jastorfkultur: „vorsuebisch-germanisch“
um 500 v. Chr.	germanische Lautverschiebung abgeschlossen
300 – 150 v.Chr.	Ripdorfer Kultur
um 300 v. Chr.	ältestes germanisches Sprachdenkmal: die Inschrift des Helms von Negau / Steiermark
150 v. bis Chr. Geb.	Seedorfer Kultur: Keramik, die sich fugenlos in die ersten Jahrhunderte n. Chr. weiterentwickelt
72 / 71 v. Chr.	Suebische Stämme lassen sich in Gallien nieder.
60 v.Chr.	Schlacht bei Magetobriga / Elsass: Sieg der Sueben über die Gallier
58 v. Chr.	Schlacht im Sundgau: Caesar besiegt Ariovist.
27 v. – 14 n. Chr.	Kaiser Augustus: Markomannen unter Marbod in Böhmen
16 v. Chr.	eine Niederlage der Römer am Rhein
12 – 9 v. Chr.	Kämpfe des Drusus gegen Quaden und Markomannen
8 – 2 v. Chr.	Ansiedlung der Hermunduren nördlich der mittleren Donau
30 – 40 n. Chr.	Ansiedlung der Neckarsueben im Rhein-Neckar-Gebiet (um Ladenburg)

98 – 117	Kaiser Traian und
117 – 138	Kaiser Hadrian: Bau des obergermanisch-rätischen Limes
259 / 260 n.Chr.	Suebische Stämme durchbrechen den Limes.
289 n. Chr.	erste Nennung der Alamannen
331	Konstantin II. nennt sich Alamannicus.
337 – 361	Constantius II. : die Alamannen Latinus, Gomoar und Agilo als römische Generäle und Heermeister
357	Sieg Julians bei Straßburg über die Alamannen
361 – 373	Vadomar, König der Brisigavii, erst Gefangener, dann General der Römer
5. Jahrhundert:	Alamannenkönig Gibuld, Könige der Sueben: Hunimud und Alarich
455	Sieg der Donaugermanen (Gepiden und Sueben) über Attilas Söhne
496 oder 497	Schlacht bei Zülpich, Sieg Chlodwigs
534 – 547	unter König Theudebert: die alamannischen Brüder Leuthari und Butilin als fränkische Feldherrn
587 oder 588	Absetzung des Alamannenkönigs Leudefrid durch König Chilperich II., Nachfolger: Uncelen
610	Columban in Bregenz
612	Gallus in Arbon
613	Herzog Gunzo residiert in Überlingen.
um 650	elsässisches Herzogtum unter Bonifacius und Eticho
719	Gründung des Klosters St. Gallen
724	Gründung des Klosters Reichenau
frühes 8. Jahrhundert	Herzöge Gotfrid (gest. 709), Lantfrid (gest. 730) und Theudebald (gest. 746)

746	Blutgericht zu Cannstatt, Ende des alamannischen Herzogtums
seit 833	Ludwig der Deutsche (843- 876) „rex Alemannorum“
870	Vertrag von Meerssen: Das Elsass und große Teile Lothringens kommen wieder zum Ostfränkischen Reich.
914	Fehde des Grafen Erchanger mit dem Bischof von Konstanz
917	Hinrichtung der Grafen Erchanger und Berthold durch König Konrad I.
917 – 926	Burkhard I. als erster Herzog in Schwaben
954 – 973	Herzog Burkhard II.
1057 – 1079	Herzog Rudolf von Rheinfelden
1105 – 1147	Herzog Friedrich II. von Staufen
1167 – 1191	Herzog Friedrich V. von Staufen
1279 – 1325	Graf Eberhard I. von Württemberg
1291	Ewiger Bund der Eidgenossen
1315	Schlacht bei Morgarten
1353	Bund der acht alten Orte
1376 – 1389	Schwäbischer Städtebund
1377	Schlacht bei Reutlingen (Sieg der Städte)
1386	Schlachten bei Näfels und Sempach (Siege der Eidgenossen)
1388	Schlacht bei Döffingen (Sieg der Württemberger)
1457 – 1496	Graf Eberhard im Bart
1477	Gründung der Universität Tübingen
1482	Münsinger Vertrag, Stuttgart Hauptstadt von Württemberg
1495	Württemberg wird Herzogtum
1498 – 1550	Herzog Ulrich
1499	Schwabenkrieg
1500	Reichskreisverfassung: Schwäbischer Kreis
1514	Tübinger Vertrag: Landständische Verfassung

1525	Bauernkrieg
1534	Schlacht bei Laufen: Rückkehr Herzog Ulrichs, Reformation in Württemberg
1537 / 48	Gründung des Tübinger Stifts
1555	Augsburger Religionsfriede: Augsburg, Ravensburg, Biberach und Dinkelsbühl werden bikonfessionell.
1618 – 1648	Dreißigjähriger Krieg
1622	Schlacht bei Wimpfen: Tilly besiegt Markgraf Friedrich von Baden.
1634	Schlacht bei Nördlingen: Sieg der Kaiserlichen über die Schweden
1643	Schlacht bei Tuttlingen: Sieg des bayrischen Generals Mercy über die Franzosen
1648	Westfälischer Friede: Die Schweiz offiziell unabhängig
1670	Die Franzosen besetzen Lothringen.
ab 1679	Reunionen
1681	Annexion Straßburgs durch Ludwig XIV.
1697	Friede von Rijswijk: Ludwig behauptet Reunionen und Straßburg.
1717 – 1724	Bau der Klosterkirche Weingarten
1737 – 1766	Bau der Klosterkirche Ottobeuren
ab 1746	Bau der Neuen Residenz in Stuttgart
1746 – 1750	Bau der Wallfahrtskirche Birnau
1803	Reichsdeputationshauptschluss
1805	Württemberg wird Königreich.
1806	Baden wird Großherzogtum.
1806	Rheinbund/ Ende des Hl. Römischen Reiches
1815 – 1866	Deutscher Bund
1818	Badische Verfassung
1819	Württembergische Verfassung
1837	Kesslers Maschinenfabrik in Karlsruhe
1846	Maschinenfabrik Esslingen

1847	Sonderbundskrieg in der Schweiz
1848	neue Bundesverfassung der Schweiz
1848	Nationalversammlung in der Paulskirche, Ludwig Uhland als Abgeordneter
1866	Deutscher Krieg
1870 / 71	Deutsch-französischer Krieg / Reichsgründung Reichsland Elsass-Lothringen
1886	Erfindung des Automobils durch Carl Benz und Gottlieb Daimler
1914 – 1918	Erster Weltkrieg: Verlust Elsass-Lothringens
1939 – 1945	Zweiter Weltkrieg
1940 – 1944	Elsass-Lothringen vorübergehend deutsch
1952	Gründung des Südweststaats Baden-Württemberg

2. Ahnengalerie

Ariovist (um 100 – 55 v.Chr.): „König der Sueben“

Agilo und **Gomoar** (um 300 – 366 n. Chr.): oberste römische Heerführer

Leuthari und **Butilin**, Feldherren unter König Theudebert (534 – 547)

Landefrid (bis 587): Alamannenherzog

Fridiburga, Tochter des Herzogs Gunzo, Gemahlin des Frankenkönigs

Sigibert III. (633 – 656)

Bonifacius und **Eticho** (um 650) : elsässische Herzöge

Odilie (um 660 – 720): Tochter des Herzogs Eticho, Äbtissin des Klosters auf dem Odilienberg, Heilige

Gotfrid (gest. 709): Herzog an der Wende zum 8. Jahrhundert

Hildegard (779 – 805): Tochter des Grafen Gerold und Hemmas, zweite Gemahlin Karls d. Gr.

Otfried von Weißenburg (um 800 – um 870): Dichter

Notker I. (der Stammler) von St. Gallen (840 – 912): Dichter

Ulrich (um 890 – 973): Bischof von Augsburg, Verteidiger der Stadt gegen die Ungarn, Heiliger

Notker III. (der Deutsche) von St. Gallen (um 950 – 1022): bedeutender Gelehrter

Brun (1002 – 1054), Sohn des Grafen Hugo von Egisheim, 1026 – 1049 Bischof von Toul, 1049 – 1054 als Leo IX. Papst

Rudolf von Rheinfelden (reg. 1057 – 1080): Herzog von Schwaben, 1077 Gegenkönig

Friedrich I. von Staufen (reg. 1079 – 1105): Herzog von Schwaben

Friedrich Barbarossa (1125/26 – 1190), deutscher König 1152 – 1190, Kaiser seit 1155

Gottfried von Straßburg (um 1150 – nach 1215): Dichter

Heinrich VI. (1166 – 1197): deutscher König 1190 – 1197

Hartmann von Aue (um 1165 – um 1212): Dichter

Friedrich II. von Staufen (1194 – 1250): deutscher König 1215 – 1250

Heinrich Seuse (1295 – 1366): Mystiker
Johannes Tauler (1300 – 1361): Mystiker
Graf Eberhard II. (der Greiner): Graf von Württemberg (reg. 1344 – 1392)
Niklaus von (der) Flüe (1417 – 1487): Einsiedler, Mystiker, Patron der Schweiz
Martin Schongauer (um 1450 – 1491): Maler
Graf und Herzog Eberhard V. (im Bart), geb. 1445, reg. 1457 – 1495
Jakob Fugger „der Reiche" (1459 – 1525): Kaufmann, Bankier
Hans Holbein d. J. (1497/98 – 1543): Maler
Johannes Kepler (1571 – 1630): Astronom
Abraham a Sancta Clara (1644 – 1709): berühmter Kanzelredner
Maria Kreszentia Höß, gen. Kreszentia von Kaufbeuren (1682 – 1744): Mystikerin, Heilige
Sebastian Sailer (1714 – 1777): Prämonstratenser, Mundartdichter
Christoph Martin Wieland (1733 – 1813): Schriftsteller
Friedrich Schiller (1759 – 1805): Dichter und Philosoph
Friedrich Hölderlin (1770 – 1843): Dichter
Georg Friedrich Hegel (1770 – 1831): Philosoph
Friedrich Wilhelm Joseph Schelling (1775 – 1854): Philosoph
Karl Friedrich Freiherr von Drais (1785 – 1851): Erfinder des Laufrads
Ludwig Uhland (1787 – 1862): Dichter
Jeremias Gotthelf (1797 – 1854): Schriftsteller
Eduard Mörike (1804 – 1875): Dichter
Emil Kessler (1817 – 1867): Ingenieur, Gründungsdirektor der Maschinenfabrik Esslingen (1846)
Gottfried Keller (1819 – 1890): Schriftsteller
Gottlieb Daimler (1834 – 1900): Erfinder des Automobils
Carl Benz (1844 – 1929): Erfinder des Automobils
Albert Schweitzer (1875 – 1965): Arzt, Musiker, Friedensnobelpreisträger
Hermann Hesse (1877 – 1962): Schriftsteller, Nobelpreisträger
Albert Einstein (1879 – 1955): Physiker

Eugen Bolz (1881 – 1945): württembergischer Staatspräsident, als Gegner des NS-Regimes hingerichtet

Theodor Heuss (1884 – 1963): 1. Bundespräsident der BR Deutschland

Hans Arp (1886 – 1966): Maler, Bildhauer und Dichter

Martin Heidegger (1889 – 1976): Philosoph

Bert Brecht (1898 – 1956): Schriftsteller

Max Frisch (1911 – 1991): Schriftsteller

Friedrich Dürrenmatt (1921 – 1990): Schriftsteller

Hans Magnus Enzensberger (* 1929): Schriftsteller

3. Literatur

Archäologisches Landesmuseum Baden-Württemberg: Die Alamannen, Stuttgart 1997, Lizenzausgabe für Konrad Theiss Verlag Stuttgart, 4. Aufl. 2001

Adolf Bach: Geschichte der deutschen Sprache, Verlag Quelle und Meyer Heidelberg, 6. Aufl. 1956

Hermann Bausinger: Eine schwäbische Literturgeschichte, Klöpfer und Meyer Verlag Tübingen 2016

Hermann Bausinger, Thedodor Eschenburg u. a.: Baden-Württemberg. Eine politische Landeskunde, Landeszentrale für politische Bildung, Verlag W. Kohlhammer Stuttgart, 2. Aufl. 1981

Ernst Bender: Deutsche Dichtung der Neuzeit, Verlag G. Braun Karlsruhe o. J.

Wilhelm Braune: Althochdeutsches Lesebuch, 13. Aufl. bearbeitet von Karl Helm, Max Niemeyer Verlag Tübingen 1958

Dieter Breuer, Jürgen Breuer: Mit spaeher rede. Politische Geschichte im Nibelungenlied, München 1995

Gaius Julius Caesar: De bello Gallico / Der Gallische Krieg, Lateinisch / Deutsch, übersetzt und herausgegeben von Marieluise Deißmann, Reclams Universal-Bibliothek Nr. 9960, Stuttgart 1980

Anne Dieckmann, unter Mitwirkung von von Willi Gohl: Das große Liederbuch, Diogenes Verlag Zürich 1975

Hermann Fillitz: Katalog der weltlichen und geistlichen Schatzkammer, Kunsthistorisches Museum Vienna, 5. Aufl. Wien 1971

Hermann Fischer: Schwäbisches Wörterbuch, 6 Bände, Tübingen 1904 – 1936

Otto Frisch: Bad Wurzach in alten Ansichten, Europäische Bibliothek Zaltbommel NL 1978

Hans Wilhelm Hammerbacher: Die hohe Zeit der Sueben und Alamannen, Orion-Heimreiter-Verlag Heusenstamm 1974

Karl Hampe: Deutsche Kaisergeschichte in der Zeit der Salier und Staufer, 11. Aufl. bearbeitet von Friedrich Baethgen, Wissen-

schaftliche Buchgesellschaft Darmstadt 1963
Wilfried Hartmann: Ludwig der Deutsche, Primus Verlag / Wissenschaftliche Buchgesellschaft Darmstadt 2002
Karl Hauck (Hsg.): Zur germanisch-deutschen Heldensage, Wege der Forschung Band XIV, Wissenschaftliche Buchgesellschaft Darmstadt 1961
Friedrich Hölderlin: Dichtungen und Briefe, herausgegeben und mit einem Nachwort versehen von Hannsludwig Geiger, Winkler Verlag München 1952
Hans Christian Hoffmann, Dietmar Keller und Karin Thomas: Unser Weltkulturerbe, Monte von DuMont Buchverlag Köln 1998
Walter Hotz: Pfalzen und Burgen der Stauferzeit. Geschichte und Gestalt, Wissenschaftliche Buchgesellschaft Darmstadt 1981
Benno Hubensteiner: Vom Geist des Barock, Süddeutscher Verlag München, 2. Auflage 1967/68
Ludwig-Uhland-Institut für Europäische Kulturwissenschaft der Universität Tübingen: Renaissance des Dialekts?, Tübinger Verein für Volkskunde e. V. 2003
Hellmut Kämpf (Hsg.): Herrschaft und Staat im Mittelalter, Wege der Forschung II, Wissenschaftliche Buchgesellschaft Darmstadt 1960
Stephan Kemperdick: Martin Schongauer. Eine Monographie, Michael Imhof Verlag Petersberg 2004
Hubert Klausmann, Konrad Kunze, Renate Schrambke: Kleiner Dialektatlas, Alemannisch und Schwäbisch in Baden-Württemberg, Konkordia Verlag Bühl 1993
Gerhard Köbler: Altnordisches Wörterbuch, 4. Auflage 2014 (nach Google)
Karl Lachmann, Moritz Haupt und Friedrich Vogt: Des Minnesangs Frühling, neu bearbeitet von Carl von Kraus, S. Hirzel Verlag Stuttgart, 32. Aufl. 1959
Landesmuseum Württemberg: Die Schwaben – zwischen Mythos und Marke, Katalog zur Großen Landesausstellung Stuttgart 2016/17, Belser Verlag Stuttgart 2016

Friedrich Lauffer: Bilder aus der schwäbischen Geschichte, Verlag von J. F. Schreiber in Esslingen 1904

Heinrich Lausberg: Elemente der literarischen Rhetorik, Max Hueber Verlag München 1963, 3. Aufl. 1967

Josef Lenzenweger, Peter Stockmeier, Johannes B. Bauer, Karl Amon, Rudolf Zinnhobler: Geschichte der Katholischen Kirche, Verlag Styria Graz / Wien / Köln, 3. Aufl. 1995

Jean-Marie Möglin und Rainer A. Müller (Hsg.): Deutsche Geschichte in Quellen und Darstellung, Band 2 Spätmittelalter 1250 – 1495, Reclam Verlag Stuttgart 2000

Heinz Nawratil: Die deutschen Nachkriegsverluste unter Vertriebenen, Gefangenen und Verschleppten, Herbig Verlagsbuchhandlung München / Berlin 1986

Hans Reinhardt: Das Münster zu Strassburg, Lescuyer Lyon o. J.

Manfred Renn, Werner König: Kleiner Bayerischer Sprachatlas, Deutscher Taschenbuch Verlag München, 2. korrigierte Auflage 2006

Sebastian Sailer: Schriften im schwäbischen Dialekte. Gesammelt und mit einem Vorwort versehen von Sixt Bachmann, Anton H. Konrad Verlag Weißenhorn 2000

Hermann Schreiber: Straßburg zwischen den Zeiten, zwischen den Völkern, Casimir Katz Verlag Gernsbach 2006

Ernst Schwarz (Hsg.): Zur germanischen Stammeskunde, Wissenschaftliche Buchgesellschaft Darmstadt 1972

Christoph Stiegemann und Matthias Wemhoff: Kunst und Kultur der Karolingerzeit, Katalog der Ausstellung Paderborn 1999, Band I und II, Verlag Philipp von Zabern Mainz 1999

Publius Cornelius Tacitus: Germania. Lateinisch / Deutsch, übersetzt, erläutert und mit einem Nachwort versehen von Manfred Fuhrmann, Reclams Universal-Bibliothek Nr. 9391, Philipp Rclam jun. Stuttgart 2016

Nikolai Tolstoy: Die Verratenen von Jalta. Die Schuld der Alliierten vor der Geschichte, Wilhelm Heyne Verlag München 1981

Tomi Ungerer: Warum bin ich nicht du? Antworten auf philosophische Fragen von Kindern, Diogenes Verlag Zürich 2016

Alfred Weitnauer: Keltisches Erbe in Schwaben und Baiern, Verlag für Heimatpflege Kempten (Allgäu) 1965
Bernhard Zeller: Schwäbischer Parnaß. Betrachtungen zur Literaturgeschichte
Württembergs, Verlag der Buchhandlung H. Th. Schmidt Esslingen a. N. 1983
Heinrich Zillich: Die Deutschen in der Welt, Coburg 1977

5. Karten- und Bildnachweis

Belser Verlag Stuttgart:
Die Schwaben zwischen Mythos und Marke:

- Bronzekessel von Mušov
- Herzog Eberhard im Bart
- Hugo von Hohenlandenberg, Bischof von Konstanz
- Maria Magdalena von Hans Multscher

Wissenschaftliche Buchgesellschaft Darmstadt:
Zur germanischen Stammeskunde:

- Germanische Funde der älteren Kaiserzeit (Karte)

Orion-Heimreiter-Verlag Heusenstamm:
Die hohe Zeit der Sueben und Alamannen:

- Landnahme der Alamannen in Süddeutschland von 250 – 475 (Karte)

Konrad Theiss Verlag Stuttgart: Die Alamannen:

- Germanische Siedlungsgebiete um 20 v. Chr. (Karte)
- Germanische Siedlungsgebiete um 50 n. Chr. (Karte)
- Einzelne alamannische Völker ... (Karte)
- Helm von Gammertingen
- Fürstengrab von Gültingen

Velhagen und Klasing Verlag Berlin und Bielefeld:
Putzger, Historischer Weltatlas:

- Mitteleuropa zur Zeit der Ottonen und Salier
- Altsiedelräume und Mundarten